LUIGI GAUDIO

La Tesina uno

spunti, idee, consigli
per lo svolgimento di
100
tesine inte

ESAME DI STATO - Prova Orale

EDIZIONI BIGNAMI

RISTAMPA 10/2021

ISBN 9788843324286

LITOGÌ S.R.L. MILANO

PREMESSA

Anzitutto una breve autopresentazione. Chi sono? Sono un insegnante statale di ruolo di Italiano, Latino, Storia e Geografia, pertanto per definizione sono uno che ha fatto esami e concorsi fino quasi al fatidico "mezzo del cammin di nostra vita", uno che deve sapere un po' di tutto, anche se non è specialista di niente, quindi la persona più adatta ad aiutare chi deve affrontare il fatidico scoglio dell'Esame di stato, la vecchia maturità, in gergo la "matura".

"La matura fa paura", certo, e un po' è normale che sia così, perché è un esame che giunge alla fine di tutto un corso di studi ed è il primo di una lunga serie di esami per chi decide di continuare a studiare. Eppure leggendo questo libro scoprirete che è possibile far emergere in questo esame i propri interessi, mostrare conoscenze non solo in campo strettamente didattico, creare qualcosa di originale. E già, perché questo libro non è stato fatto per risparmiare una fatica, ma per rendere più affascinante questa fatica. Pertanto le mie tesine in realtà sono sassi buttati in uno stagno che servono per smuovere le acque e per darvi uno spunto per creare la *vostra* tesina, che sarà diversa da tutte le altre, e leggendo le prossime pagine capirete meglio il perché.

I lavori proposti in questo volumetto possono essere utili in ogni tipo di scuola superiore, con gli opportuni tagli, aggiustamenti e integrazioni.

Infine un'ultima precisazione: mi aspetto da voi consigli, giudizi, segnalazioni di errori (gli errata corrige necessari in ogni libro, perché nessuno è perfetto) e mi piacerebbe che facciate questo attraverso un messaggio di posta elettronica indirizzato a:
luigigaudio@yahoo.it.

Inoltre vi chiedo di visitare il mio sito *A tutta scuola* nel quale troverete sicuramente altro materiale utile per il vostro studio (indirizzo web: *www.atuttascuola.it*).

L'autore

PRIMA PARTE

GUIDA ALL'ORALE

Le tre parti dell'orale

Il colloquio dell'esame si struttura in tre parti: dapprima un percorso di approfondimento scelto dal candidato (la tesina), poi le domande dei commissari sugli argomenti di studio (programmi svolti nelle singole materie), infine la discussione degli elaborati scritti. Mentre si può dire che tutte le commissioni riservino uno spazio limitato alla terza parte (discussione degli scritti), sullo spazio da riservare alla prima e alla seconda parte le soluzioni sono molteplici (dipende molto da come si comportano sia i commissari che i candidati).

Lo studio

Molti dicono che è sbagliato studiare il giorno prima di un esame. Per alcuni lo studio del giorno prima è prezioso, perché non si dimentica tanto facilmente quello che abbiamo memorizzato nel corso delle ultime 24 ore. Bisogna però aggiungere che, quando si è stanchi, vale la pena di riposare per avere una carica in più per il giorno dell'esame. L'ideale sarebbe avere preso degli ottimi appunti durante tutto l'anno, e utilizzare gli ultimi giorni, o l'ultimo giorno, per ripassare sugli appunti e sugli schemi preparati in precedenza. Tieni presente che la nostra memoria è selettiva, pertanto se stiamo studiando qualcosa che non ci appassiona minimamente, i nostri ricettori, che non possono fisicamente immagazzinare tutti i dati immessi, opereranno una selezione, soprattutto attraverso il sonno, che è il mezzo privilegiato attraverso il quale il nostro cervello si libera delle informazioni superflue. Cerca quindi di appassionarti a quello che stai studiando, altrimenti la tua sorte sarà segnata.

Un altro trucco importante è quello di ripetere a voce alta. Anche semplicemente leggere a voce alta alcuni passi dei libri di testo ti può aiutare ad assimilare i concetti, nonché la terminologia specifica. Infine, per quanto riguarda il cibo, cerca di mangiare a sufficienza per evitare cali ipoglicemici, ma senza esagerare, altrimenti otterrai effetti indesiderati.

Gli schemi

Fare degli schemi autonomi, e diversi l'uno dall'altro, è uno dei modi migliori per ricordare quello che stai studiando. Meglio ancora se ti eserciti a raffigurare con la mente questi schemi anche se non li hai davanti. Ti faccio vedere un esempio di schema:

IL PARADISO DI DANTE		
Canti studiati	**Temi**	**Personaggi**
I – Ascensione dal paradiso terrestre; sfera del fuoco	Argomento della cantica; invocazione ad Apollo; l'ordine dell'universo	Dante e Beatrice
III – Cielo della Luna	Immagini diafane ed evanescenti come se fossero riflesse	Piccarda Donati (sorella di Forese Donati, amico che Dante aveva incontrato nel Purgatorio tra i golosi)
VI – Cielo di Mercurio	Spiriti attivi per desiderio di gloria; una miriade di punti luminosi accorrono come in una peschiera affiorano i pesci attirati dal cibo; storia e funzione dell'impero; il volo dell'Aquila	Giustiniano (Bisanzio, metà VI sec.,Corpus iuris civilis); Romeo di Villanova (ministro di Berengario IV)
VIII – Cielo di Venere	Spiriti amanti; nella luce dell'astro spiccano splendori come faville in una fiamma o come voci distintamente modulate in una polifonia	Carlo Martello (primogenito di Carlo II d'Angiò, morto a 24 anni; Dante nel '94 lo incontra a Firenze)
XI – Cielo del Sole	San Tommaso, dalla prima corona degli spiriti sapienti (filosofi) tesse l'elogio di San Francesco, sposo della Povertà, e deplora la degenerazione dell'ordine domenicano	Tommaso d'Aquino, domenicano

XII – Cielo del Sole	San Bonaventura, dalla seconda corona di spiriti sapienti (mistici) fa l'elogio di San Domenico e lamenta i vizi degli spirituali e dei conventuali francescani	San Bonaventura da Bagnoregio, francescano
XV – Cielo di Marte	Spiriti combattenti per la fede; dal braccio destro della Croce come una stella cadente o come una fiamma dietro un alabastro una luce si palesa	Cacciaguida, trisavolo di Dante,combattente per la fede contro i mussulmani nella seconda crociata (1147-1152)
XVII – Cielo di Marte	Profezia dell'esilio di Dante e missione del poeta	Cacciaguida
XVIII – salita al cielo di Giove	Spiriti che in terra operarono secondo giustizia; metamorfosi della M in un'aquila araldica	[L'aquila è il simbolo dell'impero:l'attuazione della giustizia sulla terra]
XXI – ascesi al cielo di Saturno	Spiriti contemplativi: si muovono lungo una scala luminosa tanto alta che non se ne vede la sommità come delle pole (cornacchie) che all'alba svolazzano per riscaldarsi	San Pier Damiani (monaco del sec. XI che si diede alla vita ascetica ma che propugnò anche la riforma degli istituti ecclesiastici corrotti)
XXX – Empireo	Uscita dal Primo Mobile e salita all'Empireo; il fiume di luce; la candida rosa	Il seggio di Arrigo VII di Lussemburgo, eletto imperatore nel 1308, sceso in Italia per restaurarvi l'impero, morì nel 1313
XXXIII – Empireo	Preghiera Di San Bernardo alla Vergine; visione di Dio	[Nel XXXI canto Beatrice, la scienza teologale, aveva lasciato il posto a San Bernardo di Chiaravalle, grande mistico, monaco cistercense del XII secolo]

Decalogo dello studente che deve affrontare l'orale dell'esame

1) **Punta sulla tesina**: devi sapere infatti che il tuo colloquio incomincerà con essa e, si sa, chi bene incomincia è a metà dell'opera. Inoltre i professori della commissione sono invitati a inserirsi nel discorso in modo organico, e quindi cercheranno, anzitutto, di fare domande *a partire* dall'argomento che tu avrai scelto e sviluppato nel primo quarto d'ora dell'esame.

2) **Non trascurare** comunque **lo studio** di tutto il programma. I professori, infatti, sono autorizzati a fare domande sul programma svolto di ogni singola materia. A proposito, controlla, prima che sia firmato dai tuoi compagni, il programma svolto presentato dall'insegnante e verifica che gli argomenti scritti corrispondono a quelli realmente svolti in classe. Quando ripassi, prendi come punto di riferimento gli argomenti del programma.

3) **Controlla**, dopo aver svolto lo scritto, sui giornali o con i tuoi compagni o con i professori, la correttezza delle tue prove scritte poiché il colloquio termina con una discussione degli elaborati.

4) Preparati a dover rispondere alla domanda di quali saranno **i tuoi studi futuri**, perché c'è sempre qualche commissario curioso che tende a farla e si fa bella figura ad avere le idee chiare in questo senso.

5) Scegli per la tesina un **argomento di tuo interesse** perché: a) sarà più piacevole e meno pesante lo studio; b) sarà più facile rispondere alle eventuali domande di approfondimento dei commissari, perché l'argomento della tua tesina sarà *tuo* già da tempo, per cui avrai sicuramente fatto altre letture e approfondimenti su quell'argomento, che non è stato scelto secondo la logica "questo è un argomento che potrebbe piacere ai professori".

6) Non esagerare con il **multimediale**, perché ci sono molti docenti che pensano che la tesina multimediale sia, il più delle volte,

uno specchietto per allodole, cioè sia fatta per abbagliare la commissione. Occorre quindi far sì che ci sia un'originalità di contenuti, oltre alla bellezza estetica.

7) **Osa il nuovo**. Sembra in contraddizione con il punto precedente, ma tieni presente che, laddove ci siano pochi alunni, o nessuno oltre te, che utilizzano una bella presentazione multimediale in *power point* oppure un ipertesto in *html* visto con un bel video proiettore, o una videocassetta o un ascolto musicale, questi elementi possono colpire positivamente per la loro originalità (ma non dimenticare mai di ripassare i programmi!).

8) **Differenzia gli argomenti**, cioè fai in modo di non portare lo stesso percorso di approfondimento di un tuo compagno, o quanto meno cerca tagli diversi, impostazioni o punti di vista originali. La questione è ancora più delicata per le classi con la sperimentazione Brocca che hanno lavorato sulla cosiddetta "area di progetto". In quel caso il rischio per i commissari è quello di sorbirsi una ventina di tesine molto simili tra loro, e questo, dopo un anno di lavoro e sotto la calura estiva, potrebbe essere davvero troppo.

9) **Abbi fiducia in te stesso**: la migliore e più importante risorsa per superare quest'esame sei tu. Mostra quali sono i tuoi interessi e le tue passioni e sfruttali per fare una tesina interessante e originale, soprattutto come contenuti.

10) **Dai un titolo alla tua tesina**. Potrà sembrare una cosa scontata o banale, ma mi è capitato di dover chiedere a qualche candidata quale era il titolo della sua tesina. Addirittura, in un caso, la candidata non ha saputo rispondere a questa domanda elementare, confermando in me l'impressione di confusione che emergeva dalla sua esposizione. Dare un titolo, invece, mostra chiaramente che non si sta girando a vuoto; mostra che c'è una tesi chiara, una idea di fondo, o quanto meno un ambito preciso in cui si circoscrive il discorso.

L'atteggiamento

Una delle cose più importanti da osservare nel corso del colloquio è l'atteggiamento da tenere di fronte alla commissione. In alcuni casi, infatti, non è necessario che voi sappiate tutto il contenuto dei programmi, fino all'ultima virgola. La cosa importante è che voi sappiate giustificare le vostre affermazioni. Talvolta, quindi, anche una risposta sbagliata può essere convertita in un elemento positivo se sapete spiegare cosa vi ha spinto a rispondere in un certo modo. Ancora più qualificante è il fatto che voi dimostriate una capacità critica. Pertanto sappiate che dovete sempre affermare cose di cui siete certi, o che siete in grado di sostenere di fronte alla commissione. Non dite cose di cui non siete convinti, anche se le trovate scritte più in là in questo stesso libro, perché questo potrebbe ritorcersi contro di voi. Fate piuttosto lo sforzo di arrivare a una vostra tesi su un certo argomento, piuttosto che affermarne una che non vi risulta sia vera.

Che cos'è la tesina?

Il termine tecnico è "*percorso di approfondimento interdisciplinare*", ma volutamente usiamo quello un po' meno ortodosso di "tesina", come se il lavoro dell'esame di maturità o Esame di stato fosse in qualche modo paragonabile, in piccolo, a quello della tesi di laurea. In realtà voi sapete bene che questo percorso è assolutamente finalizzato a una esposizione orale, pertanto voi dovrete consegnare alla commissione, uno dei giorni degli scritti, solo il *canovaccio* della vostra tesina, cioè una serie di titoli di argomenti che poi dovrete svolgere oralmente. Le mie tesine sono strutturate in questo modo: ognuna ha un titolo genericissimo. In realtà il vostro percorso potrà avere un titolo ben più lungo. Poi ci sono dei sottotitoli, ma che potrebbero diventare il titolo della vostra tesina, la quale potrebbe avere altri e diversi sottotitoli o, talvolta, un'introduzione, ma che nella vostra tesina potrebbe diventare la conclusione. Il vostro discorso potrebbe dimostrare una tesi completamente diversa da quella da me esposta. Sarete poi voi a organizzare il discorso in modo diverso, partendo, per esempio, da filosofia, oppure da fisica, ecc. Usando oculatamente le indicazioni sulle tesine correlate potrete poi fare un discorso ancora più articolato. Infine, l'ultimo intervento sarà quello di selezione degli argomenti, poiché nella vostra scuola, per esempio, non si studia il greco, e di inserimento, poiché leggendo, vi sarà venuto in mente qualche nuovo argomento da inserire, magari relativo a qualche materia specifica del vostro corso di studi. Volutamente non ho inserito i riferimenti bibliografici, a meno che non ci fossero libri specifici su quell'argomento, e lo stesso, a mio parere, dovete fare voi. Inutile inserire la bibliografia, quando essa consiste soprattutto nei vostri stessi libri di testo. Utile, invece, quando si sono letti libri diversi da quelli già studiati durante l'anno. Per prepararci alla stesura della nostra tesina possiamo usare le stesse metodologie che usiamo per raccogliere e ordinare le idee quando facciamo un compito di italiano, cioè la *mappa* e la *scaletta*. Sarà utile quindi brevemente analizzare questi procedimenti, con la consapevolezza che questa volta dovremo presentare alla commissione solo la mappa o la scaletta, mentre lo svolgimento della tesi di laurea avverrà in modo scritto e non orale.

La mappa

Un modo molto intelligente per predisporre il proprio percorso di approfondimento è quello della mappa. Si tratta di mettere, magari al centro di un foglio protocollo aperto, il tema della nostra tesina, e poi di creare una serie di frecce che si dirigono ai nuclei del discorso o alle materie da analizzare. Si possono creare anche frecce che partono non solo dal centro, ma anche da qualche nucleo, per evidenziare rapporti di analogia, una freccia con i due capi divergenti per indicare contrasti o differenze. Di fatto, poi, potrai presentare anche solo questa mappa come documento per la commissione (sia stampata su un foglio, sia in forma ipertestuale su computer). Infatti, l'ho già detto e lo ripeto, non devi presentare tutto lo sviluppo della tua tesina, poiché questo avverrà oralmente all'inizio del colloquio. Nella pagina seguente troverai un esempio di mappa.

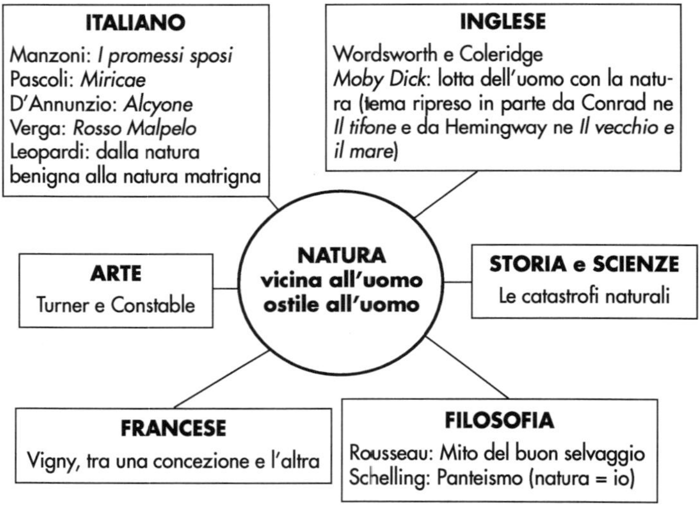

La scaletta

La scaletta consiste semplicemente nel ridurre a una linea retta quello che nella mappa si presenta in forma non lineare. In altre parole la scaletta mostra l'ordine sequenziale delle idee e degli argomenti da esporre. Essa può essere composta da gruppi principali, nel nostro caso le materie, e gruppi secondari, cioè gli autori o gli argomenti. Nella seconda parte del nostro libro ci saranno le "scalette" di alcune tesine; anche le parti riguardanti le lingue straniere, che consiglio di esporre in lingua, sono in italiano.

SECONDA PARTE
LE SCALETTE

ALBA

Le parti del giorno nella poesia e nella cultura
Alba segno di apertura, di inizio e di luce
L'alba nella letteratura e nella scienza

L'alba è anzitutto un'esperienza di straordinaria rinascita della natura e della luce dopo le ore del buio e dell'oscurità. Dobbiamo immaginare che questa esperienza fu vissuta in modo magico e meraviglioso nei primi tempi della storia dell'umanità. Un po' di questo stupore primordiale è pervenuto fino a noi.

ITALIANO

- L'alba, che generalmente porta con sé la vita, è scelta da Saffo per suicidarsi, così come aveva fatto anche Didone, a quanto si narra nel IV libro dell'*Eneide* di Virgilio. *L'ultimo canto di Saffo* di Leopardi si apre proprio con la descrizione della Luna e delle Stelle (Venere in particolare), immagini che accompagnano Saffo nel gesto fatale.
- *I promessi sposi* di Alessandro Manzoni: cap. IV (l'alba di fra Cristoforo), cap. XVII (l'alba di Renzo), cap. XXI (l'alba dell'Innominato). L'alba è pur sempre per Manzoni momento di passaggio, di transizione, getta una nuova luce e lancia una nuova prospettiva sulle vicende che sembravano senza soluzione.
- Ne *Il gelsomino notturno* di Giovanni Pascoli, l'alba svela che i petali sono un poco sgualciti, ma nascondono, forse, una nuova vita. Si tratta di chiari riferimenti, dietro l'apparente descrizione naturale, alla prima notte di nozze del suo amico con la sposa, e di come la vede, in modo misterioso e quasi violento, Giovanni Pascoli.
- Ungaretti: Leggi le poesie *Mattina* (M'illumino / d'immenso) e *Mio fiume anche tu* per capire come il concetto di alba sia correlato con quello di speranza.

- Pavese: *Lo steddazzu*, che in dialetto calabrese significa la stella del mattino, dà modo al poeta di riflettere sulla sua condizione (è confinato a Brancaleone Calabro per attività antifascista). Importante l'interrogativo centrale: "Non c'è cosa più amara che l'alba di un giorno in cui nulla accadrà".

FILOSOFIA - STORIA

- Il concetto di "alba" fa venire in mente il socialismo, l'idea dell'alba dell'avvenire, il nuovo giorno che vedrà la realizzazione di uno stato, basato sul potere del proletariato. Il simbolo del sole che sorge era anche il simbolo dei partiti socialisti.

SCIENZE

- Bisogna distinguere in campo scientifico la parola alba dalle parole AURORA e ALBEDO.
- Le *aurore boreali* (dette australi se avvengono nell'emisfero sud) si possono osservare nel cielo notturno delle regioni polari del nostro pianeta in concomitanza con i periodi di massima attività magnetica del Sole. Si tratta di intensi e suggestivi bagliori prodotti dall'interazione delle particelle provenienti dal Sole con i gas dell'atmosfera. Il fenomeno è circoscritto alle regioni polari perché sono le uniche zone non completamente schermate dal campo magnetico terrestre.
- L'*albedo* indica la capacità di un corpo non dotato di luce propria di riflettere i raggi provenienti da una sorgente; si esprime con il rapporto percentuale tra l'intensità della luce riflessa, o diffusa, dalla superficie dell'oggetto e l'intensità della luce incidente. Per definizione un corpo nero, cioè un corpo ideale che assorbe tutta la radiazione incidente, ha albedo nulla. L'albedo della Terra è in media del 40%, ma varia dal 5% rilevato sulla superficie degli oceani in condizioni di clima sereno, all'85% nelle regioni coperte da nuvole o caratterizzate da precipitazioni nevose. L'albedo di Venere è intorno al 60%, quello della Luna raggiunge soltanto l'8%.

MUSICA

- Nelle canzone *Sei minuti all'alba* di Enzo Jannacci la situazione tragica descritta è quella di un uomo nell'imminenza di un'esecuzione capitale durante la Resistenza.

TESINE CORRELATE – Sole

ALCOL

L'alcol nella cultura e nella letteratura
Alcol dono benedetto della terra o droga legale?
Alcolismo o superamento delle inibizioni?
La piaga sociale dell'alcolismo

Di fronte all'alcol sono possibili due atteggiamenti: uno è l'atteggiamento di chi lo ritiene una delle maggiori gioie della vita, di cui non privarsi, anche se occorre servirsene con moderazione, l'altro è quello di chi sottolinea gli effetti deleteri di questa sostanza a livello fisico e psichico. Nella cultura e nella letteratura, oltre che nella religione, il primo registra una netta prevalenza sul secondo.

RELIGIONE

- Il valore del vino nel rito religioso dell'eucarestia: è il sangue di Cristo, ciò testimonia il gran valore assegnato dal Cristianesimo al vino, sulla scorta di quanto si pensava nelle società primordiali, in cui il vino rappresentava segno di ricchezza e di festa (si pensi all'episodio delle nozze di Cana, quando Cristo trasforma l'acqua in vino).

GRECO

- Per Omero il vino è un dono benedetto, segno d'ospitalità e ricchezza, ma è solo grazie alla sbronza di Polifemo che Ulisse riesce a uscire sano e salvo dalla sua grotta.

- Dice Alceo in una sua poesia, che di fronte alle sventure, "il migliore farmaco è il vino".
- Nei versi delle *Baccanti* di Euripide troviamo i due aspetti contrastanti dell'alcol: da una parte il vino fa perdere ogni inibizione e le Menadi, dopo essersi ubriacate, si abbandonano a ogni eccesso, dall'altra l'indovino Tiresia presenta il vino come "la bevanda che agli esseri infelici/che sono gli uomini acquieta / ogni dolore".

LATINO

- Per i latini prevale il valore positivo del vino, testimoniato anche dai proverbi, nonché da alcune poesie (soprattutto odi di Orazio) che ne esaltano la funzione di strumento per godere della vita.

ITALIANO

- Renzo nell'ultimo capitolo de *I promessi sposi* di Alessandro Manzoni, quando con Lucia cerca di trarre il "sugo" della storia, cioè le cose che gli hanno insegnato le peripezie subite prima di potersi sposare, dice, tra l'altro: "Ho imparato a non alzare troppo il gomito". Effettivamente a Milano, nell'Osteria della luna piena, Renzo, sotto gli occhi vigili del finto spadaio Ambrogio Fusella (che in realtà era uno sbirro), si era lasciato un po' andare, e la mattina dopo, passata la sbornia, dovette faticare non poco a capire in che guaio si era cacciato. Accusato di essere uno dei sobillatori della piazza, sarebbe stato condannato a morte, se non fosse riuscito a sottrarsi rocambolescamente alle grinfie dell'ufficiale di polizia. Pertanto per Manzoni l'alcol è una sostanza che, presa in dosi eccessive, fa perdere l'uso, così importante, della ragione.
- Amalia Brentani, sorella di Emilio in *Senilità* di Italo Svevo, innamoratasi di Stefano Balli, non essendo corrisposta, si abbandona alla droga e all'alcol, distruggendo volontariamente la sua vita.

INGLESE

- Il protagonista di *Fiesta* (*The sun also rises*) di Ernest Hemingway è un altro esempio di alcolista, che vorrebbe dimenticare l'assurdità della vita ma non sempre riesce ad accantonare i germi della disperazione.

FRANCESE

- Per Baudelaire l'alcol è uno dei mezzi per superare le convenzioni borghesi e razionalistiche. Egli scrive: "Il vino è simile all'uomo: non si saprà mai fino a qual punto si può stimarlo o disprezzarlo, amarlo o odiarlo, né di quante sublimi azioni o mostruosi delitti sia capace. Non siamo dunque più crudeli verso di lui che verso noi stessi, e trattiamolo da nostro eguale".
- *Alcools* (1913), raccolta di poesie di Apollinaire, è un viaggio interiore dell'autore alla scoperta del proprio inconscio. L'alcol è lo strumento che, togliendo le inibizioni, svela ciò che è nascosto.

STORIA - DIRITTO

- Le prime leggi sull'alcolismo in Italia risalgono al 1889 e al 1913. Il fenomeno dell'alcolismo è andato comunque aumentando sia nel nostro paese, come in altri, malgrado le leggi sul proibizionismo degli anni Venti, sia in Italia sia negli Stati Uniti.
- Il Codice penale (art. 85 e 91) e il Codice della strada (art. 132: guida in stato di ebbrezza) non puniscono l'alcolismo come reato, ma i suoi effetti deleteri.
- In questi ultimi decenni sono nati molti centri di assistenza socio-sanitaria contro l'alcolismo.
- Alcolisti anonimi: è l'Associazione mondiale che riunisce individui intenzionati ad affrontare insieme il problema dell'alcolismo. Fondata nel 1935 da un agente di cambio e da un chirurgo statunitensi, conta oggi quasi due milioni di associati riuniti in 87.000 gruppi distribuiti in oltre 130 paesi.

SCIENZE

- Il nome scientifico dell'alcol è etanolo o alcol etilico. Si ottiene tramite fermentazione di zuccheri e amidi; tramite sintesi da etilene o acetilene; o tramite idratazione diretta dell'etilene.
- I danni alla salute: malattie del fegato (cirrosi), del cuore (ipertensione arteriosa, ipertrofia cardiaca, miocardite cronica) e dello stomaco (gastrite cronica).

MUSICA

- In genere le canzoni pop odierne celebrano l'alcol come via di fuga da una realtà grigia e monotona, pur con le sfumature che vanno da un generico "lungo e familiar bicchier di vino" (*Il timido ubriaco* di Max Gazzé o *Lamento di uno sbronzo* di Marlene Kuntz) fino alla convinzione sempre più radicale che non si possa più fare a meno dell'alcol (*Cigarettes & alcohol* degli Oasis e *Scoff* dei Nirvana).
- Particolare è invece il rapporto di Francesco Guccini con il vino: un buon bicchiere gli tiene compagnia nelle lunghe notti arricchite da riflessioni esistenziali e ricordi (*Canzone di notte n.2*).

CINEMA

- In *Arancia Meccanica* di Stanley Kubrick, l'alcol e la droga sono strumenti di una ribellione accompagnati da una violenza talmente cruda e gratuita da suscitare il giudizio negativo dello spettatore.
- *La leggenda del santo bevitore*, film tratto da un romanzo di Joseph Roth, con la regia di Ermanno Olmi, è la storia della salvezza, tardiva ma certa, di una barbone incallito bevitore, a opera di una piccola santa. L'insegnamento è che l'uomo non è determinato dai suoi vizi, ma è sempre, e soprattutto, una persona, in grado di realizzarsi pienamente come tale.

TESINE CORRELATE – Emarginazione, Integrazione, Società

ALIENAZIONE

Alienazione sociale e alienazione esistenziale
L'uomo moderno è ancora padrone di se stesso?
Perdita della dignità e individualità dell'uomo nella società contemporanea

L'alienazione è l'estraniazione dalla propria identità, da altri individui, dal proprio lavoro o dalla società. Si tratta insomma di una perdita della padronanza su se stessi e sulle persone che si incontrano e sulle cose che si fanno. Questo processo risulta quasi generalizzato in una società spersonalizzante, come quella moderna.

LATINO

- Sant'Agostino riteneva che l'umanità, per la dissolutezza morale, si era alienata da Dio, e che una riconciliazione era possibile solo aderendo al cristianesimo.

ITALIANO

- L'uomo moderno per Pirandello è divenuto parte della sua macchina. Così è Serafino Gubbio, l'operatore cinematografico degli omonimi *Quaderni di Serafino Gubbio operatore.*
- L'alienazione in fabbrica è descritta in alcune opere contemporanee di poesia, come *La visita in fabbrica* da *Gli strumenti umani* di Vittorio Sereni, o di prosa, come *Le mosche del capitale* di Paolo Volponi e *L'integrazione* di Luciano Bianciardi.

INGLESE

- *Il mondo nuovo* (*Brave New World*) di Aldous Huxley è tutto imperniato sulla forza alienante dell'utopia che costringe l'uomo a non provare sentimenti se non quelli programmati e indotti fin dalla nascita.

STORIA

- La rivoluzione industriale ha fatto sì che l'uomo dipendesse sempre più strettamente dalle macchine. A questo gli operai hanno opposto il movimento del *luddismo*, per la paura che le macchine sostituissero l'uomo nel suo lavoro, ma l'alienazione ha avuto anche altri esempi significativi nei totalitarismi del Novecento, comunisti e nazisti, mentre il lavoro alienante in fabbrica è stato una caratteristica del periodo del boom economico.

FILOSOFIA

- Marx approfondì le cause socio-economiche che stanno alla base dell'alienazione, di cui aveva già parlato il suo maestro Feuerbach. Per Marx il proletario è espropriato del proprio lavoro da parte del capitalista, che possiede i mezzi di produzione. Pertanto il lavoro cessa di essere un'attività creativa e assume il carattere della alienazione.

- Per Freud l'alienazione è un processo di straniamento da sé causato dalla separazione tra la dimensione conscia e quella inconscia.

- Per alcuni filosofi (Kierkegaard, Heidegger, Sartre) l'alienazione è una caratteristica tipica, esistenziale della condizione umana.

CINEMA

- Il film *Tempi moderni* di Charlie Chaplin denuncia la disumanità della catena di montaggio.

MUSICA

- Canzoni come *In fila per tre* di Bennato e *Another brick in the wall* dei Pink Floyd rappresentano l'alienazione di una vita borghese, segnata fin dal momento in cui un giovane viene formato nella scuola.

TESINE CORRELATE – Crisi dell'io, Dualismo, Folla e massa, Società

AMORE

Amore passione che porta fino al sacrificio di sé
Amore legato indissolubilmente alla vita e alla morte
Il binomio amore-morte alla base di molte opere letterarie e artistiche

L'amore è indubbiamente una tematica troppo importante perché la letteratura non ne faccia terreno privilegiato di ispirazione. Nelle opere letterarie l'amore raramente coincide con quella codifica giuridica e quasi contrattuale che è il matrimonio. Le eccezioni sono talmente poche (una su tutte: *I promessi sposi* di Alessandro Manzoni) che non fanno che confermare la regola. L'amore spesso coincide con una passione tanto più forte quanto più è improvvisa. La sua violenza è tale che per esso si è disposti anche a morire, e così ricompare spesso il legame con la morte. Sembra che la morte, paradossalmente, renda ancora più profondo ed eterno il sentimento.

GRECO

- *Alcesti* di Euripide rappresenta uno dei primi significativi esempi di sacrificio per amore, di rapporto dialettico tra amore e morte e di esaltazione della fedeltà femminile.
- *Ero e Leandro* di Museo: l'amore è un possibile rischio per gli amanti. Importante in quest'opera anche il rapporto luce-buio. Il messaggio finale è che l'amore trionfa anche sulla morte.

LATINO

- Piramo e Tisbe sono i protagonisti di una delle *Metamorfosi* di Ovidio. Per un equivoco, Piramo, arrivato in ritardo a un furtivo incontro amoroso, crede morta l'amata Tisbe e si toglie la vita, perché vuole ricongiungersi a lei anche dopo la morte.
- "L'epillio di Orfeo ed Euridice" dal libro IV delle *Georgiche* di Virgilio è un esempio di amore coniugale. La passione amorosa conduce a una *dementia* e a una insofferenza insanabile.

- Il libro IV dell'*Eneide* di Virgilio contiene un ulteriore esempio di passione amorosa come ottenebramento della ragione che sfocia prima nella vendetta e poi nel suicidio. Si tratta della famosa parabola tragica dell'amore di Didone per Enea, ricambiato fino a quando non prevale il destino di Enea, che gli impone di lasciare l'Africa per recarsi nel Lazio.

ITALIANO

- Nella *Divina Commedia* l'amore-passione di Paolo e Francesca (canto V dell'*Inferno*) viene sublimato nel *Paradiso*. Il cielo terzo è il cielo di Venere, ma in esso l'amore viene indirizzato o verso la nobile "retorica" di Carlo Martello (canto VIII), o verso le crociate per risanare la Chiesa di Folchetto da Marsiglia (canto XIX) o comunque verso un amore meno passionale, specchio del vero amore, quello cioè di ogni anima verso Dio.
- Nella poesia *Alla sua donna* di Leopardi più sincero e appassionato è il dialogo del poeta con un TU che sembra possa rivelarsi come compimento del proprio desiderio. Anche nelle poesie del "Ciclo di Aspasia" l'amore sembra l'ultima illusione, cui dare tutto se stesso (*Il pensiero dominante*), ma le poesie *Amore e morte* e *A se stesso* svelano l'impossibilità di questo progetto.
- Si ripropone il binomio amore-morte nella poesia *Digitale purpurea* di Giovanni Pascoli e nel *Trionfo della morte* di Gabriele D'Annunzio. Questo romanzo, in particolare, simboleggia l'esperienza d'amore nel decadentismo come "mito della morte bella". Il binomio amore-morte rappresenta un'ulteriore affermazione della propria superiorità, anche attivando il proprio istinto di autodistruzione. La morte è la suprema catarsi per sfuggire da un amore morboso.

FRANCESE

- Il romanzo di Tristano e Isotta è, per Denis de Rougemont, fondamentale per capire come tutta la letteratura occidentale si sia fondata sul binomio amore-morte.

- *Dell'amore* (*De l'amour*): Stendhal divide questo sentimento in due categorie: 1) amore-passione, rappresentato nella sua opera dal protagonista di *Lucien Leuwen*; 2) amore-vanità (amore calcolato con lo scopo di raggiungere un piacere) rappresentato da Julien, protagonista de *Il rosso e il nero* (*Le rouge et le noir*).

INGLESE

- Osserva il tema dell'amore-morte nelle opere *Romeo e Giulietta* (*Romeo and Juliet*) e *Otello* (*Othello*) di Shakespeare: sembra che l'amore-passione sia destinato sempre a una fine tragica.

FILOSOFIA

- Per Schopenhauer l'amore in fondo non dà vera gioia ed è anzi il mezzo attraverso il quale la volontà fa eternare il dolore dell'uomo.
- Anche Freud parla del binomio amore-morte quando spiega che il sesso è strettamente legato, da un punto di vista psicologico, all'istinto di aggressività.

ARTE

- Francesco Hayez prima dà un modello di quello che i romantici intendevano per amore, con il famosissimo quadro *Il bacio*, poi riprende anch'egli la tematica di amore-morte nel quadro *L'addio di Giulietta e Romeo*.
- Gaetano Previati ha dipinto l'amore passionale con il classico soggetto di *Paolo e Francesca*.

MUSICA

- Ovviamente l'amore è la tematica principale delle canzoni di musica leggera. A parte la banalità imperante, è presente anche la normalità, meno romantica, ma sicuramente più sincera, nelle canzoni di Mogol-Battisti (es. *Anche per te*), la speranza di un futuro migliore (*Vedrai, vedrai* di Luigi Tenco) e, ancora, la tematica amore-morte in canzoni come *La canzone di Marinella* di Fabrizio De Andrè.

- A togliere la patina di fastidioso e melenso romanticismo avevano contribuito già i cantautori della scuola genovese degli anni Sessanta con canzoni come *Il cielo in una stanza* di Gino Paoli, *Canzone per te* di Sergio Endrigo.

BIBLIOGRAFIA
Denis de Rougemont *L'amore e la morte nell'occidente*, ediz. BUR-Rizzoli.
Castellano-Martini *Il tema d'amore in letteratura*, ediz. Il capitello.

TESINE CORRELATE – Donne, Emancipazione femminile, Morte, Venere

ANGOSCIA

L'angoscia nella letteratura e nell'arte contemporanea
L'angoscia come malessere esistenziale tipico dell'uomo moderno
La nausea dell'uomo moderno di fronte alla realtà e di fronte a se stesso

L'uomo moderno prova una sensazione di angoscia esistenziale perché sono venute meno, nel Novecento, le certezze e i valori, sia di carattere religioso, sia quelli più recenti, dell'ottimismo scientista.

ITALIANO

- Nei dialoghi tra il Padre e il Capocomico nel dramma *Sei personaggi in cerca di autore* Pirandello esprime la duplice angoscia della persona e del personaggio, l'una non dotata di esistenza vera, perché incapace di riconoscere se stessa nel suo mutare al fluire del tempo; l'altro immutabile nel tempo e quindi vero, ma privo della possibilità di acquisire una reale vita umana (vedi il finale del dramma).
- Nelle poesie di *Ossi di Seppia*, come *Non chiederci la parola*, *Meriggiare pallido e assorto* e *Portami il girasole*, Montale espri-

me l'angoscia come connaturata all'essere, assetato di orizzonti infiniti che non rappresentano nient'altro se non il nulla.

- Ne *La luna e i falò* di Cesare Pavese, accanto all'angoscia esistenziale derivante dalla vana ricerca di legami e di radici che possano aiutare a chiarire la propria identità di persona (siamo tutti bastardi), vi è la delusione politica e sociale causata dalla guerra e soprattutto dal secondo dopoguerra, in cui sembra non cambiare la situazione di disumana povertà.

INGLESE

- Il vivere umano per T. S. Eliot, prima della conversione, è assimilabile a una terra desolata. La condizione dell'assurdo è espressa attraverso un linguaggio poetico basato su associazioni irrazionali ed espressioni non significanti.

FRANCESE

- Baudelaire: *Spleen*. Sono ben quattro i componimenti che hanno questo titolo nella prima sezione de *I fiori del male* (*Les fleurs du mal*). L'ultimo è indubbiamente il più famoso e termina con queste parole: "l'Angoscia atroce, dispotica, infilza sul mio cranio la sua bandiera nera". Lo *spleen* (termine inglese) consiste in una profonda disperazione ontologica dell'uomo, che fa parte integrante della sua natura.
- Il concetto sartriano di Nausea è strettamente collegato con quello di angoscia esistenziale. Leggi il romanzo *La nausea* (*La nausée*) di Jean Paul Sartre.
- Ne *La peste* di Camus l'unica alternativa all'angoscia è rappresentata non dalla scienza (il medico) o dalla religione (il prete), ma dalla solidarietà tra gli uomini.
- Ne *Il rinoceronte* (*Le rhinocéros*) di Ionesco l'umanità perde la propria essenza, trasformandosi in rinoceronte, cioè in bestialità pura e distruttiva, preferendo cancellare la propria angoscia nel rinunciare così alla coscienza e alla individualità, piuttosto

che lottare contro la massificazione e mantenere la dolorosa coscienza delle domande senza risposta.

TEDESCO

- *La metamorfosi* (*Die Verwandlung*) di Kafka: l'individuo è inserito in una società spersonalizzante, che lo esclude e lo emargina.

SPAGNOLO

- Ne *La casa di Bernarda Alba* di Federico García Lorca la protagonista condanna se stessa e le proprie figlie a una prigionia autoimposta nella casa, e ogni tentativo di fuga da essa è inutile e distruttivo.

ARTE

- Per gli espressionisti del gruppo *Die Brücke* (Il ponte) l'angoscia può essere causata dallo sfruttamento della società industriale (Heckel) o dall'inconscio (Kirchner) o può essere angoscia totale che esce dall'uomo stesso e lo invade (*L'urlo* di Munch).

BIBLIOGRAFIA

O. Lombardi, *La letteratura italiana nella crisi del Novecento*, ediz. Sciascia.

TESINE CORRELATE – Male, Noia, Solitudine

ANTISEMITISMO

Le leggi antisemitiche in Germania e Italia
Antisemitismo antico e moderno
L'eccidio degli ebrei nel corso della seconda guerra mondiale
La perdita di umanità nei campi di concentramento nazisti

L'antisemitismo è un fenomeno che affonda le sue radici: 1) nella storia romana, giacché il popolo civilissimo dei romani, che si mostrava tollerante con tutte le popolazioni assoggettate, infierì contro gli ebrei, che riteneva irrimediabilmente ribelli al potere imperiale e non assimilabili alla cultura del regime; 2) nella storia medievale, poiché una credenza popolare, mai avvallata però dalla autorità ecclesiastica, vedeva in essi i deicidi, cioè i colpevoli della morte di Cristo.

Durante la seconda guerra mondiale fu effettuato il massacro di quasi sei milioni di ebrei nei campi di concentramento nazisti. Si tratta del genocidio più efferato e sistematico della storia, delirio di onnipotenza dell'uomo moderno senza più limiti morali e religiosi.

GRECO

- L'Olocausto indicava in lingua greca un rito religioso in cui l'offerta veniva distrutta dal fuoco (*holos*, "intero" e *kaustos*, "bruciato": bruciato completamente).

LATINO

- Tacito descrive nel V libro delle *Historiae* i preparativi, all'inizio del 70 d.C., per l'assedio di Gerusalemme da parte di Tito, figlio di Vespasiano, inserendo un ampio excursus etnografico sui giudei, animato da viva ostilità e antipatia per questo popolo.

ITALIANO

- Dante nel VI canto del *Paradiso* fa, per bocca di Giustiniano, riferimento all'uccisione di Cristo per mano dei giudei, che da una parte si fanno strumento della giustizia divina, in quanto grazie al sacrificio di Cristo verrà riscattato il peccato originale di Adamo ed Eva, dall'altra ne subiscono la punizione, in quanto colpevoli di aver messo a morte Dio sceso sulla terra (il discorso viene ripreso e chiarito ulteriormente anche nel canto successivo).
- Ne *Il giardino dei Finzi Contini* di Bassani c'è una descrizione dell'Italia al momento della emanazione delle leggi antisemitiche.

- Primo Levi in *Se questo è un uomo* spiega come nel campo di concentramento la volontà tedesca sostituisse la volontà divina, tanta era l'onnipotenza degli aguzzini. Vi era una umiliazione continua della dignità del prigioniero. L'uomo era ridotto a puro istinto di sopravvivenza. I tedeschi credevano così di inibire tutto ciò che era puramente spirituale, anche se tale tentativo non riesce del tutto. Infatti Levi ricorderà a memoria i versi del XXVI canto dell'*Inferno* di Dante, affermando in tal modo l'irriducibilità della libertà umana.
- Ne *La tregua* di Primo Levi il ritorno alla normalità è vissuto con doloroso stupore e difficoltà di riadattamento alla vita umana, dopo la tremenda esperienza disumana del lager. Il romanzo racconta il lungo e tormentato viaggio di ritorno dell'autore da Auschwitz a Torino.
- Ne *I sommersi e i salvati* di Primo Levi torna la memoria della assurda situazione dei campi di concentramento, per cui solo pochi, per un destino assolutamente cieco e casuale, si salvarono dal massacro.

TEDESCO

- Nel libro *L'amico ritrovato* (*Reunion*) di Fred Uhlman, da cui è stato tratto un film, c'è l'esperienza di due compagni di scuola, uno ebreo e l'altro no, nella Germania prima della seconda guerra mondiale. Quando alla fine del romanzo il giovane ebreo sopravvissuto trova nell'elenco di alcuni cospiratori che erano morti lottando contro il regime il nome del compagno, in un certo senso, egli ritrova l'amico, che credeva di aver perso quando erano state applicate le leggi antisemitiche.

FILOSOFIA

- Freud nel suo carteggio con Einstein esprime un giudizio negativo sul nazzismo. L'idea del popolo eletto è dovuta a un istinto di superiorità per cui, anche in questo caso come nel caso della guerra, prevale nell'uomo la parte irrazionale su quella razionale.

STORIA

- Rosenberg e Hitler teorizzano l'esasperato antisemitismo, giustificando con ragioni storiche e pseudo-religiose un contrasto che in realtà è basato su fattori economici, cioè sul forte peso del capitale ebraico nell'attività bancaria e industriale tedesca.
- Ancora oggi vi sono tracce di antisemitismo alimentate dagli opposti estremismi (per l'estrema destra per gli stessi motivi del fascismo, per l'estrema sinistra per la presunta alleanza fra il capitale, lo stato ebraico e l'America).
- Nell'Europa orientale si erano costituite comunità sempre più numerose di ebrei, che avevano anche elaborato dottrine di particolare profondità religiosa e apertura umana (come il movimento mistico dei *chassidim*).
- Nei secoli precedenti (e anche nell'Ottocento in Russia) gli ebrei dovettero subire persecuzioni e linciaggi (*pogrom*) e furono costretti a vivere in ghetti.
- Nel 1941 Hermann Göring, numero due del governo nazista, inviò una direttiva in cui si parlava di "soluzione finale", cioè di sterminio totale degli ebrei.
- Nel 1942-43 moltissimi ebrei provenienti da tutta Europa furono mandati nei campi di lavoro, diventati per l'occasione "campi di sterminio".
- La deportazione degli ebrei italiani cominciò con l'occupazione tedesca, in quanto in precedenza il governo fascista italiano, che pure era stato sollecito nel promulgare le leggi anti-semite, aveva temporeggiato sull'invio degli ebrei oltre confine per la deportazione nei campi di concentramento.
- Il gas e i forni crematori, ma anche gli estenuanti viaggi in treno, i pasti scarsi (circa 200 calorie al giorno!) e le esecuzioni capitali, furono gli strumenti di cui si servirono i nazisti per uccidere milioni di ebrei, accanto a slavi, zingari, omosessuali, testimoni di Geova e comunisti. Di fronte a questo orrore ci fu il si-

lenzio colpevole di chi sapeva di queste atrocità e non ha fatto abbastanza per impedirle.

- Solo nel 1945, con l'avanzata delle truppe alleate russe e americane, gli internati nei campi di concentramento furono liberati, anche se non tutti furono in grado di riabituare il loro corpo e il loro spirito alla vita normale.

CINEMA

- Nel film *L'ultimo metrò* di François Truffaut si delinea l'applicazione delle leggi antisemite anche nella Francia occupata durante la seconda guerra mondiale, fino al momento della liberazione che, alla fine del film, fa trionfare la libertà e gli altri sentimenti repressi nel periodo precedente.
- La prima parte del film *La vita è bella*, di Roberto Benigni, è tutta dedicata a una riflessione amara, anche se condotta con toni comici, sull'assurdità delle leggi razziali antisemitiche in Italia.
- *Concorrenza sleale* di Ettore Scola descrive la vicenda di due commercianti, uno ebreo e l'altro no, sempre in conflitto fra di loro, ma uniti dal giudizio negativo sulle leggi antisemite del regime fascista.
- *Jona che visse nella balena* di Faenza mostra gli orrori del lager, dal punto di vista di un ragazzo che vive lì la sua fanciullezza.
- Nel film *Kapò* di Pontecorvo la protagonista, guadagnatasi la sopravvivenza nel lager con la prostituzione e la collaborazione con il sorvegliante dei prigionieri, si riscatta permettendo la fuga a un giovane compagno, ma segnando così la sua morte.
- Nel film *Il portiere di notte* di Liliana Cavani, si descrive il degrado umano in un rapporto masochistico tra aguzzino e vittima, che continua anche dopo gli anni della deportazione nei campi di concentramento.
- Nel film *Schindler's List* di Steven Spielberg (regista ebreo) ci si ricorda di un industriale tedesco che, proprio grazie alla sua

fama di collaborazionista del regime nazista, riuscì a salvare la vita di migliaia di ebrei.

- Nel film *Train de vie* di Radu Mihaileanu si realizza l'utopia di liberarsi, con un tranello, dall'orrore dei campi di concentramento, organizzando un treno di ebrei che raggiunge la Russia, passando indenne dai posti di guardia nazisti.
- Nel film *La vita è bella* di Roberto Benigni un padre cerca di nascondere al figlio la crudeltà degli aguzzini nazisti, e proprio facendo così fa riflettere ancora di più sulla irragionevolezza degli uomini che addirittura si mettono a fare "saponette" sulla pelle di altri uomini.

MUSICA

- *Auschwitz* di Francesco Guccini è un'amara riflessione sulle anime dei morti nei campi di concentramento, portate dal vento dopo la loro barbara esecuzione.

TESINE CORRELATE – Antisemitismo, Guerra

ATTESA

L'attesa è più o meno piacevole del compimento di quest'attesa?
Attesa di qualcosa o qualcuno
Attesa destinata a realizzarsi o impossibile da realizzare?

Tutti i testi riportati qui sotto testimoniano di un atteggiamento tipico dell'uomo moderno: quello di attendere che la verità si manifesti, si sveli. In altre parole è come se l'uomo contemporaneo vivesse nello stesso atteggiamento psicologico dell'ebreo, che attende che arrivi il Messia, senza possibilità che questo accada realmente, anche se in alcune opere, come *Dialogo di Cristoforo Colombo e Gutierrez* di Leopardi e alcuni testi di Pascoli e Rebora, sembra che questa attesa possa arrivare a un compimento.

ITALIANO

- *Dialogo di Cristoforo Colombo e Gutierrez*; *Il sabato del villaggio*. Leggiamo queste due opere di Leopardi, diverse non solo perché la prima è in prosa (dalle *Operette morali*) e la seconda in poesia (dai *Grandi Idilli* o *Canti pisano-recanatesi*). In esse il tema principale è quello dell'attesa, ma viene affrontato in modo completamente diverso. Nel *Dialogo di Cristoforo Colombo e Gutierrez* il lettore sa che l'attesa della meta, "l'aspettativa grande e buona", come la chiama Colombo, è destinata a compiersi; qui l'attesa causa noia, mentre la realizzazione di questa attesa un presumibile piacere, anche se l'operetta si chiude prima dell'approdo in America. Ne *Il sabato del villaggio* la prospettiva è rovesciata, per cui l'attesa, anche se è illusoria, causa piacere, mentre la realizzazione del giorno successivo non sarà altro che tristezza e noia.
- *La vertigine* è una poesia in cui Pascoli esprime in modo più diretto la sua ricerca affannosa e disperata di un senso ultimo, di Dio, soprattutto negli ultimi versi:

  forse, giù giù, via via, sperar ... che cosa?
  La sosta, il fine, il termine ultimo? Io
  io te, di nebulosa in nebulosa,
  di cielo in cielo, in vano e sempre, Dio!
- Dino Buzzati: *Il deserto dei Tartari* e il racconto *Uno ti aspetta* sono tutti giocati sul tema dell'attesa, un'attesa che non si compie se non quando è troppo tardi.
- Clemente Rebora: *Dall'immagine tesa* termina con la, pur remota, possibilità che l'attesa abbia una risposta.
- Pavese: *Lo steddazzu* invece mostra che nulla può accadere, poiché l'uomo solo non aspetta più nulla.

INGLESE

- *Aspettando Godot* (*Waiting for Godot*) di Beckett è un'opera teatrale in cui i due protagonisti aspettano qualcuno che non verrà mai.

TEDESCO

- *Il messaggio dell'imperatore* (*Eine kaiserliche Botschaft*) di Kafka è un breve racconto di un viaggio impossibile di un messaggero che deve consegnare un messaggio che probabilmente non arriverà mai a destinazione, eppure c'è qualcuno che continua ad aspettarlo. Si ricordi che Kafka è di famiglia ebraica e, quindi, esistenzialmente indirizzato a un'attesa che non trova compimento. Interessante anche quello che scrive in un suo pensiero: "Mi sforzo di essere veramente colui che aspetta la grazia. Sono in attesa e osservo. Forse essa verrà, forse non verrà. Forse questa attesa tranquilla e inquieta è già annunciatrice della grazia o è la grazia stessa. Non lo so. Ma questo non mi tormenta. Ho stretto amicizia, intanto, con la mia ignoranza" (F. Kafka *Aforismi*).

TESINE CORRELATE – Desiderio

AVANGUARDIE

Termine mutuato dal lessico militare, che nella storia letteraria e artistica indica numerosi movimenti culturali sorti in Europa tra la fine dell'Ottocento e i primi decenni del Novecento, come il futurismo, l'espressionismo, il dada o il surrealismo (detti "avanguardie storiche"), distinti da movimenti analoghi del secondo dopoguerra (le "neoavanguardie", fra cui il Gruppo 63).

L'esigenza fondamentale dei gruppi d'avanguardia è una radicale trasformazione dei linguaggi artistici, considerati troppo legati al gusto borghese e al suo conformismo.

L'arte deve affrancarsi dall'oppressione del potere, che si riproduce nel linguaggio accademico; solo allora può assumere forme nuove, libere, rivoluzionarie: questo è lo scopo dell'avanguardia, perseguito a prezzo dell'eliminazione delle strutture comunicative tradizionali e di una sfida violenta a ogni convenzione consolidata.

LATINO

- Un artista che, in un certo senso, incarna lo spirito dissacratore e anticonformista delle avanguardie moderne, anche in un ambiente culturale così diverso e lontano nel tempo come quello latino, è Petronio, per l'originalità dei personaggi del suo *Satyricon*, nonché per la licenziosità e scabrosità di alcune storie (es.: La matrona di Efeso).

ITALIANO

- Pascoli utilizza per primo nella letteratura italiana il procedimento analogico, che poi diverrà emblematico nella letteratura d'avanguardia di un certo tentativo di scardinare i presupposti logici dell'espressione poetica.
- I Crepuscolari in un certo senso indirizzavano la dissacrazione antidannunziana in modo ironico (Guido Gozzano) o autodenigratorio (Sergio Corazzini).
- Un ruolo importante per la diffusione delle idee di avanguardia assunsero le riviste fiorentine “Leonardo” (1903-1907 – Firenze), diretta da Prezzolini e Papini, e “La voce” (1908-1914) diretta dallo stesso Prezzolini.
- I frammentisti vociani (Sbarbaro, Campana, Rebora) non rappresentano un gruppo omogeneo, ma contribuiscono anch'essi allo smantellamento del linguaggio poetico tradizionale e dannunziano. Questi poeti scrivono per la Voce, cosiddetta “Voce bianca” per via del colore dello sfondo. Questa rivista nel 1915, era diretta da Giuseppe De Robertis, e non più da Prezzolini, e aveva acquisito un taglio decisamente letterario, al posto di quello più eclettico di Prezzolini.
- La rivista ufficiale del Futurismo fu “Lacerba”, pubblicata a Firenze dal 1913 al 1915, con le firme di Papini, Soffici e Palazzeschi.
- Ungaretti mette a frutto alcuni degli spunti presenti nel *Manifesto tecnico della poesia futurista*, ma per costruire (poetica della

parola), non per distruggere come i futuristi (elogio della guerra, tabula rasa di tutto ciò che è *passatista*).

- Negli anni Sessanta si ricreano i presupposti per una critica radicale della cultura così come veniva impartita nelle scuole e nelle università. La neo-avanguardia degli anni Sessanta predilige la sperimentazione sia in campo poetico (gruppo 63, Edoardo Sanguineti, ecc.) sia in campo teatrale (Carmelo Bene e il teatro nelle cantine romane).

FRANCESE

- Il dadaismo è un movimento sorto in Francia sull'onda dell'influenza futurista, ma è più nichilista. La dissacrazione è totale ed eversiva, come emerge dai *Sette manifesti Dada* del 1924. Principali esponenti letterari del dadaismo saranno Tzara e Breton, mentre il più importante pittore dada è Marcel Duchamps.
- Ispirandosi al dada, Andrè Breton diede origine al movimento letterario e artistico surrealista, che enfatizzava il ruolo dell'inconscio nell'attività creativa per sottoporre a critica radicale ogni aspetto della cultura occidentale. Del movimento fecero parte alcuni dei più insigni letterati francesi di inizio secolo, come Paul Eluard, ma anche scrittori più giovani come Raymond Queneau.

ARTE

- *Cubismo*: movimento pittorico del XX secolo, avviato da Pablo Picasso e Georges Braque, che rivoluzionò il modo di rappresentare i soggetti. Anziché descrivere in modo fedele il mondo circostante, i pittori cubisti lo scomponevano in piani e forme geometriche elementari e sintetizzavano in un'unica composizione punti di vista diversi, che nella realtà non potrebbero essere adottati simultaneamente.
- *Astrattismo*: arte che non fa riferimento diretto a nessuna realtà esterna o percepita; è spesso sinonimo di varie forme d'arte d'avanguardia del XX secolo. Le opere di Vasilij Kandinskij, sin dal 1910, raffigurarono in modo più rappresentativo l'arte astratta.

- *Surrealismo*: alla metà degli anni Venti aderirono al surrealismo pittori come Max Ernst, René Magritte e Juan Miró. Salvador Dalí aderì al movimento nel 1930, ma fu in seguito accusato dalla maggior parte degli aderenti di perseguire esclusivamente interessi commerciali. Tra gli artisti del Novecento più apprezzati dai surrealisti vi furono Marc Chagall, Giorgio de Chirico, Marcel Duchamp, Paul Klee e Pablo Picasso; nessuno di essi, tuttavia, aderì formalmente al movimento.
- *Pop-art*: movimento artistico originatosi negli anni Cinquanta e Sessanta del Novecento negli Stati Uniti e in Gran Bretagna e caratterizzato dalla riflessione sui prodotti della cultura di massa. Alcuni artisti, facendo uso di colori acrilici, riproducevano bottiglie di birra, barattoli di zuppa, scene a fumetti, segnali stradali e oggetti di consumo (vedi le creazioni di Andy Warhol).

TESINE CORRELATE – Futurismo, Espressionismo

BENEDETTO CROCE

Filosofia, arte e letteratura nella figura di Benedetto Croce
L'intellettuale nel periodo fascista
Un intellettuale in un'epoca di transizione

La figura di questo intellettuale consente, per la sua poliedricità, di fare un discorso ad ampio raggio sulla cultura, sulla storia e sulla filosofia nel periodo del Ventennio fascista in Italia. Notevole la sua influenza sulla critica letteraria, che sembra non scemare neppure oggi, a così tanti anni dalla sua vicenda biografica (nacque a Pescasseroli, in provincia de L'Aquila nel 1866, morì a Napoli nel 1952).

ITALIANO

- Esaminiamo i concetti di intuizione pura e liricità dell'arte nell'estetica crociana. L'arte è pura intuizione che si risolve immediatamente in "espressione", nell'identità cioè di contenuto e forma (il problema desanctisiano). L'arte va giudicata di per sé nei suoi momenti poetici. L'arte, e in particolare la poesia, è ritenuta libera da qualsiasi condizionamento e riferimento empirico, intellettuale, storico. Un cardine fondamentale della sua concezione è l'autonomia dell'arte. Bisogna distinguere nell'opera d'arte i momenti poetici da quelli non poetici. Alcuni passi della *Divina Commedia* sono poetici, altri no, perché in questi ultimi l'arte non è autonoma nei confronti della struttura ideologica e teologica. Croce critica anche i veristi, perché non sono sempre capaci di fotografare la realtà, critica gli artisti decadenti per il loro irrazionalismo e afferma che il concetto di intuizione che ha Pirandello non coincide con quello suo di "intuizione pura".

STORIA

- Dopo la conquista del potere, il fascismo comincia a elaborare una propria dottrina ufficiale. Uno dei primi tentativi di codificazione degli ideali politici e culturali del regime è il *Manifesto degli intellettuali del fascismo*. Nel documento vengono riconosciute le origini storiche del movimento e i caratteri dell'ideologia mussoliniana. Secondo gli intellettuali fascisti la violenza è giustificata dall'ambiziosa missione del regime. L'opposizione liberale antifascista sente la necessità di prendere posizione e trova un punto di riferimento proprio in Benedetto Croce che scrive il *Contromanifesto antifascista*, documento sottoscritto da decine di studiosi e artisti che esprimono il loro dissenso dal regime mussoliniano. Croce denuncia la debolezza del pensiero fascista caratterizzato da contraddizioni, ribadisce la rottura violenta con il fascismo e rivendica i meriti della classe dirigente liberale.

FILOSOFIA

- La filosofia di Croce oppone al culto della scienza sperimentale e all'ingenuo materialismo positivista un rinnovato idealismo storicista: concepisce la realtà come storia, come continuo dive-

nire dello spirito umano. Croce intende "spirito" come unità profonda dell'uomo, forza vitale, realtà che diviene. Croce è un attento lettore di Hegel, ma propone una radicale riforma della dialettica hegeliana attraverso le categorie della distinzione. Hegel aveva studiato il movimento dialettico come carattere proprio dello spirito, alla luce dei principi di opposizione e di riappropriazione nell'atto della sintesi.
Per Croce l'attività dello spirito si esplica in campi distinti, si esprime in una attività teorica quanto in una pratica, secondo il seguente schema: 1) attività teoretiche (arte e filosofia, definita come vera scienza); 2) attività pratiche (economia e morale).

TESINE CORRELATE – Fascismo, Integrazione

BESTIE

Gli animali nelle opere letterarie
Bestiario moderno
Uomini zoomorfi e animali antropomorfi

Il tema del rapporto tra uomo e animale diventa centrale a partire da Darwin. Infuria a questo punto la polemica dei creazionisti e degli anti-darwiniani, che insistono molto sul ridicolo del nesso tra uomo e scimmia, mentre positivisti, naturalisti, marxisti e freudiani descriveranno senza vergogna la bestialità dell'uomo, che spesso si comporta con l'altro uomo peggio delle bestie.

ITALIANO

- Le bestie compaiono ne *I promessi sposi* soprattutto in relazione ai bravi, per i loro nomi (Nibbio) e per far capire come si comportano (similitudini). Importanti anche gli avvoltoi sulla porta del Palazzotto di Don Rodrigo.
- Frequenti paragoni e trasformazioni di uomini in bestie in Verga, soprattutto nei racconti *La lupa*, *Rosso Malpelo*, *Libertà*.

- Per Pascoli è importante chiamare gli uccelli con i loro nomi particolari (assiuolo, pittiere, cinciallegra, torcicollo, cuculo, ecc.), e non con la vaghezza tipica della letteratura italiana da Petrarca a Leopardi (augelletti).
- Nella poesia *Agonia* di Ungaretti, composta al fronte della prima guerra mondiale, è tutta giocata sulle similitudini con alcuni animali.
- La prima prova letteraria di Federigo Tozzi si intitola *Bestie* e consiste in una serie di prose liriche e narrative.

FRANCESE

- *La bestia umana* (*La bête humaine*, 1890) di Zola è un romanzo sulla follia omicida.
- Nel *Rinoceronte* (*Le rhinocéros*, 1959) di Eugène Ionesco, commedia che riscosse grande successo, gli abitanti di un paesino sono affetti da una malattia, la rinocerontite che, secondo il loro desiderio, li trasforma in rinoceronti; sopravvive solo il protagonista che lotta contro questo impulso venefico.

TEDESCO

- *La metamorfosi* (*Die Verwandlung*) di Franz Kafka (in ceco "kavka" significa cornacchia): l'uomo diventa un insetto.

FILOSOFIA

- Per Freud alcuni istinti sono in comune fra l'uomo e gli animali (Es). L'uomo si differenzia dagli animali solo per la presenza dell'Io e del Super-Io, che cercano di inibire le reazioni istintive dell'Es, che riemergono comunque a livello inconscio. L'uomo quindi è determinato dalle proprie pulsioni e istinti che egli ha ereditato dagli organismi meno evoluti, appunto i cosiddetti "animali".

TESINE CORRELATE – Metamorfosi, Natura, Realismo

CITTÀ

Luogo vivibile o prigione della massificazione
Dall'urbanizzazione selvaggia al progresso sostenibile
Pregi e difetti dell'urbanizzazione

GRECO - Alessandria

- Alessandria d'Egitto, la nuova città dell'ellenismo, patrocinata dai Tolomei, viene rappresentata nel mimo cittadino di Teocrito *Le siracusane*.

LATINO - Roma

- Nella Roma imperiale si vive il disagio di una metropoli assai simile, per certi versi, a quello moderno.
- Nella sua terza satira Giovenale denuncia la disumanità della vita nella metropoli sovraffollata. A Roma vi è il rischio di continui crolli (vv. 190-202) e non si può dormire, a causa del cibo mal digerito (v. 233), del transito dei carri (v. 236) e delle mandrie che schiamazzano (v. 237). Inoltre gli abitanti dei quartieri popolani devono scansare pericoli mortali, come quelli di incidenti stradali, di tegole malferme o vasi che possono piombare sulla testa dei malcapitati passanti (vv. 254-261), oppure di risse con ubriachi (vv. 268-288) o di rapinatori o briganti di strada (vv. 297-308).
- L'epigramma 68 del nono libro di epigrammi di Marziale descrive il fastidio che arreca un maestro che incomincia le sue lezioni di prima mattina, prima ancora che il gallo canti.

ITALIANO - La Città in genere

- Camillo Sbarbaro – La città pietrificata "vasta e vuota", fatta di "cose mute" e di "vie simmetriche e deserte" (leggi *Taci, anima stanca di godere* ed *Esco dalla lussuria*).
- Dino Campana – La città in una visione allucinata e deformante (leggi *L'invetriata* e *Genova*).

- Eugenio Montale – Gli sfondi cittadini sono correlativi oggettivi in *Ossi di Seppia* (leggi *Incontri*) e soprattutto ne *Le occasioni* (leggi *Addii, fischi nel buio, cenni, tosse* e *Lo sai: debbo riperderti e non posso*).
- Italo Calvino – In *Marcovaldo* la tensione a rendere vivibile, naturale la città viene resa tramite l'ingenuità del protagonista. *Le città invisibili* romanzo ibrido a sfondo allegorico. Simboleggia il caos e il labirinto della condizione post-moderna. La città è un topos (lo spazio della cultura contrapposto allo spazio della natura). Esempi: Zirma è la città della ripetizione, indice di ordine; Zoe è la città della negazione; Ipazia è la città del sovvertimento del senso; Olivia è la città della doppiezza. Marco Polo personaggio intertestuale e metatestuale.

ARTE

- Il *Bauhaus* fondato da Walter Gropius introduce nell'architettura alcuni elementi della tecnologia, in quanto per Gropius l'architetto doveva conoscere i materiali della costruzione e impiegarli in modo efficace e non fine a se stesso. Da qui nacque il funzionalismo e razionalismo nell'architettura moderna, che influenzò moltissimo la costruzione delle città in Europa e negli Stati Uniti.

TESINE CORRELATE – Milano, Parigi

CLONAZIONE

Letteratura e scienza sui temi scottanti dell'attualità
La religione e la scienza a confronto sulla clonazione
Nascita della Bioetica

La clonazione è il processo che permette di ottenere una o più copie identiche di una cellula o di un intero organismo senza l'intervento della fecondazione o della riproduzione sessuata. Questo processo, del tutto teorico, fino a pochi anni fa, è diventato realizzabile nel 1997, quando è nato il primo mammifero clonato, la pecora Dolly, suscitando un vespaio di polemiche e di prese di posizione. Recentemente alcuni studiosi americani hanno affermato di essere riusciti a clonare il DNA umano.

RELIGIONE

- Secondo la chiesa cattolica la persona umana è unica e quindi clonare un individuo va contro la morale cattolica.

ITALIANO

- Primo Levi sembra aver profetizzato i rischi insiti nella scienza, nel momento in cui fosse in grado di clonare esseri viventi, nel racconto *Il mimete*, tratto da *Il sistema periodico*. In questo racconto si ipotizza infatti l'esistenza di una macchina in grado di duplicare non solo oggetti, ma anche esseri viventi. Il protagonista risulta sconvolto dalle implicazioni etiche che comporterebbe un simile processo.

INGLESE

- Nel romanzo *Il mondo nuovo* (*Brave new world*) di Aldous Huxley si ipotizza, tra l'altro, che nella società alienante e spersonalizzante del futuro chi è al potere sia in grado di "produrre" individui uguali fra loro, suddivisi in cinque "caste", denominate con le prime cinque lettere dell'alfabeto. Ci sono persino i "record" di riproduzione, per cui da una stessa cellula possono nascere migliaia di individui con le stesse caratteristiche genetiche. Questo, nell'intento di chi ha creato questa società, dovrebbe garantire l'ordine e la produttività.

SCIENZE

- La clonazione di cellule batteriche è una tecnica impiegata comunemente nei laboratori di tutto il mondo per svariate finalità. Una di queste è l'isolamento, la riproduzione in multiple copie e la caratterizzazione di un gene appartenente al genoma di un organismo.

- La bioetica (dal greco *bíos*, "vita" e *ethikós*, da *êthos*, "costume"), è la disciplina che studia le questioni morali derivanti dal continuo progresso delle conoscenze e delle tecniche biomediche, cercando di fissare dei limiti agli interventi dell'uomo sugli esseri viventi. In biologia e in medicina ci si trova, sempre più di frequente, a dover affrontare problemi di ordine etico, che riguardano l'opportunità o meno di intraprendere alcuni interventi terapeutici o la liceità dell'applicazione di alcune scoperte, come la clonazione di cellule umane.

TESINE CORRELATE – Scienza, Positivismo

CONVERSIONI

Conversioni celebri da Sant'Agostino a Manzoni ai tempi nostri

LATINO

- Leggi le *Confessiones* di Sant'Agostino: le letture di testi filosofici neoplatonici, particolarmente delle *Enneadi* di Plotino, e l'incontro con il vescovo di Milano, Sant'Ambrogio, contribuirono alla sua conversione al cristianesimo, che fu comunque la fine di un processo, cui aveva dato un contributo importante anche la madre Monica.

ITALIANO

- La conversione di Manzoni non fu dovuta a un evento improvviso, ma fu il frutto di una lunga ricerca esistenziale. Disgustato in giovinezza dalla religiosità cupa e autoritaria del padre Pietro Manzoni e dei suoi insegnanti, i padri barnabiti, egli ritornò al Cristianesimo, perché trovò in esso un codice di comportamento esistenzialmente valido (leggi le *Osservazioni sulla mo-*

rale cattolica) e una spiegazione agli interrogativi che la sua ragione illuminista gli poneva (tutto è vangelo e tutto spiega il vangelo). La sua conversione fu talmente importante, che condizionò anche il suo lavoro di letterato e ispirò le sue opere letterarie, a partire dagli *Inni sacri* in poi.

- Ungaretti mostrò già in alcune poesie dell'*Allegria*, come *Peso*, il profondo rispetto, e quasi l'invidia, per il credente che affronta la vita alleggerito dai tormenti intellettuali e filosofici che invece attanagliano il giovane Ungaretti, erede della cultura convulsa e complessa del periodo delle avanguardie storiche. Poi nel decennio successivo, in base ad alcuni incontri, si accostò al cristianesimo, del quale seppe apprezzare, nelle sue poesie successive, soprattutto il tentativo di dare un significato alla sofferenza umana, in base al sacrificio di Cristo sulla croce (leggi la parte finale di *Mio fiume anche tu*), così importante per un uomo costretto a sopportare a dolori fortissimi, come la morte del figlio Antonietto nel 1939 e il ritorno dell'umanità alla guerra fratricida con la seconda guerra mondiale.

- Anche per Rebora, come per Ungaretti, gli anni Venti furono quelli decisivi per la conversione, dopo l'esperienza tormentata e fondamentale della guerra, che aveva messo in crisi le certezze dell'intellettualismo. Clemente Rebora viene attratto al cristianesimo, però, dalla carica umana di attenzione all'altro e ai suoi bisogni fondamentali che offre il cristianesimo. Egli vive la sua esperienza di professore come una vera missione di aiuto ai poveri, e arriva per questo perfino a prendere i voti nell'ordine dei padri rosminiani nel 1936.

- L'incontro con Giovanni Baravalle, frate di un convento in cui Pavese si rifugiò durante gli anni della Resistenza, fu una sorta di conversione "mancata" per Cesare Pavese. Egli infatti annota nel suo diario *Il mestiere di vivere* come fosse rimasto colpito dalla statura umana del frate e come questo incontro lo avesse spinto alla meditazione e perfino alla frequentazione di luoghi per lui inconsueti, come chiese e confessionali, ma il periodo successivo lo attrasse nuovamente in un ambiente culturale totalmente estraneo al cristianesimo.

- La conversione di Giovanni Testori, lo scrittore delle periferie milanesi e del teatro d'avanguardia, sconvolse per la sua radicalità e la sua definitività e impedì di valorizzare opere di indubbio spessore artistico, come i monologhi *Conversazione con la morte* e *Post-Hamlet*.

INGLESE

- Attratto dalla poesia di Dante, che è per lui un precursore della tecnica poetica del "correlativo oggettivo" per il quale il poeta deve esprimersi attraverso immagini concrete e universali, Thomas Stearn Eliot si convertì al cristianesimo, che influenzò profondamente la sua produzione letteraria in opere come *Assassinio nella cattedrale* (*Murder in the cathedral*), *Quattro quartetti* (*Four quartets*) e *Cori per la Rocca* (*The Rock*).
- Oscar Wilde, dopo essere stato condannato per sodomia nella Inghilterra vittoriana e puritana, trascorse gli ultimi anni della vita a Parigi sotto falso nome (Sebastian Melmoth) e, poco prima della morte, avvenuta per meningite, si convertì al cattolicesimo.

FRANCESE

- Intorno al 1975 Paul Verlaine maturò una crisi religiosa che lo riavvicinò al cattolicesimo dell'infanzia e gli dettò i versi edificanti raccolti in *Saggezza* (*Sagesse*, 1881).
- Dall'indifferenza religiosa degli anni giovanili, Paul Claudel approdò al cattolicesimo dopo una crisi profonda e affrontò in opere come *L'annunzio a Maria* (*L'annoince faite à Marie*) il tema del conflitto spirituale e della salvezza dell'anima.
- Molto sensibile al tema della giustizia sociale, Charles Péguy aderisce prima ai circoli culturali socialisti e poi si converte al cristianesimo. Scrisse opere come *Il mistero della carità di Giovanna d'Arco* (*Le mystère de la charité de Jeanne d'Arc*, 1910),

imperniato sulla figura dell'eroina cristiana, simbolo di coraggiosa lotta armata per la verità, che già nel 1897 gli aveva ispirato il dramma *Giovanna d'Arco* (*Jeanne d'Arc*).

- Nell'ultima parte della sua vita Ionesco volge a una dimensione religiosa la sua denuncia di una società ingiusta e spersonalizzante che aveva caratterizzato le situazioni assurde del suo teatro.

TESINE CORRELATE – Desiderio, Religione

CRISI

Crisi-critica e crisi-giudizio
Crisi necessarie per un cambiamento
Crisi esplosione di contraddizioni già da tempo latenti

Generalmente associamo la parola crisi a qualcosa di negativo, ma non è stato sempre così. La crisi porta a galla contraddizioni e situazioni instabili, che erano nascoste sotto un velo di ipocrisia e menzogna. Vale la pena che i problemi emergano, affinché siano affrontati e risolti.

GRECO

- Etimologicamente la parola "crisi" ha la stessa radice di "critica", e significa "giudizio".

LATINO

- La crisi dell'impero romano fu attribuita da alcuni scrittori pagani alla diffusione del cristianesimo, mentre scrittori cristiani come Sant'Agostino e San Girolamo vedono nel saccheggio di Roma del 410 la conseguenza della degenerazione morale della cultura pagana. In realtà le cause sono molto complesse, e implicano problematiche economiche (inflazione, statalismo, problemi nell'organizzazione dell'esercito) e sociali. Le invasioni barbariche, benché efferate e sconvolgenti, fanno emergere contraddizioni e antinomie a lungo sopite e nascoste, e gettano le basi per la formazione dell'Europa, in cui si amalgameranno l'elemento cristiano, romano e germanico.

ITALIANO

- La crisi è un giudizio: si pensi soprattutto alla figura dell'Innominato ne *I promessi sposi* di Alessandro Manzoni. La crisi dell'Innominato fa emergere la coscienza, piena di ripugnanza, del proprio male, la consapevolezza ontologica del proprio limite e la domanda su ciò che sta oltre la morte. C'è un tempo in cui si continua a fare quello che si è sempre fatto, e un tempo in cui ci si ferma, pirandellianamente, a vedersi vivere: questo è accaduto all'Innominato, a conferma che le crisi (come quelle adolescenziali o matrimoniali) a volte vengono per un cambiamento in positivo, per raggiungere una maggiore consapevolezza.
- Il decadentismo mette in crisi l'ottimismo positivista e naturalistico. Questa crisi sarà portatrice di una nuova consapevolezza: la realtà dei fenomeni è più complessa di quanto credevano gli scienziati nel periodo precedente: l'atomo non è indivisibile, ma nasconde una serie di particelle sempre più piccole.

ECONOMIA

- Paradossalmente anche in economia la crisi è benefica, poiché fa esplodere alcune contraddizioni (es.: eccessiva sopravvalutazione della ricchezza delle aziende) che altrimenti rimarrebbero nascoste. Quindi più frequenti sono le crisi, più c'è la possibilità di risolverle positivamente. Il problema è quando vi è eccessiva e ingiustificata fiducia, la crisi viene rimandata e quando scoppia è letale, come la famosa crisi del '29.

STORIA

- Già la prima guerra mondiale, come in genere tutte le guerre, mise in crisi l'assetto politico precedente, ma non tutto è negativo, si diceva. Per esempio dopo la prima guerra mondiale cadono regimi fatiscenti, come gli imperi ottomano e asburgico, e dopo la seconda guerra mondiale cadono regimi totalitari come quello nazista e quello fascista.

- La mondializzazione dell'economia dopo la prima guerra mondiale e i debiti di guerra dell'Europa causano una situazione di recessione che porterà alla crisi bancaria, agricola e industriale del '29, cui seguì il New Deal portato avanti da Roosevelt.

TEDESCO

- Brecht ambienta *Santa Giovanna dei Macelli* (*Die heilige Johanna der Schlachthöfe*) tra i macelli di Chicago durante la grande crisi.

TESINE CORRELATE – Crisi dell'io, Guerra, Relativismo e relatività

CRISI DELL'IO

Perdita delle certezze positiviste
Disgregazione dell'identità e unicità dell'individuo

Nei primi anni del Novecento, nonostante la pace e la prosperità economica, nacque un sentimento di insicurezza e inquietudine. Certo le scoperte del relativismo hanno contribuito a minare alle basi le certezze del periodo precedente. Ci si accorge che l'identità è una dimensione complessa, sfuggente e contraddittoria.

ITALIANO

- Svevo e Pirandello rompono gli schemi del romanzo ottocentesco e, soprattutto, l'integrità del personaggio. L'uomo perde la sua identità e unicità (*La coscienza di Zeno*, *Il fu Mattia Pascal*, *Uno, nessuno e centomila*), si trova perso in una realtà che non riconosce (*L'uomo nel labirinto* di Corrado Alvaro) e che non lo coinvolge più (*Gli indifferenti* di Moravia).

- Calvino, pur in un periodo in cui l'uomo presumeva di aver ripreso la propria integrità, esprime la stessa mancanza di consistenza umana e di identità nel romanzo *Il cavaliere inesistente*: l'uomo contemporaneo, perché è di questo che si parla malgrado l'ambientazione medievale, dietro la corazza del proprio ruolo o lavoro da svolgere all'interno della società, semplicemente non c'è.

FILOSOFIA

- Freud rompe l'unità dell'Io con le sue teorie psicanalitiche (oltre all'Io, c'è l'Es e il Super-Io)
- Nietzsche proclama la morte di Dio e il nichilismo più assoluto.

STORIA

- Fascismo e Nazismo puntano all'appiattimento del singolo verso l'anonimia (Heidegger) per innalzare a mito la figura dello Stato (si veda la concezione dello stato etico di Hegel). Il risultato della loro politica sarà il declino dell'Europa (crisi dell'io = crisi della cultura europea).

ARTE

- Edvard Munch, con il suo famoso *Grido*, si fa espressione di questa angoscia interiore (il grido è psichico, non fisico).

TESINE CORRELATE – **Alienazione, Crisi, Dualismo, Folla e massa**

DESIDERIO

L'uomo desidera chiarire il senso della sua vita
Desiderio istintivo e desiderio profondo di completezza e significato

Etimologicamente la parola de-siderio deriva dal latino *desidere*, e significa "che non ha le stelle", cioè "che manca del senso della vita, che è riposto nel cielo". Tutto all'opposto dell'idea che noi abbiamo di desiderio come espressione di un'istintività e un capriccio momentaneo.

GRECO

- La figura di Icaro, che desidera arrivare alle stelle, simboleggia efficacemente questa tensione verso l'infinito.
- L'anonimo *Del Sublime* è un trattato del I sec. d.C. Il discorso verte sullo stile ma non si ferma lì, poiché le fonti del sublime sono nella grandezza della concezione e nell'intensità dei sentimenti.

ITALIANO

- Per Dante l'uomo desidera il bene supremo (leggi *Purgatorio* XXVII, 127-129) e lo trova in Dio, cui tutte le creature sono indirizzate (leggi *Paradiso* III, 99-102).
- In particolare le lettere del 13 maggio 1798 e del 4 dicembre 1798 tratte dalle *Ultime lettere di Jacopo Ortis* descrivono la tensione di Foscolo verso un oltre, che verrà esemplificato nei *Sepolcri* con questi versi:

  ... gli occhi dell'uom cercan morendo
  il Sole; e tutti l'ultimo sospiro
  mandano i petti alla fuggente luce.
  (vv. 121-123)

- *La grande aspirazione* di Giovanni Pascoli, testo riportato integralmente dalla raccolta *Primi poemetti*, è una poesia tutta incentrata sul desiderio. Interessante anche il ribaltamento della prospettiva antropocentrica.
- Ungaretti non riesce a capire perché, malgrado la sua solitudine e disperazione, l'uomo continui a cercare Dio. "Chiuso fra cose mortali / (Anche il cielo stellato finirà) / Perché bramo Dio? (poesia *Dannazione* dalla raccolta *Allegria*).

- "La noia, oltre alla incapacità di uscire da me stesso, è la consapevolezza teorica che potrei forse uscirne, grazie a non so quale miracolo" (tratto dal romanzo di Alberto Moravia, *La noia*).

INGLESE

- Nel suo romanzo *Il re della pioggia* (*Henderson the rein king*) Saul Bellow scrive: "Ora, mi pare di aver già detto che c'era un guasto nel mio cuore, una voce che mi parlava dentro e diceva voglio, voglio, voglio! Succedeva tutte le sere, e quando io cercavo di soffocarla, diventava anche più forte. Diceva solo quella cosa, voglio, voglio! E io chiedevo: «Ma cosa vuoi?». Ma non mi diceva altro, mai. Non diceva altro che voglio, voglio!".

FILOSOFIA

- Schopenhauer dice: "Il desiderio è eterno e infinito perché appena un desiderio è soddisfatto, sorgono altri infiniti desideri (perché la volontà è inesauribile) che portano a un infinito soffrire. E anche se i desideri potessero finire, il dolore continuerebbe a esserci, perché ci verrebbe a essere la noia, un vuoto terribile peggiore di ogni altra sofferenza."

ARTE

- *Icaro* di Matisse (1944-47) appartiene a una serie di illustrazioni realizzate per un noto libro, *Jazz*. L'essenzialità è visibile sia a livello cromatico (quattro colori uniformi e intensi) sia a livello compositivo (otto forme su sfondo). Vi rientrano linee curve (figura umana) e linee spezzate (stelle).
  L'equilibrio è creato, collocando tre stelle a sinistra e tre a destra di un immaginario asse di simmetria verticale. La tecnica scelta è il *papier découpé*, molto simile al *collage*, praticata dall'artista nei suoi ultimi anni. Questo dipinto simboleggia in modo chiaro il tema principale di questa tesina: l'uomo desidera un compimento (è lì il suo cuore rosso) che non trova sulla terra, ma in cielo.

MUSICA

- *Che cosa resterà di me* di Franco Battiato, *L'aquila* di Mogol-Battisti, *Cosa sarà* di Lucio Dalla e *Il cielo* di Renato Zero esprimono adeguatamente come quest'ansia di infinito e questo desiderio di compiutezza non siano estranei all'uomo del XX secolo.

TESINE CORRELATE – Attesa, Religione, Stelle

DIALETTICA

La dialettica nella letteratura, nella filosofia e nelle scienze

La dialettica in filosofia è il metodo di investigazione della natura della verità mediante l'analisi critica di concetti e ipotesi.

GRECO

- Uno dei primi esempi di metodo dialettico furono i dialoghi del filosofo greco Platone, nei quali l'autore cercò di far emergere la verità dalla discussione, in un gioco di domande e risposte.
- Il discepolo più famoso di Platone, Aristotele, intese la dialettica come ricerca dei fondamenti della scienza e usò spesso questo termine come sinonimo di logica.

LATINO

- Esempi di dialoghi si ebbero nella letteratura latina con le opere filosofiche di Seneca. Dieci di esse furono appunto pubblicate, in epoca successiva però, con il nome di *Dialogi*; comunque anche quelle che non avevano una struttura dialogica esplicita (es. due protagonisti che discutevano su di un argomento) risentono tutte di una impostazione dialogica. Accade cioè, anche nelle *Lettere a Lucilio* che l'autore presupponga un interlocutore da convincere e da persuadere.

- I romani amavano molto la retorica, perché permetteva di affinare l'arte del dire, così importante per la pratica politica. Tuttavia la creazione di una forma di governo accentrata in una sola persona, l'impero, rese sempre più sterile e astratto l'esercizio della retorica, relegata a un gioco di abilità oratoria fine a se stesso, come denuncia Tacito nel *Dialogus de oratoribus* e Quintiliano nella *Institutio oratoria*, anche se quest'ultimo crede ancora nella possibilità di restituire all'oratoria la sua utilità sociale e politica.

ITALIANO

- Vi è sicuramente dialettica nei dialoghi di Leopardi, facenti parte delle *Operette morali*. Questa raccolta contiene ventiquattro operette che trattano differenti temi, dal rapporto uomo-natura alla constatazione che l'unica realtà è la morte, dal tenersi lontano dalla noia, fino al suicidio. La forma prevalente delle operette è il dialogo, molto usato nell'antica filosofia greca per argomentare; in questa raccolta il metodo dialettico è utilizzato per mettere a confronto posizioni differenti riguardo a un medesimo argomento (non sempre vi è la sintesi, cioè la soluzione). Nel *Dialogo di Plotino e di Porfirio* (composto nel 1827 e pubblicato postumo nell'edizione Le Monnier del 1845) il tema del suicidio viene affrontato da Leopardi secondo un procedimento dialettico. Il punto iniziale del dialogo tra i due filosofi è la medesima considerazione della vita; poi si procede a una analisi sulla liceità del suicidio. Porfirio ritiene che l'inclinazione al suicidio proceda da un fastidio della vita e che il dolore sia vano, a differenza della noia. L'uomo è continuamente flagellato dalla natura, dal fato e dalla fortuna. Sostiene che il solo pensiero di potersi sottrarre a questa condizione infelice sia di conforto. Procede a un paragone tra l'uomo primitivo, che non si procacciava volontariamente la morte e non la desiderava, e l'uomo del suo tempo, il quale, nella ricerca continua di progresso, aspira al maggior bene dell'uomo, la morte. Plotino sostiene che il suicidio non sia lecito, poiché l'uomo tende a sopravvivere; esso è un atto contro natura, in quanto "tutto l'ordine delle cose sarebbe sovvertito, se quelle si distruggessero da se stesse". Il suicidio arreca dolore alle persone che ci circondano: l'unica soluzione nella vita è la reciproca compagnia, il rapporto fraterno e solidale che si instaura tra gli uomini. Il pensiero di Plotino si conclude don l'idea che, al sopraggiungere della morte, coloro i quali abbiano vissuto in modo fraterno non si dorranno e saranno ricordati positivamente dai familiari e dagli amici. (Leggi anche, al proposito, il *Dialogo di un venditore di almanacchi e un passeggere*).

- Vi è dialettica anche nel romanzo *Uno, nessuno e centomila*. Luigi Pirandello critica il determinismo scientifico e la pretesa di una conoscenza totale della realtà: sostiene che ciò che noi percepiamo è la forma, non la vita reale. Per questo ciò che sostengo essere un oggetto, in realtà non corrisponde a qualcosa di statico, ma è in continuo divenire: anche la vita deve sottostare a questo inarrestabile movimento, privo di regole in quanto dominato dalla casualità. Il fluire dell'oggetto implica l'impossibilità di conoscere e quindi di definire un "vero", poiché la materia analizzata sfugge. Pirandello ritiene la conoscenza soggettiva (relativismo gnoseologico): l'io, nel tentativo di conoscere, prende atto della mancanza di un oggetto. Il relativismo si manifesta nella realtà e nel rapporto tra io e sé. L'io percepisce l'immagine di noi stessi che vogliamo comunicarci: esso si frammenta a causa della molteplicità di visioni della persona sia da parte di essa stessa (per ogni situazione si indossa una "maschera" differente) sia da parte del modo circostante. Sul piano esistenziale si genera un senso di smarrimento, espresso dal protagonista del romanzo *Uno, nessuno e centomila*: le certezze di Vitangelo Moscarda cadono quando la moglie lo pone davanti a un fatto noto a tutti, ma da lui ignorato. Il non essersi mai accorto della pendenza a destra del suo naso fa riflettere a lungo il protagonista: la sua diventa quasi un'ossessione, una continua ricerca di conferme negli amici, i quali sono consapevoli di questo difetto estetico di Mostarda; tale rivelazione lo porta a vedere una parte di sé fino a quel momento ignorata e gli fa scoprire l'infinita varietà con le quali ognuno appare agli altri. Vitangelo si spinge contro la logica corrente, compiendo atti assurdi e contraddittori: chiude la banca che gestisce attirandosi le ire della moglie e dei soci. Dopo aver rinunciato ai suoi beni, spesi in opere di carità, si trova a vivere in solitudine: tutti questi atti vengono vissuti come una rinuncia alle maschere e ai doveri che la vita sociale impone, come una rinuncia a un'identità, come un'aspirazione a una vita senza passato e futuro.

- Italo Calvino imposta il suo romanzo *Il visconte dimezzato* in modo dialettico. Il Medardo buono (tesi) si contrappone al Medardo cattivo (antitesi), ma in modo stucchevole e melenso, tanto che i sudditi arrivano quasi a preferire la crudeltà e disumanità del Medardo cattivo. Il contrasto potrà risolversi solo quando le due parti del visconte saranno ricomposte dal medico chirurgo alla fine del romanzo, e Medardo tornerà quello di prima, autorevole senza essere tirannico, benvoluto dal popolo senza creare rapporti di eccessiva confidenza (sintesi).

FILOSOFIA

- Hegel risolve la contrapposizione dialettica fra tesi e antitesi con un elemento capace di riunire questi due fattori differenti: la sintesi. Egli definì "dialettico" il proprio sistema filosofico.
- La destra hegeliana, fedele al maestro, ritiene lo Stato prussiano il vertice politico e il cristianesimo "religione razionale". Lo stesso dogma della Trinità è una manifestazione della dialettica triadica del sistema hegeliano.
- Per la sinistra hegeliana è impossibile fermare un processo dialettico, quindi i processi veri sono quelli rivoluzionari, perché permettono il movimento triadico.
- Marx riprende la dialettica, applicandola alla sua analisi storica, basata sulla lotta di classe: alla borghesia (tesi) si contrappone il proletariato (antitesi). Nella sintesi, invece della soluzione, si avrà l'eliminazione, per mezzo della rivoluzione proletaria, della tesi.

- Kierkegaard pone la propria attenzione sulla molteplicità di situazioni offerte dalla vita, imponendo a esse un AUT AUT. Possiamo notare una sorta di triade dialettica quando Kierkegaard analizza le tre tipologie di vita: vita estetica (Don Giovanni prova angoscia perché il suo desiderio non è colmato da alcun oggetto finito); vita etica (l'assessore Guglielmo prova disperazione perché la legge infinita non riesce ad applicarsi al mondo regolato dalla finitezza); vita religiosa (Abramo vive l'angoscia, causata dalla moltitudine di domande che Dio gli porrà, e la disperazione, poiché la fede viene da Dio, che rappresenta l'infinito).

SCIENZE

- Sulla origine dell'universo è in corso da decenni un confronto dialettico molto acceso. Modelli dinamici dell'universo furono sviluppati nel 1917 dall'astronomo olandese Willem de Sitter, nel 1922 dal matematico russo Alexander Friedmann e nel 1927 dall'abate belga Georges Lemaître. Nel 1948 gli astronomi britannici Hermann Bondi, Thomas Gold e Fred Hoyle formularono un modello di universo completamente differente, oggi noto come teoria dello stato stazionario, ma la scoperta della radiazione cosmica di fondo avvenuta nel 1965 sembra avvalare piuttosto la teoria del big bang, formulata nel 1948 dal fisico di origine russa George Gamow e integrata negli anni Ottanta con la teoria dell'inflazione, che introduce nella formulazione originale di Gamow le recenti scoperte della fisica delle particelle elementari. Il dibattito è tuttora in corso e non si è ancora giunti a conclusioni accettate da tutti.

FISICA

- Sulla natura della luce si è discusso, fino a raggiungere una soluzione, in qualche modo dialettica, cioè che rappresenta la sintesi di due tesi contrapposte. Il matematico e fisico britannico Isaac Newton propose un modello corpuscolare, cioè considerò la luce come composta da fasci di particelle, o in generale di corpuscoli di varia specie, proiettate da tutti i corpi luminosi (tesi). L'astronomo, matematico e fisico olandese Christiaan Huygens, invece, attribuì alla luce una natura ondulatoria, spiegandone il meccanismo di propagazione secondo le leggi del moto ondulatorio (antitesi). Attualmente si pensa che queste due teorie siano sostanzialmente complementari: lo sviluppo della teoria quantistica ha portato infatti a osservare che, in esperimenti diversi, la luce mostra alternativamente comportamenti tipicamente corpuscolari e comportamenti ondulatori.

TESINE CORRELATE – Dualismo, Relativismo e relatività

DONNE

Le donne viste dagli uomini
Donna angelo o donna demone
Donne nella letteratura e nell'arte
Donne protagoniste e donne succubi

Questa tesina presenta una serie di ritratti femminili a opera di autori, spesso uomini, che le osservano da una prospettiva esterna, e quindi fuorviante. La prospettiva è quella, già inaugurata nella Bibbia, che contrappone Eva, simbolo della tentazione, e Maria, simbolo, della redenzione.

GRECO

- L'*Antigone* di Sofocle è una figura femminile ribelle e temeraria. Leggi in particolare:
  1) il Prologo – Dialogo fra Antigone e Ismene, vv 1-99;
  2) Creonte e Antigone vv 441-525;
  3) Il lamento di Antigone condotta a morte vv 806-882.
- Euripide: Medea è una donna combattuta tra l'amore per il marito e l'amore per i figli. Alla fine prevarrà l'odio per l'uomo che

la ha tradita e che merita la pena più angosciante. Leggi in particolare:
1) *Medea* e le donne corinzie del coro vv 214-268;
2) Preparazione della vendetta vv 364-409;
3) Contrasto tra Medea e Giàsone vv 446-626;
4) Il monologo di Medea vv 1021-1080.

LATINO

Per i latini, così come per i greci, la donna non occupava certo una posizione centrale nella politica e nella società, pertanto tutte le donne che rifiutavano il modello di "matrona univira" di Lucrezia e di "madre esemplare" di Cornelia, madre dei Gracchi, incontravano solo biasimo e riprovazione.

- Nell'opera di Sallustio *De coniuratione Catilinae* Sempronia, una dei congiurati, è l'anti-Lucrezia, cioè una donna che preferisce corteggiare piuttosto che essere corteggiata, che ama danzare più di quanto sia conveniente a una matrona, che mostra una lingua troppo sciolta e atteggiamenti spregiudicati.
- Virgilio: nell'*Eneide* Didone è l'esempio emblematico dell'amore passionale e del binomio amore-morte. Leggi tutto il libro IV, e in particolare:
  La maledizione di Didone, libro IV vv 584-629
  La morte di Didone, libro IV vv 630-705
- Giovenale dedica la sua satira sesta alla donna, vista con lo sguardo di un misogino moralista.
- Marziale delinea ritratti femminili decisamente negativi nei suoi epigrammi, come quelli di Gellia, che piange la morte del padre solo quando è presente qualcuno (I,33) e di Fabulla (I, 64) che è bella, ma troppo presuntuosa.
- Nel Tacito degli *Annales* si trovano i ritratti femminili di donne come Messalina e Agrippina, disposte a mettersi alle spalle tutti gli scrupoli morali per realizzare progetti ambiziosi. Al contrario le donne germaniche descritte nell'opera etnografica *Ger-*

mania, dello stesso autore, mostrano una fedeltà all'istituto del matrimonio più simile a quello delle antiche matrone che non a quello delle donne del suo tempo.

ITALIANO

- Manzoni: Lucia, un'antifemminista? Potrebbe essere il titolo di un tema, una tesi tutta da confermare, o da confutare, in base ai passi del romanzo che, a ben guardare, ci delineano una donna tutt'altro che rassegnata o umiliata, anzi sicura delle sue idee, come quando rifiuta l'idea del matrimonio a sorpresa, o esprime il suo giudizio alla fine del romanzo "L'unico sproposito che ho fatto è quello di volervi bene".
- Nell'*Ultimo canto di Saffo* di Leopardi si esprime il concetto che la donna vale solo se è bella, altrimenti sarebbe meglio per lei suicidarsi.
- Verga ne *La lupa* (dalla raccolta delle novelle *Vita dei campi*) delinea il carattere eversivo della passione d'amore infarcita di bestialità e violenza.
- Di Italo Svevo, ne *La coscienza di Zeno*, leggi:
  1) il capitolo V sulla storia del suo matrimonio, con la dichiarazione ad Ada, la divina fanciulla, andata a vuoto (come quella per Alberta) e infine il matrimonio, all'inizio non molto desiderato, con Augusta, che si rivela poi una figura materna e sana;
  2) il capitolo VI sul rapporto adulterino con Carla, la donna-oggetto in cerca di riscatto.
- Per Corrado Silla, protagonista di *Malombra* di Antonio Fogazzaro, Edith Steinegge rappresenta l'amore ideale, puro, cristiano, mentre Marina simboleggia la tentazione della carne, del torbido e del trasgressivo.
- Ne *Il piacere* di D'Annunzio, Elena Muti (il nome richiama la bella donna per cui lottarono gli eroi omerici) è la bellezza sensuale, ma Andrea Sperelli è attratto anche dall'onestà di Maria Ferris (il nome richiama la Madonna), anche se si tratta pur sem-

pre di un giudizio basato sul raffinato estetismo. L'incontro con Maria, cioè, non è l'occasione per un reale cambiamento di vita, ma il soddisfacimento di un ulteriore capriccio di Andrea.

- Angiolina Zarri, la donna amata da Emilio Brentani in *Senilità* di Italo Svevo, per l'ingenuo protagonista è Ange, donna-angelo, idealizzata figura stilnovista che eleva alla felicità, mentre per l'avveduto amico pittore, Balli, è Giolona, una donna traditrice e volgarotta.
- Le donne di Montale hanno influenzato anche la sua poesia, oltre che la sua vita:
  1) Annetta – Arletta, la donna crepuscolare. In *Incontro* Annetta per il poeta è "la donna che mi fu tolta", l'immagine sprofondata nel nulla. In *Il balcone* vi è la rievocazione del suo fantasma. In *La casa dei doganieri* la casa è lo spazio evocativo dell'immagine della donna;
  2) Clizia – Irma Brandeis, (ebrea americana, di origini austriache) è la donna-angelo in *Ti libero la fronte dai ghiaccioli*; anche in *Nuove stanze* la funzione esoterica del visiting angel-Clizia è opposta al male della storia;
  3) Iride – Irma Brandeis, *Iride* (senhal di Irma) è l'epifania cristofora della donna, che assume su di sé dichiaratamente il ruolo di vittima che salva con il suo sacrificio, facendosi continuatrice dell'opera salvifica di Cristo nel mondo totalmente sconvolto dalla guerra. Anche ne *La primavera hitleriana* continua la dimensione oltremondana del visiting-angel;
  4) Volpe – creatura terrestre ed estrema oblazione. In *L'anguilla* Volpe è la figura della donna pietosa. In *Anniversario* Volpe è segno del luminoso, ma in un'accezione tutta umana e privata;
  5) Mosca – Drusilla Tanzi è la donna concreta, sua moglie, morta nel 1960, la compagna di vita e non ha niente della donna-angelo. Nella poesia *Ho sceso dandoti il braccio un milione di scale* c'è il ricordo dell'amore vissuto insieme a lei.
- In traduzione occorre leggere *Casa di Bambola* di Ibsen. In questo dramma borghese, Nora, la protagonista, preferisce lascia-

re il marito e i figli, esponendosi al biasimo e alla condanna, piuttosto che continuare a vivere senza dignità e responsabilità nella sua casa.

- Sempre tormentato e pieno di occasioni perdute il rapporto di Cesare Pavese con le donne. Si veda, a titolo di esempio, la figura di Corrado, alter-ego di Pavese, nel romanzo *La casa in collina*, amato da Elvira, per la quale non prova alcuna attrazione, mentre la relazione interrotta dieci anni prima con Cate non può più essere ripresa come prima, essendo passato troppo tempo. Egli condensa la sua visione tutt'altro che idillica e romantica della donna nel seguente brano, tratto da *Il mestiere di vivere*: "Tipologia delle donne: quelle che sfruttano e quelle che si lasciano sfruttare. Tipologia degli uomini: quelli che amano il primo tipo e quelli che amano il secondo".
- Mara, la protagonista de *La ragazza di Bube* di Carlo Cassola, se da ragazzina aveva accettato il fidanzamento con Bube solo per farsi bella agli occhi delle altre ragazze, dopo che Bube sarà processato e condannato per uno dei tipici eccessi di violenza partigiana dopo la guerra, ne diviene il sostegno e lascia il romantico amore per Stefano, decidendo di aspettare Bube per ricostruire una vita insieme a lui.

INGLESE

- La donna conduce alla distruzione e alla morte: *La belle dame sans merci* di Keats.
- Isabel Archer, protagonista del romanzo *Ritratto di Signora* (*Portrait of a lady*) di Henry James, accetta le responsabilità delle scelte che lei stessa ha voluto fare, rimanendo fedele a un matrimonio infelice piuttosto che seguire il capriccio del cuore. Verena, invece, protagonista de *I bostoniani* (*The bostonians*) rappresenta il fascino della donna selvaggia e zingaresca.
- *Candida* di George Bernard Shaw decide autonomamente di restare accanto a un marito poco esaltante, piuttosto che fuggire con un amante poetico e ribelle.

- Ne *Il ritratto di Dorian Gray* (*The picture of Dorian Gray*) di Oscar Wilde, il protagonista usa per il proprio piacere Sybil Vane, mettendo a tacere la coscienza, che gliela aveva presentata come possibile via a una vita più pura ed etica.

FRANCESE

- Nel romanzo *Madame Bovary* di Flaubert, Emma cerca di ribellarsi alle convenzioni con un'avventura sentimentale che la società non le permetterà, conducendola quindi al suicidio.
- *I fiori del male* (*Les fleurs du mal*) di Baudelaire: Jeanne Duval rappresenta il potere della carne e della sensualità, il fascino del male mentre Mme Sabatier la forza salvifica dell'ideale e del bene.

TEDESCO

- Generalmente nei testi di Hoffmann, *La storia del riflesso perduto* (*Die Geschichte vom verlornen Spiegelbilde*), *L'uomo della sabbia* (*Der Sandmann*), *Le Miniere di Falun* (*Die Bergwerke zu Falun*), la donna desiderata è demoniaca mentre la moglie è angelica.
- Più attento alla sensibilità e alle problematiche femminili moderne si mostra Theodor Fontane, con il romanzo *Effi Briest*.

ARTE

- Nei preraffaeliti vi è netta distinzione tra donna-demone, tentatrice e passionale (in *Astarte siriaca* di Dante Gabriel Rossetti) e donna-angelo, via verso la perfezione e l'assoluto (*Annunciazione* di Dante Gabriel Rossetti, oppure *Scala d'oro* di Burne-Jones).
- *Jeanne Samary* è il ritratto dell'attrice Jeanne Samary, eseguito nel 1879 dal pittore francese Pierre-Auguste Renoir. La figura femminile appare immersa in una luce calda e diffusa, dalle tonalità solari.
- I ritratti di donne di Edvard Munch, rappresentate ora come fragili e innocenti, ora come sinistri vampiri, riflettono le inquietudini sessuali dell'artista.

- Nel dipinto *Le due madri* Segantini distingue fra le buone e le cattive madri.

BIBLIOGRAFIA

Mariangela Antifona, Le ragioni delle donne, ediz. Il capitello.

TESINE CORRELATE – Amore, Emancipazione femminile

DUALISMO

Il doppio dal manicheismo alla schizofrenia
Il doppio in letteratura

Sin dagli albori della storia del pensiero, si sono sviluppate teorie e religioni che individuavano nel mondo una lotta continua tra il male e il bene: si pensi al taoismo e allo zoroastrismo, al manicheismo e all'eresia catara. È invece una scoperta più recente quella della compresenza nella stessa persona di più componenti che lottano tra loro: il dualismo si è spostato quindi da ciò che è esterno all'uomo alla sua interiorità.

LATINO

- Sant'Agostino, che fu manicheo prima di convertirsi al cristianesimo, scrisse l'opera *Contra Faustum manicheum*, confutò le teorie di Mani, che dividevano il mondo in eletti e non eletti, rivendicando all'uomo, con il suo libero arbitrio, un ruolo fondamentale per il conseguimento della salvezza, pur non negando, come facevano invece i pelagiani, l'importanza della grazia divina.

ITALIANO

- Mentre il *Fermo e Lucia* è un romanzo basato sul dualismo tra bene e male, e il male è sempre rappresentato in modo torbido, diabolico e definitivo, ne *I promessi sposi* anche l'uomo più abbietto può trovare, in certe condizioni, una sua via alla salvezza e al perdono. Si osservi a come vengono rappresentati i personaggi di Gertrude e di Don Rodrigo (soprattutto quando sta morendo di peste) per capire questa differenza.

- Nella seconda metà dell'Ottocento il motivo del doppio ricompare nel romanzo di Fëdor Dostoevskij *Il sosia* (1846), la descrizione di uno stato di alienazione di cui è vittima un modesto impiegato.
- *Dualismo* di Boito, artista della Scapigliatura milanese, è la poesia che apre la raccolta *Il libro dei versi*, che ben esprime l'ansia e l'incontentabilità tipica degli artisti scapigliati. Si pensi che Boito negli stessi anni in cui componeva questa poesia aveva prodotto un'opera lirica dal titolo *Mefistofele*.

  Son luce ed ombra; angelica
  farfalla o verme immondo,
  sono un caduto chèrubo
  dannato a errar sul mondo,
  o un demone che sale,
  affaticando l'ale,
  verso un lontano ciel.

  (vv.1-7)

- Ne *Il fu Mattia Pascal* vi è dualismo nella doppia identità Mattia-Adriano. Il possibile superamento del dualismo (il rapporto Adriano-Adriana) non si può realizzare (lei è una vera Adriana, lui è un finto Adriano, in realtà è Mattia).
- Ne *La coscienza di Zeno* di Italo Svevo è interessante il dualismo fra Zeno (il cui nome incomincia per zeta) e le ragazze Malfenti, tutte con il nome che incomincia per A. Soprattutto la moglie (Augusta-Zeno, A-Z) sembra essere una figura opposta a quella di Zeno.
- Ne *Il visconte dimezzato* di Italo Calvino si rende visibile il dualismo, insito nell'uomo, tra la parte altruista e buonista, e quella invece perfida e crudele, aggressiva e impietosa.

INGLESE

- *William Wilson* di E. A. Poe continua a lottare per tutta la vita con un altro personaggio che ha lo stesso suo nome e le stesse sue doti. Alla fine egli lo trafigge in duello ma scopre di aver distrutto la parte migliore di sé. Questo racconto ha un carattere allegorico e autobiografico.

- *Il ritratto di Dorian Gray* (*The portrait of Dorian Gray*) di O. Wilde mostra contemporaneamente il protagonista che continua a essere bello, giovane e attraente, mentre il suo ritratto evidenzia l'abisso di degradazione morale e fisica in cui sta sprofondando.

- *Lo strano caso del dottor Jekyll e del signor Hyde* (*The strange case of Dr. Jekyll and Mr. Hyde*) di R. L. Stevenson rappresenta la compresenza nella stessa persona dell'anima razionale e di quella istintiva e bestiale.

TEDESCO

- Uno dei motivi ricorrenti nel genere fiabesco e che ebbe molto seguito in letteratura, fu quello del *Doppelgänger*, ossia del "doppio" o dell' "altro che è in noi". Gli scrittori romantici tedeschi furono affascinati da questa nuova possibilità di indagine sulla propria identità, di uno scavo nella coscienza di un Io più profondo. Il poeta Heinrich Heine vi dedicò una lirica, intitolata proprio *Il doppio* (1827); lo stesso tema compare nel racconto *Gli elisir del diavolo* (*Die Elixiere des Teufels*, 1816) di Hoffmann e nel romanzo breve *La straordinaria storia di Peter Schlemihl* (*Peter Schlemihl* wundersame Geschichte, 1814) di Adalbert von Chamisso, la vicenda di un uomo che vende la propria ombra al diavolo.

FILOSOFIA

- Freud individua due forze contrapposte, che chiama Es e Super-Io, che si contendono l'egemonia sull'Io.

- Lo schizofrenico è colui che vive in sé il dualismo.

CINEMA

- Ne *La maschera di ferro* di Randall Fallace, il protagonista, buono e amico dei tre moschettieri e di D'Artagnan, lotta contro il fratello gemello che è sul trono di Francia. Alla fine i moschettieri riescono a farlo diventare Re Luigi XIV al posto del fratello cattivo.

TESINE CORRELATE – Dialettica, Psicologia

EDIPO

Il complesso di Edipo in psicologia e letteratura
Il rapporto dell'artista con il padre e la madre

Il complesso di Edipo fa riferimento a un racconto greco, appartenente al ciclo tebano, in cui Edipo, cacciato subito dopo la nascita dal padre Laio, per le terribili profezie di cui era oggetto, sulla strada del ritorno a Tebe uccide senza saperlo il padre e sposa la madre Giocasta. Poi, quando viene a sapere di questa terribile verità, si acceca, e la maledizione si perpetuerà nella generazione successiva.

GRECO

- Nell'*Edipo re* di Sofocle l'uomo è come un burattino nelle mani della divinità, o meglio del fato, che stabilisce una serie di eventi tragici, cui l'uomo non si può ribellare.

ITALIANO

- I rapporti di Ugo Foscolo con la madre e il padre sono stati interpretati dalla critica psicanalitica come dovuti al complesso di Edipo. Leggi in particolare *In morte del fratello Giovanni* e i brani de *Le ultime lettere di Jacopo Ortis* relativi al padre di Teresa.

- La morte del padre ne *La coscienza di Zeno* è quasi desiderata dal protagonista del romanzo, che poi ne vive inconsciamente il rimorso.
- Il complesso di inferiorità nei confronti del padre in Federigo Tozzi è simile a quello di Franz Kafka (leggi soprattutto *Con gli occhi chiusi* e *Il podere*).
- Umberto Saba: complesso di Edipo al contrario? (giustifica il padre e odia la severità della madre – vedi *Autoritratto – secondo sonetto*).

TEDESCO

- Il tormentato rapporto con il padre ispirò a Franz Kafka opere come *Lettera al padre* (*Brief an den Vater*), ma anche *La condanna* (*Das Urteil*) e *La metamorfosi* (*Die Verdwandlung*).

FRANCESE

- Marcel Proust esprime nelle sue opere un intenso rapporto con la madre, come se fosse l'unica donna della sua vita.

FILOSOFIA

- Freud formula il complesso di Edipo per i bambini e di Elettra per le bambine. Verso il terzo anno di età i bambini hanno appena scoperto di non essere monosessuali. Questo costituisce un trauma soprattutto per una bambina. Sorge una richiesta pulsionale genitale che reclama un suo oggetto e non può che riconoscerlo nella persona più vicina al bambino (la madre) e alla bambina (il padre). La madre, a sua volta, tende a considerare il figlio come il suo oggetto privilegiato; il padre è vissuto come l'ostacolo che impedisce alla diade madre-figlio di chiudersi nella sua autosufficienza e, come tale, diviene oggetto di odio. L'amore per il genitore del sesso opposto e la rivalità nei confronti del proprio sesso è solo l'Edipo semplice, accanto al quale Freud porrà anche la forma inversa, cioè l'amore per il genitore dello stesso sesso e la rivalità con quello del sesso opposto. Per il bambino resterà il timore che il padre lo punisca privandolo di ciò che gli è caro (complesso di castrazione). Per la bambina i legami edipici con il padre non verranno mai spezzati del tutto.

TESINE CORRELATE – Inconscio

EMANCIPAZIONE FEMMINILE

Le donne viste dalle donne
La questione femminile
Femminilità e femminismo
Le conquiste della donna negli ultimi secoli

In questa tesina si analizzano i testi in cui le donne parlano di se stesse, delle loro faticose conquiste e delle incomprensioni cui sono andate incontro, in un mondo dominato dall'elemento maschile.

ITALIANO

- Matilde Serao nel romanzo *Il ventre di Napoli* rivela una capacità di intuizione femminile, pur operando all'interno della corrente verista, che esclude aprioristicamente ogni introspezione psicologica.
- In *Menzogna e sortilegio* di Elsa Morante la protagonista Elisa sceglie consapevolmente la menzogna, visto che alla donna non è consentita l'autodeterminazione.
- *Lettera a un bambino mai nato* di Oriana Fallaci è il monologo anonimo di una donna che intesse un colloquio fantastico con il feto che è nella sua pancia e che sopprimerà con un aborto.
- *La lunga vita di Marianna Ucrìa* di Dacia Maraini offre uno spaccato di rara efficacia dell'ambiente e della mentalità della Sicilia nel primo Settecento.

- In *Volevo i pantaloni* di Lara Cardella si descrive la difficoltà di emancipazione femminile persino nella Sicilia alle soglie del 2000.

INGLESE

- *La lettera scarlatta* (*The scarlet letter*) di Nathaniel Hawthorne descrive l'assurda condizione della donna nell'ambiente puritano della provincia americana.
- Virginia Woolf in *Mrs Dalloway* racconta una normale giornata di vita di una donna borghese del primo Novecento, sottolineando la rete di rapporti con il marito, con la figlia già autonoma nei suoi interessi, con le amiche e con gli estranei, come un suicida incontrato fuggevolmente al parco. Anche in *Le onde* (*The waves*) l'autrice mostra una voglia di riscatto e denuncia per le disparità subite dalle donne nella società borghese.
- Jane Austen in *Orgoglio e pregiudizio* (*Pride and Prejudice*) racconta le vicende amorose delle cinque ragazze Bennet, contrastate dai pregiudizi della famiglia e soprattutto dall'orgoglio degli uomini, che solo episodicamente viene superato. Certamente all'epoca era difficile per le donne imporre la propria volontà.
- In *Cime tempestose* (*Wuthering Heights*) di Emily Brontë, romanzo più passionale e tradizionale, Catherine rifiuta di sposare il reietto Heathliff e, dopo lunghe e tormentate vicende, riuscirà a fatica a salvarsi e a riconquistare la serenità. La sorella Charlotte Brontë nel romanzo *Jane Eyre* delinea la figura di una donna innamorata, capace di una libertà e una passionalità inaccettabili per il moralismo vittoriano.
- Mary McCarthy in *Il gruppo* (*The group*) descrive la vita in college di otto ragazze durante l'era di Roosevelt, alle prese con la loro crescita ed emancipazione.

FRANCESE

- Madame de Staël nel romanzo epistolare *Delphine* traccia il profilo di una donna che paga a duro prezzo la sfida lanciata ai pregiudizi della società, mentre nel romanzo autobiografico *Corinna o l'Italia* (*Corinne ou l'Italie*) accentua ancora il suo femminismo ante litteram.

- Aurore Dupin sfidò la società benpensante portando abiti maschili, scegliendosi lo pseudonimo maschile di George Sand, lanciandosi in amori passionali e sposando la causa dei più deboli ed emarginati. Nel romanzo *Indiana* difende la condizione della donna malmaritata e incompresa e in *Lélia* descrive la vita quotidiana di una donna che ha amato e si dispera perché delusa.
- Simone de Beauvoir ricorda nelle *Memorie di una ragazza perbene* (*Mémoires d'une jeune fille rangée*) la sua adolescenza e in *La forza della età* (*La force de l'âge*) e *La forza delle cose* (*La force des choses*) le sue scelte mature, nel nome del femminismo e dell'esistenzialismo.

TEDESCO

- Nelle autobiografiche lettere immaginarie del *Carteggio di Goethe con una bimba* (*Goethes Briefwechsel mit einem Kinde*) di Bettina Brentano von Arnim l'autrice rivive una serie di incontri che ebbe da bambina con il grande scrittore e che lasciarono un segno sulla sua formazione culturale.
- Nel romanzo *Il cielo diviso* (*Der Geteilte*) di Christa Wolf la protagonista recupera le proprie memorie dopo un tentato suicidio.

STORIA

- Nel secolo XIX cominciarono a comparire in Inghilterra e negli Stati Uniti i primi movimenti e gruppi di cosiddette "suffragette". Erano le donne che prendevano coscienza dei propri diritti e reclamavano la possibilità di votare. L'obiettivo era che il suffragio fosse realmente universale, e non universale solo rispetto agli uomini. È logico che tale movimento ebbe il suo sorgere negli stati in cui già da tempo era in vigore l'esercizio della democrazia rappresentativa, anche perché spesso in quella società persisteva un'oppressione puritana dalla quale le donne volevano giustamente liberarsi.

- La prima guerra mondiale costituì un importante passaggio verso una maggiore considerazione, in un paese nettamente maschilista come l'Italia, per le donne. Infatti esse seppero mandare avanti le proprietà agricole, malgrado la lontananza o la perdita degli uomini impegnati al fronte. Si dovette comunque aspettare il 2 giugno 1946 (referendum monarchia-repubblica ed elezione dell'Assemblea Costituente) per vedere riconosciuto il diritto di voto delle donne in Italia.
- I collettivi femminili durante gli anni della contestazione (1968 e 1977), i referendum "radicali" per divorzio e aborto, con gli slogan urlati del tipo "L'utero è mio e me lo gestisco io" e "L'uomo a casa e la donna al lavoro", la costituzione del ministero e della commissione parlamentare delle pari opportunità, sono storia recente.

FILOSOFIA

- Virginia Woolf, oltre alle sue opere di letteratura, tenne dei discorsi sulla questione femminile "Oltre le conquiste liberal-democratiche".
- Simone de Beauvoir parla della donna non solo come vittima, ma anche come complice dell'uomo.
- Luce Irigaray ha scritto opere contro il pensiero patriarcale e contro il linguaggio maschilista.
- Luisa Muraro e Adriana Cavarero hanno elaborato le cosiddette filosofie di Diotima e il pensiero della differenza.

DIRITTO

- Diritti della donna lavoratrice: pari trattamento sul posto di lavoro e rivendicazione di posti di lavoro e di responsabilità per le lavoratrici. Pari opportunità.

- Tutela dei diritti delle lavoratrici-madri: periodo di maternità, allattamento e assenze giustificate per le malattie dei figli.
- Diritto al rispetto del proprio essere donna: rifacimento del vocabolario della lingua italiana in vista di una pari considerazione degli uomini e delle donne.

TESINE CORRELATE – Amore, Donne

EMARGINAZIONE

Artisti emarginati e artisti che descrivono l'emarginazione
Gli artisti raccontano l'emarginazione e la vivono in prima persona

Non sempre e non solo gli artisti hanno parlato di emarginazione; spesso l'hanno vissuta in prima persona. Questo titolo, infatti, dà modo di pensare al rapporto tra intellettuale e società, che spesso, senza arrivare agli eccessi dell'emarginazione, è comunque problematico (si pensi a Fedro per la letteratura latina, Leopardi e Foscolo per quella italiana).

ITALIANO

- In un certo senso gli scapigliati si presentano come l'equivalente italiano dei poeti maledetti francesi, si sentono emarginati dalla loro stessa classe di appartenenza, la borghesia, che si sta rivelando cinica e corrotta nel momento in cui si accosta al potere. Vi è quindi la delusione delle idee risorgimentali, nel momento in cui si attuano.
- Decadentismo: in generale un fenomeno culturale che si sviluppò in Europa, a partire dal 1880 fino a i primi decenni del Novecento. Oltre all'antipositivsmo, all'irrazionalismo, alla rivalutazione della poesia e dell'arte per l'arte, questo movimento si caratterizzò anche per il forte sentimento di estraneità e di isolamento dalla società, anche se esso poteva esprimersi in

modalità radicalmente opposte, come l'intimismo pascoliano e il superomismo dannunziano.

- Giovanni Pascoli tende a ripiegare su se stesso, a ricercare una nicchia, una casa, un nido in cui rifugiarsi per sfuggire il male presente nella società. Per esempio nella poesia *Nebbia* (dai *Canti di Castelvecchio*) l'autore chiede alla nebbia di nascondere le "cose lontane", che non appartengono alla sua realtà quotidiana; egli desidera che il suo mondo finisca con "la siepe dell'orto" e il muro in giardino, poiché le cose all'esterno della sua piccola nicchia "son ebbre di pianto". Ciò ricorda la definizione della Terra in *X agosto*: "quest'atomo opaco di male". Il poeta teme il mondo esterno, dove è il Male a regnare, e vuole ritirarsi in una sorta di idillio privato, dove i pericoli del mondo non lo possono raggiungere.
- Dino Campana si può definire uno dei poeti più emarginati nella nostra storia letteraria, e la sua condizione umana degenera in pazzia.
- Emarginazione e degrado sono caratteristici dei due romanzi di Pasolini *Ragazzi di vita* e *Una vita violenta*, ambientati nel sordido mondo delle borgate romane del secondo dopoguerra, frequentato dall'autore in qualità di insegnante.

INGLESE

- Oscar Wilde fu il massimo rappresentante dell'Estetismo inglese e fu anche invitato negli Stati Uniti a tenere conferenze che ebbero grande successo. Il suo stile di vita e i temi delle sue opere, in cui criticava molto duramente il vuoto di valori e le ipocrite convenzioni delle classi superiori, furono considerati molto immorali: Wilde viveva infatti durante l'Età Vittoriana, alla fine del XIX secolo, in un'epoca quanto mai moralista e bigotta, tutta fondata sulla rispettabilità. Perciò, in seguito a uno scandalo (fu accusato di intrattenere relazioni omosessuali), fu condannato a due anni di prigione a Reading. Alla fine della detenzione, Wilde era un uomo distrutto. Si trasferì in Francia, dove visse in una sorta di esilio sociale, sotto il nome di Sebastian Melmoth, senza denaro né amici. Morì nel 1900 ad appena quarantasei anni. Leggi *Il ritratto di Dorian Gray* (*The portrait of Dorian Gray*).

FRANCESE

- Baudelaire divenne ben presto l'archetipo dello scrittore dandy e dell'esteta, sperimentando anche i "paradisi artificiali" dell'hashish, dell'oppio e dell'alcol, procurandosi fama di eccentrico e immorale e dissipando ben presto il patrimonio paterno cui aveva avuto accesso con la maggiore età. Questo periodo di libertà assoluta e di ricerca del piacere coincise con una fase creativa estremamente feconda, da cui nacquero le sue poesie più celebrate, alcune delle quali confluirono nei *Paradisi artificiali* (*Les paradis artificiels*, 1860).
- Rimbaud, che pure era all'inizio promettente poeta e intellettuale, dopo essere stato ferito con un colpo di pistola dall'amico Verlaine nel 1874, abbandonò la poesia e si lanciò in una vita d'avventure, che lo vide insegnante a Londra nel 1874, scaricatore di porto a Marsiglia nel 1875, mercenario nelle Indie olandesi e disertore a Giava nel 1876, al seguito di un circo nel 1877, capomastro a Cipro nel 1878. Infine, nel 1880 si stabilì come commerciante in Abissinia.
- Anche Verlaine condusse una vita disordinata, che valse a lui e agli altri poeti simbolisti il titolo di poeti maledetti.
- *La leggenda del santo bevitore* (*Die Legende von heiligen Trinker*) di Joseph Roth è la storia di un clochard ubriacone, che si aggira nella Parigi del primo dopoguerra, alla ricerca di una salvezza, che gli si accosterà solo alla fine della vita.

TEDESCO

- *La metamorfosi* (*Die Verwandlung*) di Kafka: l'individuo è inserito in una società spersonalizzante che lo esclude e lo emargina.

- Thomas Mann è uno scrittore della prima metà del XX secolo. Fece esperienza della prima guerra mondiale, ma non prese nessuna posizione politica. Egli credeva infatti che gli artisti non si dovessero occupare di politica. Solo dopo l'ascesa di Hitler decise di intervenire: criticò aspramente i nazionalisti e fu costretto all'esilio, prima in Svizzera e poi negli Stati Uniti. Mann non può essere inserito in una precisa corrente letteraria. Le sue opere presentano comunque caratteri comuni:
1. i protagonisti delle sue opere sono sempre personaggi decadenti e deboli, tanto da essere definiti "eroi della debolezza";
2. il tema principale di tutta la sua produzione è il conflitto tra arte e vita (o tra arte e borghesia). L'arte è spesso legata alla malattia (per esempio ne *I Buddenbrook: caduta di una famiglia*, che valse a Mann il premio Nobel). Oltre ai romanzi, come il già citato e *La morte a Venezia* (*Der Tod in Venedig*), particolarmente significativo per il nostro tema è la novella *Tonio Kröger*. Tonio Kröger è un giovane studente: suo padre è un commerciante tedesco e sua madre è un'artista del Sud. Possiamo dire, quindi, che Tonio è nato da un'unione tra arte e borghesia. Egli si sente completamente diverso dagli altri ragazzi: è sensibile, scrive poesie, ama leggere, mentre gli altri ragazzi si divertono insieme e si godono la vita. Ha un solo amico, Hans Hansen, che è un perfetto borghese. Tonio lo invidia perché tutti lo amano. Poi si innamora, non ricambiato, di Ingeborg, una ragazza della scuola. Quando il padre di Tonio muore, egli parte per Monaco. Divenuto un uomo incontra una pittrice, Lisaveta Ivanovna (reminiscenza di *Delitto e castigo* di Dostoevskij). Con lei parla della sua vita e del suo desiderio di essere un normale borghese, integrato nella società. Successivamente Tonio si reca in Danimarca, dove incontra, in un albergo, i suoi amici Hans e Ingeborg; essi sono sempre gli stessi, perfettamente inseriti nel mondo sociale. In quel momento, però Tonio capisce che il suo amore per la vita borghese non è necessariamente negativo ma al contrario può diventare fruttuoso. Tonio può analizzare il conflitto tra mondo dell'arte e mondo borghese attraverso la letteratura e,

così facendo, può arrivare a conciliare i due mondi. L'amore per la borghesia e l'amore per l'arte sono ciò che gli permettono di riunire i due estremi, senza dover rinunciare ad uno dei due.

ARTE

- Vincent van Gogh (Zundert, 1853) dopo pochi e travagliati studi, cominciò a disegnare e a pensare per sé ad un futuro di artista. Assunto come commesso in una galleria d'arte gestita dallo zio, dopo qualche anno, trascorso a Londra, Parigi, e Bruxelles nelle filiali della casa d'arte, venne licenziato. Si trasferì allora in Inghilterra, dove diede lezioni di francese, ma spinto da una grande fede e dalla lettura del vangelo decise di diventare un predicatore. Gli esami di ammissione alla facoltà di teologia erano per lui troppo difficili, così dovette ripiegare su una scuola di evangelizzazione. Successivamente si trasferì nel Borinage, zona mineraria dell'Olanda, per diffondere il vangelo. Perso l'entusiasmo dei primi tempi (e l'appoggio della chiesa), vi rinunciò e tornò a casa, nel 1880. Seguirono altri viaggi e delusioni, poi l'artista si stabilì a Neunen, dove dipinse *I mangiatori di patate*, considerato il suo primo e forse ineguagliato capolavoro. Successivamente, dopo nuove peregrinazioni, si trasferì ad Arles, dove convisse per alcune settimane con l'amico Paul Gauguin. Ormai però Vincent mostrava i primi segni di una malattia mentale che, dopo il definitivo trasferimento ad Auvers-sur-Oise, lo condusse al suicidio, nel 1890. Indubbiamente Van Gogh aveva una sensibilità fuori dal comune, che lo portava a cogliere la dignità anche dei più poveri e a sforzarsi di aiutarli, ma anche ad abbattersi e a entusiasmarsi più del dovuto. La vita, però, non fu mai generosa con lui, che cercava solo qualcosa che lo facesse sentire utile. S'innamorò più volte senza mai essere ricambiato, tentò di divenire un predicatore senza successo, era consapevole del suo talento artistico, ma non riusciva a vendere i suoi quadri e conduceva una misera esistenza. "Mi sento un fallito; e quello che significa per me è che io sento che quello è il destino che accetto, e che non cambierà mai", scrisse a Theo nel 1890 due mesi prima di togliersi la vita.

CINEMA

- *The elephant man* di David Lynch narra la storia realmente accaduta di un uomo sfigurato a causa di una malattia che diviene fenomeno da baraccone per poter vivere. Solo pochi valorizzano le sue capacità (sa parlare, recitare e disegnare), mentre la maggior parte della gente lo deride per la sua deformità.

MUSICA

- *Via del Campo, Bocca di rosa, Don Raffaè* e molte altre canzoni di Fabrizio De André mostrano ritratti di personaggi che vivono ai margini della società, prostitute e carcerati, che rivelano spesso una umanità schietta.
- *La donna cannone* di Francesco De Gregori è una bellissima canzone dedicata a una donna costretta a essere fenomeno da baraccone per le sue dimensioni imponenti, e per la quale si può nutrire un amore profondo e umano.
- *Piazza Grande* di Lucio Dalla descrive la filosofia di vita di un barbone bolognese.
- *El purtava i scarp de tennis* e *Ragazzo padre* di Enzo Jannacci mostrano la sua vocazione di denuncia delle ingiustizie di cui sono oggetto gli emarginati.

TESINE CORRELATE – Alcol, Integrazione

EMIGRAZIONE

Emigrazione dall'Italia all'estero e dal sud al nord dell'Italia
Gli extra-comunitari in Italia
Intercultura

I popoli non sono sempre stati nel luogo in cui si trovano oggi e i movimenti migratori sono notevoli anche nel mondo moderno. Alla base di questo fenomeno vi possono essere motivazioni economiche (esodi di massa, esplosione demografica, mancanza di risorse, difficoltà o politiche sbagliate di sfruttamento del territorio, sovrappopolamento) o politiche (asilo politico, mancanza dei più elementari diritti civili nei paesi di origine).

ITALIANO

- *La luna e i falò* di Cesare Pavese descrive il ritorno nelle Langhe di Anguilla, che aveva fatto fortuna emigrando in America. Pavese giudica tutti gli americani bastardi, cioè sradicati, come lui.
- *Il treno del sole* di Renée Reggiani è un romanzo che descrive il viaggio e l'arrivo di una famiglia di meridionali al nord negli anni del boom economico, la loro difficoltà di integrazione e di assimilazione dei modi di vita metropolitani.

TEDESCO

- Kafka dedica il romanzo *America* alle grandi aspettative, e delusioni, che provavano i tedeschi che emigravano negli Stati Uniti.

STORIA

- Emigrazione negli Stati Uniti tra '800 e '900. Fenomeno che interessò gli italiani a partire dagli ultimi anni dell'Ottocento e che ebbe il suo culmine agli inizi del '900. Le mete predilette erano gli U.S.A. e l'Australia. Il fenomeno è proseguito anche in seguito, anche se con ritmi più blandi.
- Emigrazione dal sud al nord nel secondo dopoguerra. Difficile all'inizio fu l'integrazione delle masse impiegate nelle industrie del nord, e queste difficoltà a tutt'oggi non sono ancora state superate del tutto.
- Negli ultimi decenni l'Italia è divenuta oggetto di immigrazione da parte di extracomunitari, albanesi e asiatici.

TESINE CORRELATE – Emarginazione, Strada, Viaggio

EROE E ANTIEROE

Dall'eroe romantico all'antieroe novecentesco
Eroe-titanico, prometeico e antieroe crepuscolare
Crisi dei concetti di eroe, superuomo e poeta-vate

L'eroe è colui che incarna un ideale, l'individuo eccezionale. Nel momento in cui cadono gli ideali, cade anche la figura dell'eroe. Nasce quindi l'antieroe, che può corrispondere all'inetto dei romanzi sveviani, o al poeta che non si sente più investito di particolare carisma, come in Corazzini e Palazzeschi.

ITALIANO

- Certamente centrale nel Romanticismo è la tematica dell'eroe, ribelle e individuo d'eccezione, tematica che non è del tutto assente ne *Le ultime lettere di Jacopo Ortis* di Ugo Foscolo. Ortis è infatti appassionato, incompreso, alfiere di una virtù di pochi che viene sommersa dal vizio dei più.
- In un certo senso anche il superuomo dannunziano si può definire un eroe, in quanto emerge dalla massa ed è consapevole di una superiorità che gli deriva dalla cultura e dall'aspetto (vedi Andrea Sperelli ne *Il piacere* e Claudio Cantelmo ne *Le vergini delle rocce*).
- *Totò Merùmeni* di Guido Gozzano è l'antieroe, volutamente contrapposto al superuomo dannunziano. Egli predilige la provincia sonnolenta, la monotonia, la morte anonima, la rassicurante bruttezza slavata del quotidiano.

INGLESE

- Celebre eroe romantico è Aroldo nel *Pellegrinaggio del giovane Aroldo* (*Childe Harold's pilgrimage*) di Byron, che anche nel personaggio di Conrad, protagonista del racconto in versi *Il corsaro* (*The corsair*), delinea la figura di un uomo che lotta contro la società, pur essendo predestinato alla sconfitta, con indomabile energia interiore, ricerca della giustizia e del bene, passionalità esasperata. Figura emblematica di eroe romantico, del resto, è lo stesso Byron (studia la sua biografia).

- Nel dramma *Salomè* Wilde crea un antieroe rispetto a Dorian Gray. Jochanam è l'uomo morale che resiste alla tentazione della conturbante Salomè.

FRANCESE

- Figura di eroe romantico nella letteratura francese è il protagonista del romanzo *René* di Chateaubriand, individuo inquieto e maledetto.

TEDESCO

- Nel *Inno a Prometeo* (*Prometheus*) Goethe incarna l'eroe, che nulla ha da temere dalla divinità, l'uomo che si erge spiritualmente e moralmente, rispetto agli altri uomini e a Dio.
- *I masnadieri* (*Die Räuber*) di Schiller è una tragedia rappresentata nel 1782 al teatro di Mannheim, e pubblicata nel 1781. Essa metteva in scena le avventure di un fuorilegge idealista in rivolta contro una società ingiusta e crudele.

MUSICA

- Il culto dell'individuo venne trasceso nel mito dell'Eroe, anche in campo musicale: non a caso la *Terza sinfonia* (1803) del compositore tedesco Ludwig van Beethoven prese il titolo di *Eroica*. La sinfonia settecentesca acquista in quest'opera una nuova dimensione, con un primo movimento che spezza quasi i confini della forma sonata, una marcia funebre per la morte dell'eroe, uno scherzo dinamico che riafferma l'energia dell'ideale eroico e un finale di variazioni su un tema che Beethoven associa a Prometeo: l'eroe che sfida gli dei portando il fuoco all'umanità.

TESINE CORRELATE – Don Giovanni, Forza, Satanismo, Superuomo, Ulisse

ESOTISMO

Aspetti positivi e negativi del colonialismo
L'occidente guarda all'oriente
L'esotismo nelle letterature antiche e moderne

Il semplice fatto che una civiltà e una cultura siano lontane da noi e producano uno stile di vita diverso rispetto alla nostra suscita la nostra curiosità. Questo ha fatto sì che nascessero testi animati da questo interesse e fascino, alcuni solo dovuti alla curiosità, altri a un rispetto e a una conoscenza profonda di quei mondi lontani.

GRECO

- Certamente Erodoto nelle sue *Storie* mostra interesse per le popolazioni diverse da quella greca, ne descrive usi e costumi, storia e tradizioni, raccolte nei suoi numerosi viaggi.

LATINO

- Nelle *Metamorfosi* di Apuleio il protagonista, trasformato in asino, attua un percorso di catarsi e di purificazione, attraverso prove e difficoltà, per ritornare alla primigenia condizione umana. La tappa decisiva per il superamento dell'imbestiamento è l'iniziazione al culto di Iside. Nel II sec. d.C. erano molto in voga i culti misterici. Approfondiscine lo studio e in generale il grande influsso della cultura orientale nell'età imperiale. Cosa, nella religione romana tradizionale romana, manca e si trova invece nei culti misterici? La concezione dell'aldilà.

ITALIANO

- L'esotismo fu caratteristico delle opere di D'Annunzio e di Gozzano, solo che nel primo si inserisce all'interno del suo estetismo che lo porta a vivere per l'eleganza e per l'arte, mentre il secondo interpreta l'elemento esotico in modo ironico e distaccato.

INGLESE

- Già gli scrittori romantici espressero interesse per l'esotico, come dimostra l'opera *Kubla Khan* di Coleridge.
- Rudyard Kipling dimorò per un certo periodo in India e trasportò questa sua esperienza in romanzi come *Kim*, resoconto di un viaggio e *Bildungsroman* di un giovane indiano alla ricerca di una sua maturità di vita.

FRANCESE

- Nel 1841 i genitori di Baudelaire gli organizzarono un viaggio in India, dal quale il giovane Baudelaire fece ritorno ancor prima di essere giunto a destinazione, fermamente determinato a perseguire i suoi interessi letterari. Fu durante questo viaggio, infatti, che compose una delle sue poesie più famose, *L'albatros*.
- Dominique Lapierre nel suo romanzo *La città della gioia* (*La cité de la joie*) ha descritto l'opera delle Suore della carità di Madre Teresa di Calcutta. Il suo non è un interesse per l'esotico, ma per la difficile condizione umana delle sovraffollate città indiane.

TEDESCO

- *Siddartha* di Hermann Hesse è da alcune generazioni il romanzo che avvicina migliaia di giovani lettori alle filosofie orientali. Il protagonista, infatti, dopo una lunga ricerca, tra suggestioni mistiche e suicide, approda all'*Om* (= perfezione) cioè alla scoperta che il segreto della vita è da cercare in se stessi e che la saggezza non è comunicabile.

FILOSOFIA

- Schopenhauer si interessa delle arti e delle religioni orientali come unica forma, attraverso il distacco dalla realtà, contro il nulla. Per gli aspetti fondamentali della teoria filosofica di Schopenhauer vai alla tesina sul pessimismo.

STORIA

- Nel 1800 si consolida l'impero delle Indie. Il processo di colonizzazione avviene non senza problemi, vista anche la differenza delle culture.
- Cresce in India poi una rivolta non-violenta nei confronti dei colonizzatori, capitanata dalla figura carismatica del Mahatma Gandhi, che porterà poi alla nascita dell'Unione Indiana.

CINEMA

- *Gandhi* con Ben Kinsley e *Piccolo Buddha* di Bertolucci sono solo due dei film dedicati all'India, a testimonianza del fascino e dell'interesse suscitato dall'oriente in generale, e dall'India in particolare.

MUSICA

- *Thank U* è una canzone scritta da Alanis Morrissette dopo il suo soggiorno in India, ed esprime il fascino che le teorie esoteriche e buddiste esercita ancora oggi sulle menti dei giovani.
- Alcune canzoni di George Harrison, uno dei Beatles, riguardano l'India, che egli visitò. L'artista tenne inoltre un concerto in Bangladesh e sensibilizzò l'opinione pubblica internazionale sui problemi di questo piccolo stato. Harrison fu molto influenzato dalle dottrine orientali, tanto che prescrisse che il suo corpo alla morte fosse incenerito e disperso, secondo i riti induisti.

ARTE

- Con quadri come *Te Tamari no Atua* Gauguin ricerca la condizione primigenia del proprio essere tra popolazioni non ancora guastate dal progresso industriale.

TESINE CORRELATE – Viaggio

ESPRESSIONISMO

Soggettivismo espressionista e oggettivismo impressionista
Opera d'arte come espressione dell'interiorità
La realtà deformata dall'individuo
Espressionismo categoria universale
Espressionismo termine specifico di un'avanguardia artistica

L'espressionismo è una tendenza stilistica che anziché descrivere la realtà oggettivamente si sforza di esprimere sensazioni ed emozioni soggettive. Questa tendenza, in realtà, è rintracciabile quasi in ogni tempo e in ogni paese: per citare solo qualche esempio possono essere definite espressioniste alcune manifestazioni artistiche orientali, alcune opere dell'Europa medievale, i dipinti di artisti come El Greco e Mathias Grünewald.

ITALIANO

- Quando si usa questo termine in letteratura italiana, o lo si applica a particolari opere che mostrano una notevole vis drammatica, oppure lo si riferisce ai frammentisti vociani, Sbarbaro, ma soprattutto Campana e Rebora, per le loro poesie in cui la descrizione è travolta dall'impeto della soggettività, evidente soprattutto nel lessico (leggi per esempio *Viaggio a Montevideo* di Dino Campana e *O poesia nel lucido verso* di Clemente Rebora).

TEDESCO

- L'espressionismo tedesco diede origine a varie correnti fra il 1910 e il 1924, ed ebbe fra i suoi maggiori rappresentanti A. Döblin, F. Werfel, G. Trakl, E. Toller e B. Brecht.

ARTE

- Van Gogh e Gauguin sono i predecessori dell'espressionismo, perché hanno introdotto per primi l'uso arbitrario e simbolico del colore. I gialli di Van Gogh esprimono angoscia, i blu la perdita di contatto con la realtà, preludio alla pazzia che lo porterà al suicidio. Gauguin rifiuta la prospettiva e la terza dimensione.

- È comunque con il movimento *Die Brücke* (*Il ponte*) che si afferma l'espressionismo come movimento artistico per il quale la descrizione della realtà è un semplice spunto per esprimere i propri sentimenti di angoscia (*Il grido* di Munch) o di alienazione sociale (Kirchner).
- Per i Fauves francesi (si pensi soprattutto a Matisse) i sentimenti espressi non sono necessariamente angosciosi, ma anche vitalistici e ottimisti.

FISICA

- Fisica ottica: ramo della fisica che si occupa della natura e della propagazione della luce. In senso ampio, il termine luce è riferito alle radiazioni che costituiscono una particolare banda dello spettro delle onde elettromagnetiche e sono capaci di produrre la sensazione visiva. Il campo del visibile si estende tra circa 350 nanometri (violetto) e circa 750 nanometri (rosso).
- Teoria del colore: percezione sensoriale associata alle diverse lunghezze d'onda della radiazione elettromagnetica nello spettro del visibile.

CINEMA

- L'espressionismo tedesco si esprime nei film di F. Lang (capitalismo alienante in *Metropolis* come nei quadri di Kirchner) e Th. Dreyer (*Giovanna D'Arco* e *Ordet* visualizzano l'angoscia esistenziale come i quadri di Munch).
- Da vedere anche *Nosferatu il vampiro* di Murnau, dove il vampiro è simbolo di un'angoscia proveniente dall'inconscio.

MUSICA

- L'espressionismo musicale è una corrente che raggiunse l'apice durante la prima guerra mondiale, denunciando le angosce, gli intimi terrori e il cinismo dell'esistenza contemporanea attraverso opere di grande intensità emotiva, musicalmente complesse e accuratamente strutturate. Le tecniche convenzionali vennero distorte e ogni "gradevolezza" lasciò il posto ad armonie aspre e dissonanti usate con grande forza. La musica o è atonale o snatura la tonalità tradizionale; la polifonia è fitta e spesso la melodia nel senso abituale è irriconoscibile. L'espressionismo musicale, le cui radici si ritrovano in compositori tardoromantici come Richard Wagner e Gustav Mahler, ha tra i primi esempi due opere di Richard Strauss (*Salomé*, 1905 ed *Elektra*, 1909), alcune composizioni di Arnold Schönberg e le opere di Alban Berg. L'angoscia e il buio esistenziale traspaiono anche dalla musica strumentale, di questo periodo, della cosiddetta Seconda Scuola di Vienna di Schönberg, Berg e Webern. Altri compositori che mostrano caratteri espressionistici sono Paul Hindemith, Béla Bartók e Sergej Prokofiev.

TESINE CORRELATE – Angoscia, Crisi dell'io, Alienazione

EUROPA

Dalla Comunità economica alla moneta unica
Prospettive e contraddizioni dell'unificazione europea

Per parlare di Europa correttamente bisognerebbe risalire alle sue origini. L'Europa è nata in quella fase così complessa, ma nello stesso tempo così feconda di sviluppi, che viene, dall'Illuminismo in poi, definita impropriamente medievale. Impropriamente perché il Medioevo, per quanto riguarda l'idea di Europa, non è in mezzo ma è all'inizio. In questo periodo nasce quel mondo che conserva alcune caratteristiche della civiltà romana mescolate con alcuni caratteri cristiani e germanici.

I valori comuni che hanno caratterizzato l'Europa nel Medioevo sono la ragione, la tolleranza, l'eguaglianza e la fratellanza cristiana, anche se non sempre sono stati attuati con coerenza (si pensi ai soprusi contro gli indios americani e i negri africani).

GRECO

- Fu Erodoto a dare il nome al continente, poiché esso era conteso da due terre, proprio come la principessa Europa nel suo sogno leggendario era contesa da due donne.

ITALIANO

- Il concetto di *civitas* cristiana in Dante, cioè la sua idea di impero, espresso nel canto VI del *Paradiso*, presuppone una condivisione di ideali tipici dell'Europa Cristiana.

STORIA

- Con il Congresso di Berlino l'Europa si spartisce il mondo.
- Nella prima e seconda guerra mondiale l'Europa giunge sull'orlo dell'autodistruzione.
- Il ruolo dell'Italia e di De Gasperi è determinante per la creazione di una Comunità Economica Europea nel secondo dopoguerra, inaugurando un periodo di pace e collaborazione tra i popoli.
- Oggi il ruolo politico dell'Europa è autonomo e complementare a quello degli USA o completamente subordinato? Solo una completa unificazione potrebbe far propendere per la prima ipotesi.

ECONOMIA

- L'introduzione dell'Euro e i meccanismi del mercato globale.

BIBLIOGRAFIA

Giampaolo Bettamio, *Il cittadino europeo*, ediz. Calderoni.

TESINE CORRELATE – Globalizzazione, Memoria

FASCISMO

Le riviste nel periodo del fascismo
Letteratura e cultura nell'età fascista
Strapaese e stracittà
Nazionalismo e fascismo

L'Italia detiene un primato non invidiabile: quello di aver dato i natali al fascismo. In senso stretto il fascismo (da "fascio littorio", simbolo del potere nella Roma antica) è nato nel 1919 e si è sviluppato fino al 1945 in Italia, ma il termine indica anche analoghe concezioni del potere e dello stato elaborate e messe in atto in Germania, e Spagna, e a vari movimenti in parecchi altri stati europei ed extraeuropei.

ITALIANO

Uno degli aspetti più aberranti del fascismo fu la censura culturale, che obbligò la cultura italiana a una involuzione in senso provinciale e classicista. Tuttavia alcuni intellettuali mantennero viva l'autonomia di giudizio di fronte alle imposizioni del regime (vedi la tesina su Benedetto Croce), utilizzando come strumento privilegiato le riviste. Altri intellettuali (Pirandello, D'Annunzio, Papini) non seppero comprendere l'infondatezza della politica fascista.

- La "Ronda" di Cardarelli e Bacchelli (Roma, 1919-1923) espresse esigenze di ordine, elogio della prosa d'arte e classica, che ci sembrano coincidere con alcuni degli obiettivi culturali, se così possiamo chiamarli, del regime. In realtà essi partivano da presupposti (liberalismo, autonomia della letteratura, straniamento) che nulla avevano a che vedere con il fascismo.
- Nel 1926 le leggi "fascistissime" tolsero la libertà di stampa.
- Piero Gobetti, figura di intellettuale liberale, morì per le percosse subite in un'aggressione fascista e così l'esperienza delle riviste torinesi *La rivoluzione liberale* e il *Baretti* si esaurì.

- Dal 1926 al 1936 uscì a Firenze la rivista "Solaria", che, attraverso l'esaltazione della figura del "giovane", che spesso rifiuta le imposizioni degli adulti, adombra una pallida reazione al regime, che le costerà la chiusura. Sempre a Firenze in quegli anni esce "Campo di Marte", diretta da Carlo Bo, rivista del gruppo degli "ermetici" (Gatto, Luzi, ecc.) che rinunciano a qualsiasi tipo di giudizio politico.

STORIA

- Benito Mussolini, fondatore delle Squadre d'Azione nel 1919, aveva iniziato la propria carriera politica nel 1912 come socialista e direttore della testata "Avanti!", opponendosi al capitalismo e al militarismo. Mutato atteggiamento già dal 1914, su influenza del vitalismo di Sorel e Nietzsche, passò a posizioni interventiste al momento della prima guerra mondiale. Il movimento da lui fondato raccolse vasto consenso, nell'immediato dopoguerra, tra i moderati e i conservatori, oltre che nelle classi economicamente privilegiate, contro la minaccia socialista, promettendo ordine sociale, stabilità economica e garanzie alla Chiesa cattolica; incontrò anche un certo consenso internazionale, particolarmente da parte inglese, e giunse al potere, nel 1922, con l'appoggio dei ceti medi, degli agrari e di diversi settori della burocrazia e dell'esercito, nonché del sovrano Vittorio Emanuele III. Pur non abolendo completamente la struttura istituzionale dello stato liberale, il fascismo realizzò una forma di stato totalitario con la soppressione delle libertà politiche, l'affermazione del partito unico, la direzione personale del potere.

FILOSOFIA

- Tra gli antesignani del fascismo sono stati annoverati vari esponenti della destra (Georges Sorel, Maurice Barrès, Charles Maurras, Joseph de Gobineau), aventi in comune l'opposizione all'Illuminismo, ai valori dell'individualismo, della democrazia e del razionalismo, e in generale ai valori della Rivoluzione francese, in nome di riferimenti filosofici generalmente di natura irrazionalistica. In realtà, furono ascendenze che il fascismo si attribuì, o che al fascismo furono attribuite, nella ricerca di antenati intellettuali che compensassero la pochezza dell'ideologia. Anche le idee tratte dal darwinismo sociale contribuirono a rafforzare le dottrine fasciste sul culto della tradizione statale, influenzate in un secondo tempo, almeno in Italia, dall'antisemitismo di origine nazista.

BIBLIOGRAFIA

Giorgio Luti, *La letteratura nel ventennio fascista*, ediz. La nuova Italia.

TESINE CORRELATE – Antisemitismo, Benedetto Croce, Integrazione

FIABE

Fiabe nella letteratura, nell'arte e nella musica

Non sempre queste opere sono state scritte solo per un pubblico infantile. Si tratta infatti spesso di opere allegoriche che quindi sottendono una visione della vita e una cultura complesse. La fiaba si differenzia rispetto al romanzo fantastico, perché in essa si assiste a un rovesciamento completo della realtà concreta e alla creazione di un mondo alternativo totalmente dominato e retto da leggi proprie, in cui cose assurde nella realtà concreta finiscono per far parte dell'ordine naturale delle cose.

ITALIANO

- Toni da fiaba si trovano subito nelle opere di Italo Calvino, persino in quelle più neorealistiche, in cui le vicende dei partigiani sono viste con gli occhi adolescenziali di Pin, come ne *Il sentiero dei nidi di ragno*. Il decennio successivo (gli anni Cinquanta) è quello tutto incentrato sul fiabesco, dalla raccolta delle fiabe italiane ai romanzi della trilogia degli antenati. Inoltre Calvino dedica alcune trasmissioni radiofoniche all'*Orlando Furioso*, da cui trarrà il libretto *L'Orlando Furioso di Ludovico Ariosto raccontato da Italo Calvino.*

- Dino Buzzati è sempre stato attratto dal fiabesco e lo ha dimostrato soprattutto nei racconti (es: *Il colombre*), ma anche nei romanzi (es: *La famosa invasione degli orsi in Sicilia*).

INGLESE

- Accanto ai toni da fiaba vi sono precise simbologie e significati profondi nella saga de *Il Signore degli anelli* (*The lord of the rings*). J. R. Tolkien, profondo conoscitore della cultura e della religione nordica e medievale, ha trasposto nella sua opera fantastica parte delle sue conoscenze (si legga ad esempio il *Silmarillion*).

ARTE

- L'utilizzo dei colori, così privi di sfumature, caratterizza il fiabesco dei pittori naif.

MUSICA

- Le due fiabe di Perrault, *Cenerentola* e *La bella addormentata nel bosco* sono state musicate, la prima da Rossini e Prokofiev, la seconda da Rossini e da Tchajkov'skij.
- *Il flauto magico* di Mozart, su libretto di Schikaneder è un'opera di ispirazione popolare, come i balletti *Il lago dei cigni* e *Lo schiaccianoci* di Tchaikov'skij.
- Mendelssohn ha musicato *Sogno di una notte di mezza estate* di Shakespeare.
- Le fiabe di Carlo Gozzi *Turandot* e *L'amore delle tre melarance* sono state musicate rispettivamente da Puccini e da Prokofiev.

BIBLIOGRAFIA

Todorov, *Fenomenologia della fiaba*, ediz. Garzanti.

TESINE CORRELATE – Infanzia, Immaginazione

FOLLA E MASSA

Folla-massa o folla popolo
Masse sociali, masse fisiche e masse stellari
Folla: luogo di espressione dell'irrazionalità

Labile è il confine tra la folla-massa indistinta, da coartare e indirizzare, e la folla-popolo, cosciente e riunita da un ideale.

LATINO

- La folla spesso si lascia trasportare dall'irrazionalità. Questo lo dice persino Fedro, che pure appartiene e si fa portavoce del punto di vista del popolo minuto, ma che, nella famosa fiaba sulle rane che acclamano a gran voce un re, tradotta in italiano da Giusti (*Il re travicello*), ricorda che spesso la folla si lascia trascinare da decisioni che poi si ritorcono contro di essa.
- Non parliamo poi di Seneca, e di quale è il giudizio, estremamente negativo, che dà della plebe romana quando assiste ai violenti spettacoli dei gladiatori.
- Altrettanto fa Tacito, quando descrive il tifo sfrenato alle corse dei cavalli, degli abitanti di Pompei e Nocera, che portò a un gran numero di morti. La plebe, tuttavia, è necessaria per mantenere il potere, anche se spesso gli imperatori non riescono a ingraziarsene i favori.

ITALIANO

- Nella folla si perde la ragione e l'identità. Manzoni soffriva di agorafobia, infatti tutti conoscono l'episodio secondo il quale, turbato dalla folla che accorreva per le nozze di Napoleone, Manzoni si sia rifugiato in una chiesa e da qui sarebbe sbocciata la conversione, che i critici più avveduti considerano piuttosto il punto di arrivo di una lunga ricerca esistenziale. Chi non ricorda poi la famosa descrizione della folla durante il tumulto di San Martino a Milano, nel cap. XIII de *I promessi Sposi*. Manzoni in quell'occasione parla dei tre gruppi in cui è quasi sempre possibile dividere una folla agitata: i più violenti, i più moderati, e i più incerti, in genere gruppo più numeroso degli altri, e che, a seconda degli sviluppi della situazione, si affianca ora a uno, ora all'altro degli altri due gruppi. Altri brani in cui la folla si comporta in modo irrazionale e istintivo si trovano nel cap. VIII, quando il sagrestano suona la campana perché Don Abbondio è in pericolo, o quando la folla dà la caccia agli untori (cap. XXXI e XXXII de *I promessi Sposi* e *Storia della colonna infame*). Solo in un caso, nel romanzo, la folla diventa "popolo", ed è quando il cardinale fa una visita pastorale nel paese antistante la valletta del Castello dell'Innominato. In quel caso la folla lo acclama, tanto che da lontano l'Innominato sente il chiasso festoso della gente.

- Nella folla si perde l'autocontrollo e ci si imbestialisce: questo è il messaggio sotteso al racconto *Libertà* di Verga, che narra la repressione nel sangue dei contadini di Bronte, che avevano interpretato la Spedizione dei Mille come una possibilità di totale rovesciamento delle parti con i loro padroni, illusione che si infranse di fronte ai moschetti dei garibaldini capitanati da Nino Bixio.
- Gabriele D'Annunzio esprime una visione del tutto aristocratica della cultura e della politica. Per lui è giusto che ci sia una classe dirigente, un'élite al di sopra della massa. La democrazia, per D'Annnunzio, è un regime debole.

STORIA

- Molti sono gli eventi storici che hanno visto coinvolte le masse, dalle rivoluzioni alle rivolte, dalle folle radunate dai discorsi di Mussolini e Hitler alle manifestazioni di massa di carattere politico o sindacale.

FILOSOFIA

- I seguenti filosofi hanno approfondito l'analisi sociologica della masse proletarie, in vista di un loro riscatto a livello politico:

Karl Marx *Il capitale*, Elias Canetti *Massa e potere*, T. W. Adorno e M. Horkheimer *Lezioni di sociologia.*

- Partono invece da una prospettiva diversa gli psicologi, che indagano i meccanismi che si vengono a creare in un gruppo, e che spesso condizionano i comportamenti dei singoli individui: Sigmund Freud *Psicologia delle masse e analisi dell'io*, G. Le Bon *La psicologia delle folle.*

FISICA

- La massa in fisica è la grandezza che esprime sia l'attitudine di un corpo a opporsi alle variazioni del suo stato di quiete o di moto (cioè fornisce una misura dell'inerzia), sia la sua caratteristica di essere sottoposto alla forza di gravità. Esistono due tipi di massa, la cui definizione deve essere ricondotta a due principi fisici differenti. La massa inerziale è definita in base alla seconda legge di Newton ($F = ma$), come la costante di proporzionalità tra la forza applicata a un corpo e l'accelerazione che esso acquista per effetto di tale forza. Essa esprime quindi l'inerzia di un corpo, cioè una forma di "resistenza" che il corpo stesso offre all'azione di cause che possono alterare il suo stato dinamico (a parità di forza applicata, maggiore è la massa, minore è l'accelerazione impressa al corpo). La massa gravitazionale è invece definita in base alla legge di gravitazione universale ($F = GmM/R^2$), secondo cui due corpi aventi masse uguali rispettivamente a m e M interagiscono per mezzo di una forza attrattiva di intensità direttamente proporzionale al prodotto delle due masse e inversamente proporzionale al quadrato della loro distanza. Questa legge si applica al moto dei pianeti (e costituisce la giustificazione teorica delle leggi che regolano il moto planetario), così come a un corpo in caduta libera sulla superficie terrestre. Per ogni corpo, la massa gravitazionale coincide con quella inerziale, e l'equivalenza tra le due masse diviene di estrema importanza nella teoria della relatività generale formulata da Albert Einstein. Un contenuto fondamentale della teoria della relatività è anche l'equivalenza tra massa ed energia, che non ha conseguenze nell'ambito della fisica classica ma diviene molto importante nell'ambito della fisica moderna. La relatività ristretta infatti prevede che la massa di un corpo vari con la velocità del corpo stesso e che lo scostamento tra il valore della massa a riposo (la massa del corpo in quiete) e quello della massa in moto divenga apprezzabile quando la velocità si approssima a quella della luce nel vuoto, cioè a 300.000 km/s. A tali velocità, che sono proprie delle particelle prodotte nelle reazioni nucleari, la massa può essere convertita in energia e viceversa secondo la celebre equivalenza di Einstein $E = mc^2$.

GEOGRAFIA ASTRONOMICA

- Si applica il concetto di massa alle stelle e ai pianeti. Ovviamente i pianeti hanno una massa inferiore rispetto alle stelle. La massa minima necessaria a una protostella per iniziare le reazioni nucleari e diventare una stella è circa 0,08 volte la massa del Sole, cioè circa 80 volte la massa di Giove; la massa massima per un pianeta è invece di circa 20 masse gioviane.

TESINE CORRELATE – Rivolte, Rivoluzioni, Crisi dell'io, Alienazione

FOLLIA

Pazzia come malattia mentale, psicosi
Pazzia generata da una conoscenza troppo intensa del reale
Follia: furore irrazionale o esasperazione della razionalità?
Chi è veramente pazzo? Cos'è la pazzia?

La follia o pazzia era, per gli antichi, una condizione voluta dagli dei o dal fato, di modo che essa testimoniava una maledizione divina, cui l'uomo non si poteva sottrarre. Per i moderni la pazzia può diventare addirittura una scelta consapevole, talvolta indice, sulla scia di Platone, di una maggiore anziché minore, consapevolezza e sensibilità.

GRECO

- In Sofocle è la conoscenza a generare follia in Aiace ed Elettra.
- In Euripide la pazzia è punizione divina per Eracle.

LATINO

- Il *furor* nei personaggi delle tragedie di Seneca: *Phaedra*, *Medea* e *Thyestes*. Seneca opera un cambiamento rispetto ai tragici greci: il contrasto non è più esterno al personaggio (tra uomo e Fato) ma interno (tra *furor* e *mens bona* nella *Phaedra*). Il *furor* viene umanizzato e sconsacrato (è *nefas*, *dolor*, non più *ybris*).
- Nelle loro opere storiche, Tacito e Svetonio indagano sulla psicologia degli imperatori e lasciano intendere che Caligola soffre di schizofrenia, Nerone di pazzia pura e Domiziano di complessi di inferiorità e sindromi di persecuzione.

Spesso, invece, nelle letterature moderne (e nell'arte moderna), il matto è colui che è più cosciente delle convenzioni e dell'assurdità della vita borghese. Vedi gli esempi seguenti:

ITALIANO

- Pirandello dovette anzitutto convivere esistenzialmente con la pazzia, perché la moglie impazzì dopo il fallimento della miniera di zolfo di proprietà della sua famiglia. Poi lo scrittore agrigentino traspose questa esperienza personale nelle seguenti opere:
  – Novelle: *La carriola* (l'impeccabile borghese fa il "matto", senza essere visto da nessuno, solo con la sua cagnetta, e solo lei sa quanto sia pazzo e alcuni suoi sguardi sembrano dimostrare che lei ne sia cosciente), *Quand'ero matto* e *La signora Frola e il signor Ponza* (da cui Pirandello ricaverà il dramma *Così è se vi pare*).
  – Teatro: *Enrico IV*, *Così è se vi pare* (vedi sopra), *Il berretto a sonagli* (simbolo di pazzia).
- Nei romanzi la follia è ricerca di libertà e luogo di verità: *Il fu Mattia Pascal* e *Uno, nessuno e centomila*.

- Il poeta Dino Campana nel 1917 venne arrestato per vagabondaggio a Novara, e in gennaio fu ricoverato a Castel Pulci, nell'ospedale psichiatrico presso Firenze, dove rimase fino alla morte, avvenuta nel 1932.
- Nel romanzo *Conversazione in Sicilia* il protagonista Silvestro, alter-ego dell'autore Elio Vittorini, parla di astratti furori, che esprimono più rabbia, però, che pazzia. Si tratta di rabbia per le ingiustizie e la prosopopea fascista. Qui i "furori" rendono l'intelligenza più attiva e lucida.

INGLESE

- Nell'*Amleto* (*Hamlet*) di Shakespeare la pazzia è una scelta, utile per raggiungere i propri scopi vendicativi, proprio come alla fine dell'*Enrico IV* di Pirandello.
- Possibili interpretazioni della follia di Amleto: Claudio pensa che sia vera pazzia; Polonio pensa che sia una finzione.
- Possibili risposte alla pazzia di Amleto: amore per Ofelia, complesso edipico o altro ancora?

TEDESCO

- Hitler è il pazzo per eccellenza, come dimostrano i suoi atti. Sarebbe interessante leggere la biografia di Hitler e il suo testo *Mein Kampf* per puntualizzare i caratteri e le tappe della sua follia, nella quale egli è riuscito a coinvolgere una nazione intera.

STORIA

- Adolf Hitler: politica nei confronti dei malati di mente.
- La pazzia sulla scena politica: il nazismo.
- Legge del 1904 sulla istituzione dei manicomi (età giolittiana).
- Legge n.180 del 1978 sulle soluzioni alternative al manicomio (la cosiddetta Legge Basaglia).

FILOSOFIA

- Interpretazioni filosofiche della pazzia:
  1) Platone: la pazzia è un dono divino, è un furore profetico, purificatorio, poetico o erotico;
  2) Erasmo da Rotterdam (*Elogio della pazzia*): la follia è amore della vita e tendenza a viverla nella sua semplicità (il folle è quasi un "buon selvaggio"). Spesso la "sapienza" è "falsa";
  3) Freud: bisogna distinguere la "nevrosi" (curabile in modo medico) dalla "psicosi" (curabile con la psicanalisi).

BIOLOGIA

- Analisi fisiologica dei meccanismi cerebrali.
- Gli impulsi elettrici. La base della trasmissione dei messaggi.
- Le allucinazioni: la schizofrenia.

FISICA e MATEMATICA

- Il circuito (anche il cervello dispone di circuiti).
- Le due leggi di Ohm (un'applicazione dei limiti alla corrente elettrica).
- Il concetto di limite in matematica; i nuovi orizzonti di calcolo e il superamento dell'algebra tradizionale.

ARTE

Il nostro approfondimento delle implicazioni fra pazzia e arte prende lo spunto da tre domande.

1) Gli artisti descrivono i pazzi? Senza dubbio, pare anzi che questa tematica sia una delle privilegiate dai pittori di tutti i tempi. Basta osservare e analizzare le seguenti opere:

Leonardo da Vinci: *Testa di uomo urlante*, Carboncino e sanguigna, 1503-1505

Gericault: *Alienata con monomania dell'invidia*, *Alienata con monomania del gioco*, *Alienato con monomania del comando mili-*

tare, Alienato affetto da cleptomania, Alienata con monomania del ratto dei fanciulli, 1822/23
Füssli: *La follia di Kate*, 1806/1807
2) Gli artisti sono pazzi? A giudicare dalla biografia dei seguenti artisti pare che ci sia un nesso talvolta singolare tra sensibilità artistica e instabilità psichica: Goya, Gauguin, Van Gogh e Salvador Dalì.
3) I pazzi sono artisti? Anche a questa domanda si potrebbe rispondere di sì, considerando il movimento pittorico dell'*Art Brut*. Jean Dubuffet, pittore d'avanguardia che coniò questo termine a indicare un tipo di arte grezza, spontanea e pura, iniziò nel 1945 a collezionare pezzi di Art Brut – prodotti perlopiù da pazienti di ospedali psichiatrici – e, nel 1948, insieme ad altri, fra cui André Breton, fondò la Compagnie d'Art Brut.

CINEMA

- *Risvegli* di Penny Marshal, è una storia vera nella quale un geniale dottore risveglia temporaneamente da un coma decennale alcuni malati di encefalite letargica.
- *A beautiful mind* di Ron Howard, racconta alcuni anni della vita di John Forbes Nash Jr, genio della matematica afflitto dalla schizofrenia che trova dentro di sé la forza per opporsi alla malattia, tanto da vincere il premio Nobel per l'Economia (1994).

TESINE CORRELATE – Inconscio, Psicanalisi

FORZA

Il concetto di Forza in letteratura e scienze
Forze sociali e forze fisiche

La Forza è sempre una azione che produce una deformazione del corpo su cui agisce, tanto in fisica, quanto in politica, con la guerra e la violenza.

ITALIANO

- Gabriele D'Annunzio e i Futuristi esaltano la forza (ad esempio la forza rigeneratrice della guerra, la potenza, la dinamicità = forza dinamica della locomotiva o dell'aeroplano).

STORIA

- Secondo l'impostazione marxista, la storia è una continua lotta di classe: prima l'aristocrazia, poi la borghesia si impongono sulle altre classi sociali, fino a quando si imporrà definitivamente il proletariato.
- Anche il governo di uno stato ha una sua forza. Ogni governo per mantenere la sua compagine si avvale di forze dell'ordine, che possono in talune occasioni usare la repressione, e di forze di difesa, per tutelarsi in campo internazionale, e talvolta questa forza è usata per azioni di conquista e di guerra.

ECONOMIA

- Quando si stipula un contratto di lavoro si confrontano le forze sindacali e quelle imprenditoriali.

FISICA

- La forza è un vettore, cioè una grandezza dotata di intensità, direzione e verso. Nel caso in cui più forze siano applicate a un corpo, il moto di questo è determinato dalla risultante delle forze agenti, che può essere calcolata come somma vettoriale delle singole forze. In virtù del secondo principio della dinamica, tale risultante è uguale al prodotto della massa del corpo per la sua accelerazione. Di conseguenza se una stessa forza è applicata a due corpi di massa diversa, quello con massa maggiore acquista un'accelerazione minore.
- Varie sono le definizioni e le aplicazioni del concetto di forza: forza gravitazionale; forza elettromagnetica; forza nucleare

debole; forza nucleare forte; etere; concetto di campo; campo magnetico delle correnti; interazione corrente-magnete; forza di Lorentz; induzione elettromagnetica; esperienze di Faraday sulle correnti indotte; campo elettrico indotto da un campo magnetico variabile nel tempo; corrente di spostamento e campo magnetico da questa generato; equazioni di Maxwell; campo elettromagnetico; onde elettromagnetiche.

TESINE CORRELATE – Guerra, Futurismo

FOTOGRAFIA

Fotografia realistica e fotografia filtrata

Questa esposizione tenta di affrontare il seguente quesito: la fotografia è una copia oggettiva o è una manipolazione, un'interpretazione soggettiva e parziale della realtà?

ITALIANO

- Fotografare la realtà: questo è l'intento di tutti i realismi, di cui trattiamo in altre tesine: verismo e neorealismo. In fondo, anche la fotografia non è la realtà, ma un'illusione, bidimensionale, spesso con colori distorti rispetto al reale (si pensi alle foto in bianco e nero, o, comunque, alle fasi dello sviluppo, dove inevitabilmente il risultato sarà ben diverso, a seconda dei procedimenti o dei materiali adottati).

MATEMATICA

- La figura di Lewis Carroll è particolarmente originale: egli fu fotografo e matematico. Come scrittore si distinse per la fiaba *Alice nel paese delle meraviglie.*

FISICA

- Elemento essenziale della fotografia è la luce. La luce è una forma di radiazione elettromagnetica, come il calore, le onde radio e i raggi X. La luce consiste sostanzialmente di rapidissime oscillazioni del campo elettromagnetico, in un particolare intervallo di frequenze che possono essere rivelate dall'occhio umano, e che costituiscono il cosiddetto campo del visibile. I diversi colori della luce corrispondono alle diverse frequenze di vibrazione del campo elettromagnetico, che sono comprese tra circa 4×10^{14} vibrazioni al secondo (hertz) per la luce rossa, e circa $7{,}5 \times 10^{14}$ vibrazioni al secondo per quella violetta.

CHIMICA

- Quasi tutte le forme di fotografia sono basate sulla fotosensibilità di alcuni composti chimici ottenuti per reazione dell'argento con gli alogeni (bromo, cloro e iodio).

GEOGRAFIA ASTRONOMICA

- In astronomia la fotografia riveste un ruolo d'importanza assoluta. Ponendo la lastra fotografica sul piano focale del telescopio, gli scienziati possono ottenere precise registrazioni della localizzazione e della luminosità dei corpi celesti. Comparando le fotografie della stessa regione del cielo ripresa in momenti diversi, possono essere rivelati i particolari movimenti di corpi quali, ad esempio, le comete. Infine, grazie a lunghissime esposizioni, le lastre fotografiche permettono di registrare la presenza di corpi celesti impossibili da percepire altrimenti per la debolezza della loro luminosità.

ARTE

- Agli albori della fotografia ci fu subito una consonanza di intenti con la pittura degli impressionisti. I pittori scoprirono l'importanza della luce attraverso un mezzo comunque deformante (cioè i pittori cercavano di essere oggettivi), mentre il loro amico fotografo Nadar scopriva l'importanza delle scelte tecniche di inquadratura, di luce del fotografo (la fotografia scopre di non essere poi così oggettiva).

- Fotografie di Lewis Carroll di bambini che imitano gli adulti.
- Fotografie degli Alinari, specchio della società italiana a cavallo tra 800 e 900, apparentemente oggettivo, anche se nella scelta del soggetto e di come inquadrarlo vi è l'intervento del fotografo.
- Il fotografo contemporaneo Cartier-Bresson tende invece a evidenziare il carattere e la psicologia della persona ritratta.
- Nell'iperrealismo americano, per esempio di Andy Newton, la pittura copia la fotografia, riproducendo perfino le distorsioni ottiche della fotografia stessa.

TESINE CORRELATE – Realismo

FUTURISMO

Avanguardia antipassatista
Colpo di spugna sul passato
Guerra: igiene dell'universo

Il futurismo è senz'altro, tra le avanguardie storiche italiane di inizio Novecento, quella che ha influito più di tutte, e questo non perché abbia raggiunto un grande livello come produzione artistica, ma per la spinta al cambiamento che seppe generare, non solo in Italia (si pensi alla Russia).

ITALIANO

- Alcuni presupposti del futurismo si trovano nel superuomo dannunziano, che si mostra superiore alla morte e alla mediocrità della massa.

- Marinetti elabora i dettami del movimento nel *Manifesto del futurismo*, del 1909, cui poi aggiunge il *Manifesto della letteratura futurista*, nel 1910. Interessanti alcune sue poesie, in cui realizza queste nuove teorie, come la famosa *Zang Tumb Tumb*.
- *Manifesto futurista del controdolore* di Aldo Palazzeschi (leggi anche qualche poesia di Palazzeschi, come *La fontana malata* o *Lasciatemi divertire*).

STORIA

- I futuristi si caratterizzarono per il forte spirito nazionalistico, che li portò senz'altro al più radicale interventismo nella prima guerra mondiale.

FILOSOFIA

- Nietzsche, con le sue teorie superomistiche, influenzò notevolmente il futurismo.

FISICA

- Poiché i futuristi esaltavano il moto, si potrebbero indagare, da un punto di vista fisico, le leggi del moto, la rappresentazione vettoriale del moto e la definizione di campo e linea-forza.

ARTE

- Molti sono gli influssi del futurismo sull'arte:
  – Nel 1910 fu pubblicato da Umberto Boccioni, Carlo Carrà, Luigi Russolo, Giacomo Balla e Gino Severini, il *Manifesto dei pittori futuristi*, cui seguì il *Manifesto tecnico del movimento futurista*.
  – *Forme uniche nella continuità dello spazio*, scultura di Boccioni, intende mostrare come il corpo umano interagisca con l'ambiente.
  – Sant'Elia realizza un'architettura che coniuga il futurismo con il razionalismo.

TESINE CORRELATE – **Avanguardie, Forza, Guerra, Superuomo**

GIOVE

Giove pianeta e Giove dio, re dell'Olimpo
Giove dio pagano sottoposto al fato, o dio onnipotente,
ponte verso il monoteismo

I cristiani hanno sempre interpretato il Giove pagano come "figura" del Dio cristiano, unico e onnipotente, anche se per i pagani innumerevoli erano le avventure sentimentali di Giove, che si invaghiva ora di dee, ora di donne mortali, con le quali aveva generato la quasi totalità degli dei e degli eroi della mitologia.

GRECO

- Alcuni degli inni tradizionali a Giove sembrano ricondurre la divinità in una sola persona (monoteismo).

LATINO

- Manilio: *Astronomica*, opera in 5 libri, scritta tra la fine del principato di Augusto (14 d.C.) e i primi anni di quello di Tiberio. Gli *Astronomica* sono permeati dalle teorie filosofiche dello stoico Posidonio. Manilio crede in una presenza divina e razionale che regola le leggi del mondo e i movimenti degli astri. Un po' arida e priva di valenza politica (egli rispecchia l'ideologia del principato e la visione ordinata, ma un po' fredda, tipica di Tiberio).
- Le *Naturales quaestiones* di Seneca si basano sulla visione stoica di un universo ordinato da leggi provvidenziali.
- I libri dal II al VI della *Naturalis historia* di Plinio il Vecchio sono dedicati all'astronomia e geografia.

ITALIANO

- Per Dante nel di Giove (il sesto), si trovano gli spiriti giusti, come Davide, Traiano, Costantino, Guglielmo il buono (canti XVIII, XIX e XX). Notare che Dante chiama Dio anche "Sommo Giove".

GEOGRAFIA ASTRONOMICA

- Giove è il quinto pianeta in ordine di distanza dal Sole e primo come dimensioni tra quelli del sistema solare. Ha volume 1400 volte maggiore di quello della Terra, ma la sua densità media è circa un quarto di quella terrestre: ciò indica che esso è formato da gas piuttosto che da metalli e rocce come i pianeti interni.

TESINE CORRELATE – **Luna, Marte, Venere, Stelle**

GLOBALIZZAZIONE

L'idea della globalizzazione dall'impero romano e cristiano ai giorni nostri
Globalizzazione moderna: critiche e sviluppi

LATINO

- L'idea dell'impero romano ha qualcosa a che spartire con la globalizzazione "targata USA" dei giorni nostri. Vi era attenzione e interesse per i popoli diversi e non civilizzati, anche se spesso per motivi militari (leggi la *Germania* di Tacito).
- Il cristianesimo aggiunge qualcosa alla globalizzazione antica, poiché con la "missione" introduce l'idea che una proposta fosse adeguata ai destini di ogni uomo sotto qualsiasi cielo, condizione e latitudine si trovasse (scegli un'opera di un apologeta o padre della Chiesa da approfondire).

ITALIANO

- Dante sintetizza e ripropone nel canto VI del *Paradiso* l'idea dell'impero romano e cristiano, che sta alla base della nascita dell'Europa, e che va al di là dei singoli stati o nazioni: è un progetto universale.

STORIA

- Dopo molti secoli, l'idea di un'Europa unita ricompare solo dopo la seconda guerra mondiale. Per la storia dell'Unione europea dai fondatori (De Gasperi, Adenauer e Schumann) all'euro si rimanda alla tesina specifica.
- Organismi internazionali: Fondo monetario internazionale, Banca Mondiale e Organizzazione mondiale del commercio (WTO).
- Gli incontri delle nazioni più potenti servono per aumentare il divario tra paesi ricchi e paesi poveri o per diminuire il debito pubblico dei paesi del terzo mondo e per regolamentare lo sfruttamento dell'ambiente?
- I vantaggi della globalizzazione sono per i regimi totalitari e antidemocratici o arridono agli stati in via di sviluppo, democratici, che si immettono nel mercato mondiale e che sono in grado di vendere i loro prodotti a prezzi competitivi?

TESINE CORRELATE – Europa

GUERRA

Prima guerra mondiale
Il senso della guerra per gli antichi e per i moderni
Interventisti e non interventisti
Pacifisti e guerrafondai

Della guerra l'uomo del terzo millennio vorrebbe fare a meno, ma essa rispunta sempre nei momenti meno attesi. Quando anche l'uomo crede di aver realizzato un ordine internazionale, le minacce di guerra si moltiplicano, invece che arrestarsi. Molti sono gli interrogativi che ancora rimangono senza una risposta e che qui di seguito intendiamo riproporre. Esistono guerre giuste o la guerra è sempre intrinsecamente sbagliata? Quando finisce la difesa di uno stato e quando incomicia l'offesa? Chi decide le guerre è poi disposto a morire sul campo o manda solo altri uomini a sacrificarsi? Cosa si intende per nemico? A questi e ad altri interrogativi hanno cercato di rispondere gli uomini, in varie forme, dall'inizio della storia della cultura.

LATINO

Per gli scrittori latini è innegabile il valore positivo della guerra, che forgia l'animo e il coraggio dell'uomo. Leggi, per esempio, la *Germania* di Tacito, in cui si fa capire che proprio il valore in guerra è la virtù che manca ai romani del suo tempo, ed è invece caratteristica dei germani, come dei romani del tempo antico.

ITALIANO

Molti in questa tesina i testi sulla prima guerra mondiale, che per la polemica interventisti-neutralisti può essere ideale per riflettere sulla utilità di questa, come di tutte, le guerre.

- Già Manzoni aveva mostrato l'assurdità della guerra di successione del Monferrato, parlando degli assurdi discorsi filo-spagnoli tenuti nel palazzotto di Don Rodrigo (cap. V) o spiegando che i governatori di Milano preferiscono brillare in azioni militari, come l'assedio di Casale, piuttosto che occuparsi dei reali problemi della popolazione, come carestia e peste.
- La guerra rigenera: D'Annunzio (*Canzoni delle gesta d'oltremare*), Marinetti (*Guerra sola igiene del mondo*).
- Per Pascoli la guerra è giusta (*La grande proletaria si è mossa*).
- La prima guerra mondiale è stato uno sciocco spreco di vite al grido di "Avanti Savoia" (*Un anno sull'altipiano* di Emilio Lussu, da cui è stato tratto anche un film).
- Anche Montale era interventista, ma la prima guerra mondiale non ispirò la sua poesia.

- Testi di Jahier, Gadda, Sbarbaro, Gozzano, Saba, Noventa, Marin e Zanzotto si possono leggere anche in *Le notti erano chiare come un'alba* – antologia dei poeti italiani nella prima guerra mondiale a cura di Andrea Cortellesssa – ediz. Bruno Mondatori.
- La poesia *Veglia* di Ungaretti e *Viatico* di Rebora descrivono il momento in cui un uomo vive la tragedia della guerra nel volto di un compagno morto accanto. La conclusione paradossale è che la guerra è assurda, ma serve per riattaccarsi alla vita.

INGLESE

- Rupert Brooke celebra la guerra come evento positivo, in chiave nazionalistica.
- Siegfied Sassoon critica la guerra invece come inutile sacrificio dopo aver preso parte alla prima guerra mondiale.
- Hemingway non è pregiudizialmente contrario alla lotta e alla violenza, e descrive con toni vivaci, ma anche realistici, la ritirata di Caporetto, facendo cronaca più che propaganda pro o contro la guerra nel suo romanzo *Addio alle armi* (*A farewell to Arms*).

TEDESCO

- La vita di un uomo non è neanche degna di menzione, in mezzo al massacro generale, pertanto il laconico messaggio *Niente di nuovo dal fronte occidentale* (*Im Westen nichts Neues*) che dà il titolo a un romanzo di Eric Maria Remarque non riporta neanche la morte, ormai quasi alla fine della prima guerra mondiale, del protagonista del romanzo.

FILOSOFIA

- Bergson parla della dinamica azione creatrice della natura.
- Sorel: filosofia dell'azione, che porta all'esaltazione della violenza come forza creatrice.

CINEMA

- *Gli anni spezzati* di Peter Weir è un film che descrive l'esistenza di un giovane, promettente atleta australiano, che verrà poi sacrificato in una assurda zona di guerra in terra turca, a Gallipoli, durante la prima guerra mondiale.
- *Uomini contro* di Rosi è la trascrizione cinematografica del romanzo *Un anno sull'altipiano* di Emilio Lussu.
- *La grande guerra* di Monicelli è un film sui disastri umani della prima guerra mondiale.
- *Orizzonti di gloria* di Stanley Kubrick: un generale francese ordina un assalto suicida a una inespugnabile trincea tedesca solo per ambizioni di carriera.
- *All'ovest niente di nuovo* di Milestone è la trasposizione cinematografica del libro di Remarque.
- *M.A.S.H.* di Robert Altman descrive la guerra di Corea, con accenti anche comici.
- *Il grande dittatore* di Charlie Chaplin è il film in cui il progetto hitleriano di dominare il mondo viene ridicolizzato.
- *Vivere in fuga* di Sidney Lumet narra le vicende di un gruppo di contestatori costretti a scappare dalla polizia, perché hanno fatto un sabotaggio a un'industria americana che produceva il napalm per le bombe da usare contro i vietnamiti.
- *Full metal jacket* di Stanley Kubrick, *Il cacciatore* di Cimino, *Good morning Vietnam* di Levinson, *Apcalypse now* di Francis Ford Coppola e *Platoon* di Oliver Stone analizzano in modo cruento e implacabile l'inferno della guerra vietnamita, esperienza traumatica di cui gli americani non si sono ancora completamente liberati.
- *Paisà*, *Roma città aperta* e *Germania anno zero* di Rossellini costituiscono una sorta di trilogia sulle fasi più drammatiche della seconda guerra mondiale, quasi manifesti programmatici del cinema neorealista.

- *Salvate il soldato Ryan* di Steven Spielberg è la riproposizione del tema caro a Brecht del sacrificio anonimo del singolo soldato, determinante per realizzare i piani bellici e politici teorizzati dalle alte sfere militari e governative.
- *Codice d'onore* di Rob Reiner è un atto d'accusa contro la rigidità del corpo dei marines, e in generale di chi antepone l'orgoglio militaresco ai diritti più elementari della persona.
- Al contrario, *Regole d'onore* di William Fredkin mostra l'eroismo di chi, sempre tra i marines, combatte per difendere i valori della democrazia e i propri sottoposti.

MUSICA

- Molte sono le canzoni della musica popolare contemporanea che denunciano l'assurdità della guerra. Ad esempio: *Generale* di Francesco De Gregori, *La guerra di Piero* di Fabrizio De André, *Gli spari sopra* di Vasco Rossi, *Il mio nome è mai più* di Ligabue-Pelù-Jovanotti, *Up patriots to arm* di Franco Battiato, *Sei minuti all'alba* di Enzo Jannacci e *Russians* di Sting.
- *Noi non ci saremo* di Francesco Guccini: canzone sulla bomba atomica e sul timore che essa possa portare l'umanità all'autodistruzione.

TESINE CORRELATE – Futurismo, Forza, Guerre civili, Neorealismo

GUERRE CIVILI

La guerra civile spagnola
Le guerre civili romane antiche e quelle moderne

Le guerre civili sono condotte da cittadini di uno stato contro cittadini dello stesso stato (da *civis*, termine latino che significa appunto "cittadino"). Queste guerre sono tra le più atroci e disumane, perché vedono talvolta lottare fra di loro parenti, amici e conoscenti.

LATINO

Tre furono le guerre civili che insanguinarono Roma nel I sec. a.C.: la guerra tra Mario e Silla, quella tra Cesare e Pompeo e quella tra Ottaviano Augusto e Antonio. Riguardo alla seconda sono due i testi che se ne occupano, con ottiche diametralmente opposte:
– il *De bello civili* dello stesso Cesare che, malgrado la parvenza di obiettività, tende a mettere in rilievo l'abilità strategica di Cesare e l'inettitudine dei capi pompeiani che, per ambizione personale, si erano già spartiti il bottino e le ricompense politiche, ancor prima di aver sconfitto sul campo Cesare;
– la *Pharsalia* o *Bellum civile* di Lucano tende invece a esaltare la lotta antitirannica dei pompeiani, e in particolar modo di Catone l'Uticense, assunto a modello di uomo che combatte per la libertà e per questa sarà disposto a sacrificare anche la sua vita (e questo influenzerà Dante, che porrà Catone come custode della spiaggia del Purgatorio nella sua *Divina Commedia*).

ITALIANO

- In un certo senso, l'unica grande guerra civile della storia moderna del nostro paese è stata quella iniziata nel 1943 e conclusa nel 1945, per la quale si rimanda alla tesina sulla Resistenza.

INGLESE

- *Per chi suona la campana* (*For whom the bell tolls*): Hemingway riprende la sua esperienza personale di volontario dell'esercito repubblicano antifranchista durante la guerra civile spagnola.

SPAGNOLO

- García Lorca era un fervente repubblicano. Allo scoppio della guerra civile compose alcune poesie sugli eventi cui stava assistendo, come *Anima assente* e *Paesaggio*. Fu giustiziato a Granata dai nazionalisti nel 1936.

STORIA

- Nel 1931 viene proclamata la Seconda Repubblica Spagnola. Le elezioni del 1936 furono vinte dal Fronte Popolare di sinistra. Controversi sono i giudizi sui metodi adottati dalle sinistre giunte al potere, ma è documentato che migliaia di oppositori e di preti furono soppressi perché ritenuti ostili alle idee progressiste.
- Anche i miliziani di Franco, i cosiddetti falangisti, si distinsero per violenza e crudeltà nei confronti degli avversari politici. Nella guerra civile spagnola intervennero altre potenze (soprattutto a sostegno di Franco) e volontari (soprattutto a sostegno del Fronte Popolare).
- Nel 1939 la guerra si concluse a favore di Franco che divenne *Caudillo* e instaurò un regime dittatoriale in vigore per 36 anni, cui seguì un graduale processo di democratizzazione, fino a giungere alla Spagna contemporanea, perfettamente inserita nel consesso della nazioni democratiche e della Comunità Europea.

ARTE

- *Spettro di guerra civile* di Salvador Dalì, *Fucilazione, Spagna 1937* e *Fucilazione nelle Asturie* di Aligi Sassu, e, soprattutto, *Guernica* di Pablo Picasso sono opere ispirate dalle fasi più cruente della guerra civile spagnola.

TESINE CORRELATE – Guerra, Resistenza

IMMAGINAZIONE

L'immaginazione in arte e letteratura
Meccanismi psicologici di immaginazione

Quando parliamo di immaginazione, parliamo di un processo che è alla base di molte opere artistiche, cioè di tutte quelle che non si limitano a descrivere una realtà preesistente, in quanto l'immaginazione è la facoltà di rappresentarsi oggetti, persone e situazioni senza l'intervento di percezioni e sensazioni effettivamente presenti.

ITALIANO

- Ovviamente è il caso di parlare di immaginazione a proposito del Romanticismo, in quanto esso concepisce l'arte non più come imitazione della realtà, ma come frutto di libera e spontanea ispirazione. Nella poesia lirica, in modo particolare, ma anche nella musica e nell'arte pittorica, possono essere espressi questi istanti di grazia, dotati di forte carica immaginativa.
- Dell'immaginazione parla Leopardi nel suo *Zibaldone*, poiché, secondo lui, l'uomo è l'unico "essere pensante su questa terra" che "giunge a concepire o *immaginare* di essere piccola cosa o in sé o rispetto alle altre cose" (pensiero del 22 aprile 1826). Nella poesia *L'Infinito* egli esplicita questa caratteristica umana, poiché dice "io nel pensier mi fingo ... interminati spazi ... sovrumani silenzi, e profondissima quiete".
- Pascoli ne *Il gelsomino notturno* non vede, ma immagina, quello che accade nella casa dell'amico Gabriele Briganti la prima notte di nozze. Del resto per Pascoli e per molti poeti decadenti, la poesia ha un valore gnoseologico, permette cioè di conoscere quello che con la ragione non è conoscibile.

FILOSOFIA

- L'opera di Immanuel Kant e dell'Idealismo filosofico ha contribuito notevolmente a riaffermare il valore conoscitivo dell'immaginazione.
- Nel XIX secolo il tema dell'immaginazione si unì strettamente alla psicoanalisi e in particolare alla psicologia analitica di Carl Gustav Jung. La psicoanalisi operò un cambiamento terminologico e, piuttosto che di "immaginazione", parlò di "immagi-

nario", sottolineando in questo modo lo spostamento dell'attenzione dall'attività immaginativa ai prodotti di questa stessa attività, in termini di simboli e creazioni in parte comuni a tutta l'umanità (nella terminologia junghiana si parla, a questo proposito, di archetipi) e in parte propri della storia individuale.

- Nel XX secolo, un esponente della corrente psicoanalitica che, rielaborando la teoria originale di Sigmund Freud, ha attribuito grande importanza all'immaginario, è stato Jacques Lacan.

ARTE

- Il processo dell'immaginazione è un po' all'opposto di quanto predicato dagli impressionisti, ed è invece in relazione con quanto realizzato dalle correnti artistiche del Novecento (espressionismo, cubismo, astrattismo, ecc.).

CINEMA

- Il cinema sembra tarpare le ali all'immaginazione, poiché la realtà viene presentata subito all'occhio dello spettatore, ma non è sempre così. Esso può sviluppare l'immaginazione, per esempio secondo Edgar Morin.

TESINE CORRELATE – Sogno

INCOMUNICABILITÀ

Incomunicabilità nei testi contemporanei e nei Promessi sposi

Questa caratteristica viene sottolineata nelle opere del Novecento, in quanto è in questo secolo che gli uomini si accorgono di quanto ognuno veda le cose in un modo diverso rispetto agli altri (vedi tesina sul Relativismo), ma con il precedente importante di Manzoni.

ITALIANO

- Renzo e l'Azzeccagarbugli, nel III capitolo de *I promessi sposi* di Alessandro Manzoni, non si capiscono, perché nell'avvocato prevale un preconcetto (se questo uomo ha chiesto informazioni su quella legge è perché si tratta di un delinquente, un "bravo", che ha minacciato un sacerdote) che gli impedisce di capire che Renzo è invece colui che ha subito il sopruso, e quando Renzo glielo dirà, l'Azzeccagarbugli lo allontanerà dal suo studio, come se non fosse mai esistito per lui. Due capitoli dopo anche Don Rodrigo e Fra Cristoforo avranno un dialogo, in cui però fanno finta di non capire quello che ognuno dei due ha capito sin dall'inizio. C'è incomunicabilità anche tra Gertrude e suo padre, e nel dialogo fra il Cardinale e Don Abbondio.
- Similmente, ne *Il giardino dei ciliegi* di Čechov il dialogo è solo apparente, e ogni personaggio rimane isolato dagli altri.
- Un testo classico per riflettere sulla incomunicabilità è *Uno, nessuno e centomila* di Pirandello, in cui si esplicita il fatto che talvolta uno pensa di dire o di fare una cosa, che è però interpretata in modo totalmente diverso dagli altri. Un altro testo significativo al riguardo è *Così è (se vi pare).*

INGLESE

- Beckett esprime l'incomunicabilità in *Aspettando Godot* (*Waiting for Godot*) nei dialoghi dei due personaggi, che sono in realtà monologhi incrociati, proprio per questa incapacità di comunicare e assenza di nessi logici.

FRANCESE

- *La cantatrice calva* (*La cantatrice chauve*, 1948) di Eugène Ionesco mette in scena personaggi che non hanno più appetiti, desideri consci, si annoiano a morte e blaterano fra loro in un linguaggio del tutto privo di significato.

ARTE

- Edvard Munch: nel quadro *Sera nel corso Karl Johann* i protagonisti sono vicini, ma nessuno si accorge dell'altro; tutti vivono in solitudine, anche se sono nel corso più affollato della città.

TESINE CORRELATE – Relativismo, Solitudine, Crisi dell'io, Alienazione

INCONSCIO

L'inconscio: scoperta della psicanalisi freudiana

ITALIANO

- Partecipa di questa scoperta dell'inconscio Italo Svevo con i suoi romanzi, e soprattutto con *La coscienza di Zeno* in cui si scopre che spesso si desiderano cose inconfessabili e ingiustificabili agli occhi della mentalità borghese.

INGLESE

- Nella tragedia *Amleto* (*Hamlet*) di William Shakespeare le paure e i desideri inconsci del protagonista si oggettivano tramite sogni e visioni.

FRANCESE

- Apollinaire nella sua raccolta di poesie *Alcools* pubblicata nel 1913 esplora il suo inconscio. Costruita alla maniera di una tela cubista, giustapponendo sullo stesso piano evocazioni e sensazioni appartenenti a registri temporali e culturali differenti, liberandole della punteggiatura, ma conservandone la rima e l'assonanza pur nei versi liberi, quest'opera rinnovò profondamente la letteratura francese, ed è oggi considerata il capolavoro di Apollinaire, insieme con *Calligrammi* (*Calligrammes*, 1918), e una delle prime opere surrealiste.

TEDESCO

- Kafka: ne *La metamorfosi* (*Die Verwandlung*, 1915) l'io non è più in armonia con la realtà. In quest'opera, più di altre, si riflette l'inconscio dell'autore (es. complessi di inferiorità e persecuzione, complesso di Edipo, ecc.).

FILOSOFIA

- La nozione di inconscio fu elaborata da Freud, riferita ai contenuti psichici (desideri, ricordi, paure, sentimenti e idee) non presenti alla coscienza dell'individuo. In esso trovano posto le esperienze derivanti dalla vita infantile, completamente sconosciute alla mente cosciente e identificabili solo attraverso i sogni e i sintomi psicopatologici. Nell'inconscio confluiscono anche le pulsioni sessuali (libidiche) e aggressive e le successive modificazioni su di esse operate in seguito allo sviluppo del Super-Io.
- Lo psicoanalista svizzero Carl Jung dissentì da Freud sulla natura pulsionale dell'inconscio e ipotizzò la presenza di un inconscio collettivo, costituito da fantasie arcaiche, universali.

ARTE

- I surrealisti: tecniche per rendere l'inconscio sulla tela. "Con l'automatismo psichico puro ci si propone di esprimere, sia verbalmente, sia per iscritto, sia in qualsiasi altro modo, il funzionamento reale del pensiero; è il dettato del pensiero con l'assenza di qualsiasi controllo esercitato dalla ragione, al di fuori di ogni preoccupazione estetica e morale" dal *Manifesto Surrealista* del 1917.
- *Il grido* di Munch è grido dell'interiorità dell'uomo più che della sua ragione.

BIOLOGIA

- Nel cervello, la parte coinvolta nella motivazione, nell'elaborazione degli istinti e delle emozioni è il sistema limbico, situato nel proencefalo.

TESINE CORRELATE – Psicanalisi, Edipo, Memoria

INETTO

Archetipo del borghese in crisi tra '800 e '900

Dal latino *in* (privativo) + *aptus*, vuol dire quindi "non atto", cioè "non adatto" a fare, a vivere: è un individuo tipico della fase decadente, in quanto rappresenta chi, nella classe della borghesia, sente di non stare al passo con le richieste sempre più pressanti della società (e della sua classe di appartenenza), sente la propria inadeguatezza, con maggiore o minore coscienza di quanto sia disumana e alienante la condizione dell'uomo contemporaneo.

ITALIANO

- Inetto è Alfonso Nitti, protagonista di *Una vita* di Italo Svevo, incapace di rapportarsi con gli altri, con la banca, con la famiglia Maller e con casa Lanicci, tanto è vero che il primo titolo di questo romanzo era appunto *Un inetto*. Nella produzione seguente l'inetto sveviano diventa "vecchio" anzitempo perché incapace di affrontare la vita (e l'amore) in modo attivo (Emilio Brentani in *Senilità*), e addirittura Zeno Cosini in *La coscienza di Zeno* scopre che tutto il mondo è malato e che la propria inettitudine non è poi così marcata, dato che riesce persino ad avere una moglie che si dimostra più sana e una vita più fortunata di chi inetto non era (Guido Speier) e una amante che lascia senza che la moglie abbia anche solo il sospetto di questa relazione.
- Inetti sono i protagonisti dei romanzi di Federigo Tozzi, in particolare Pietro in *Con gli occhi chiusi* (inetto in amore) e Remigio in *Il podere* (incapace di gestire la proprietà ereditata dal padre).
- Nel V capitolo de *Il fu Mattia Pascal* il protagonista si autodefinisce "inetto" e tale sarà effettivamente, in quanto incapace di costruirsi una nuova identità e un nuovo nome.
- Il professore protagonista de *La casa in collina* è inetto ad agire (ed è una controfigura dello stesso Pavese).

FRANCESE

- I personaggi dei romanzi di Sartre e di Camus, come nel romanzo *Lo straniero* (*L'étranger*), sono esistenzialmente inetti.

TEDESCO

- Inetto è *L'uomo senza qualità* (*Der Mann ohne Eigenschaften*) di Musil, altro testo cardine nella poetica del decadentismo.
- Inetto è Franz Kafka, che ben descrive nella *Lettera al padre* (*Brief an den Vater*) la propria inferiorità rispetto al genitore, in quanto lui non sarà mai capace (e probabilmente non vorrà) non solo di condurre una attività economica come quella del padre, ma neanche sarà capace di formare e guidare responsabilmente una famiglia, per debolezza fisica e scelta esistenziale. In quanto i suoi personaggi sono in parte autobiografici, essi riflettono l'inettitudine dell'autore.
- Emblematica la lotta all'interno della famiglia *Buddenbrook* di Thomas Mann, tra chi vuole subordinare tutto alla carriera, e chi ha altre mire (arte, poesia, ecc.), dialettica che ricompare anche in *Tonio Kröger*. *Il piccolo Signor Friedemann* (*Der kleine Herr Friedemann*) è poi un altro tipo, quasi iperbolico, di inetto.

TESINE CORRELATE – Crisi, Crisi dell'io, Eroe e antieroe

INFANZIA

Infanzia e educazione
La pedagogia antica e quella moderna
Il fanciullo conosce più o meno dell'adulto?

All'età dell'infanzia ci si rifà spesso, perché risulta centrale per la formazione dell'uomo, sia dal punto di vista cosciente (cultura, educazione) sia dal punto di vista sub-cosciente (psicologia). Alcuni autori hanno perfino esaltato quell'età, perché hanno affermato che, essendo spontanea e priva di mediazioni, è più sincera e profonda nell'analisi del reale. Altri hanno sottolineato l'irrazionalità e l'influenzabilità di questa età.

LATINO

- Quintiliano nelle *Istitutiones oratoriae* descrive così il rapporto maestro-allievo:
  "Come formare l'oratore? Si deve seguirlo fino dalla nascita. Il bambino ha una grande capacità di imitazione, per questo motivo bisogna accostargli le persone giuste. Va selezionata, per esempio, la sua balia.
  Poi deve frequentare scuole pubbliche, non avere un precettore privato, poiché, anche se ci sono dei rischi, è meglio che cresca insieme agli altri, piuttosto che isolato. Il maestro deve favorire una sana competizione e lo scambio delle idee.
  Lo studente deve preferire autori come Cicerone oratore, poiché Plauto e Seneca hanno uno stile interessante, ma che non insegna a parlare.
  L'autore classico può essere letto in classe perché ha nello scrivere eleganza formale ed è portatore di idee utili per gli adolescenti."
- Fedro: siamo sicuri che la sua è solo letteratura per l'infanzia? Egli scrive per tutti, non solo per i bambini. Le sue non sono favole consolatorie, ma servono a riflettere sulle ingiustizie della società. La stessa constatazione si potrebbe fare per molta letteratura, che nasce per l'infanzia (questo non era comunque il caso di Fedro), ma che in realtà solleva grandi problematiche.

ITALIANO

- Nel 1821-22 Leopardi esprime alcuni pensieri positivi sul fanciullo, perché, a differenza dell'adulto, non è stato ancora contaminato dalla ragione, quindi vive dei sentimenti e delle emozioni pure, allo stato primitivo, come il buon selvaggio di Rousseau (è la fase del cosiddetto pessimismo storico).

Favole, immagini, oggetti destano un piacere infinito e appagato all'animo del fanciullo. Nell'adulto, rivedendo le stesse immagini, si prova un piacere momentaneo e ragionato.
Dallo *Zibaldone*:
"La maggior parte delle immagini e delle sensazioni che noi proviamo pure dopo la fanciullezza e nel resto della vita non sono altro che rimembranze della fanciullezza, si riferiscono a lei, dipendono e derivano da lei. Vale a dire: proviamo quelle tal sensazioni perché ci ricordano e ci si rappresenta alla fantasia quella stessa sensazione, immagine provata da fanciulli e come la proviamo in quelle stesse circostanze...
La sensazione presente non è immagine di oggetti, ma della fanciullezza, una ricordanza, una ripetizione...".
"Il fanciullo trova il tutto nel nulla, l'adulto trova il nulla nel tutto".
"La differenza sostanziale della ricerca della illusione tra fanciullo e adulto è che il fanciullo la trova nel contatto con le cose, l'adulto nel distacco e nella solitudine".

- La poetica del fanciullino sta alla base del modo in cui Pascoli vede la realtà, e quindi per fare poesia (ricordiamoci che la poesia, per Pascoli e non solo per lui, permette di cogliere, grazie allo stupore, ciò che neanche la scienza può più afferrare).
  Il fanciullino è colui che con sguardo penetrante capisce la bellezza e l'aspetto poetico delle cose là dove gli adulti non arrivano.
  Coglie la sfumatura di poesia che è già nella natura, nelle cose, nella realtà: la poesia delle piccole cose.
  Dentro di noi c'è un fanciullino: da giovani si gioca e si scherza con lui, ma crescendo non gli diamo più voce perché diventiamo troppo ragionevoli ed egoisti.
  Il poeta, per Pascoli, si identifica con il fanciullino che "alla luce sogna, o sembra sognare, ricordando cose non vedute mai, quello che parla alle bestie, agli alberi, ai sassi, alle nuvole, alle stelle, che popola l'ombra di fantasmi e il cielo degli dei".
  Questo fanciullo scopre nelle cose le somiglianze, le relazioni più impensate, ma non sa coglievi i legami razionali.

Il poeta deve quindi essere un fanciullo che, nella vasta trama delle esperienze comuni, sa cogliere e isolare le sensazioni e le esperienze più sfuggenti. Le fissa poi in parole, le illumina con la sua sensibilità ancora intatta, acuta e fresca.
Qualunque oggetto, anche il più scontato, diventa meraviglioso. In quegli occhi nuovi anche la più tenue cosa può diventare importante e appare enorme.
"Da cose così piccole è fatta da sempre la poesia che consiste nella visione di un particolare innanzitutto fuori e dentro di noi".

- Il colonnello Procolo ne *Il segreto del bosco vecchio* di Dino Buzzati (ottimamente interpretato da Paolo Villaggio nella trasposizione cinematografica) impara dal piccolo Benvenuto, che all'inizio voleva sopprimere per questioni ereditarie, a parlare con gli alberi e con gli altri elementi della natura.

INGLESE

- *Peter Pan* di J. M. Barrie è un bambino che non vuole diventare grande e non vuole affrontare la realtà. Preferisce la solitudine pur di continuare a vivere nel mondo fatato delle illusioni.

FRANCESE

- L'aviatore de *Il piccolo principe* (*Le petit prince*) di Antoine de Saint Exupéry impara dal bimbo a guardare con il cuore. L'essenziale è invisibile agli occhi degli uomini dominati dall'egoismo e dal denaro, ma è alla portata di chi è disposto a dare tutto se stesso agli altri.

FILOSOFIA - PEDAGOGIA

- Per Freud il bambino è un "polimorfo perverso". Per questo sin dalla nascita il bambino è dotato di libido, un'energia di natura solo sessuale che si dirige, nelle varie fasi della vita umana, verso diverse parti del corpo.

- Ne *Il mondo incantato* Bruno Bettelheim afferma:
  "La atemporalità delle fiabe è uno dei loro massimi pregi: il loro situarsi in un "paese delle fate", in una dimensione trasfigurata dove pericoli spaventevoli minacciano l'eroe (ma le difficoltà vengono superate), dove il male viene sempre punito e la virtù riceve la sua ricompensa. I personaggi che si muovono in questi scenari fantastici sono figure archetipe che incarnano le contraddittorie tendenze del bambino, i membri della sua cerchia familiare nei loro opposti aspetti, gli adulti del mondo esterno. Le situazioni delle fiabe, nel rispecchiare la visione magica e animistica che il bambino ha delle cose, i suoi stupori, i suoi terrori, i suoi desideri impossibili, esorcizzano incubi sepolti nell'inconscio, placano inquietudini, aiutano a superare insicurezze e crisi esistenziali, ad accettare responsabilità, a dare un senso alla propria vita. Mettono il bambino di fronte alle reali difficoltà dell'esistenza con un linguaggio non realistico, che è l'unico da lui veramente recepibile a livello profondo".

  Problemi affrontati e superati nelle fiabe: il cannibalismo in *Hansel e Gretel*; la gelosia e il narcisismo estremo in *Biancaneve*; la rivalità fraterna in *Cenerentola*.

- Spiz esamina le modalità con cui il bimbo prende coscienza progressiva del mondo esterno a lui.

ARTE

- Tecnica naïf: inizia con Rousseau le Douanier e semplifica volutamente il disegno a imitazione della tecnica infantile, descrivendo la realtà in modo puro, incorrotto e spiritualizzato.

- L'infanzia e il mondo dell'ingenuità hanno influenzato molto la produzione artistica di Juan Mirò, pittore spagnolo facente parte del gruppo dei surrealisti dal 1930. Le sue tele traducono, sotto un'apparente ingenuità infantile, gli aspetti più profondi della vita umana e attraverso un sistema di simboli e analogie fanno riferimento alle prime fasi dell'infanzia. Con la sua arte porta alla luce un mondo interiore, dove le leggi morali non dominano gli istinti e le infantili passioni. Questo particolare e forte legame con l'infanzia lo si può facilmente notare ne *La claca*, rappresentazione teatrale diretta da Mirò, dove grandi pupazzi girano per il centro della città scherzando e giocando tra di loro. Un amico di Mirò durante un'intervista disse "Quando io raccolgo un sasso, per me è solo un sasso, per Juan no!" e aggiunse "Per lui nulla è banale". Mirò, come i bambini, guarda il mondo con innocenza e stupore.

CINEMA

- *Il ladro di bambini* di Amelio è la storia di un carabiniere che deve accompagnare in un istituto una ragazzina prostituita dalla madre, e il fratellino.
- *Salaam Bombay* di Nair descrive la vita di una caotica città indiana, con gli occhi di un bambino, costretto però a crescere presto.

TESINE CORRELATE – Fiaba

INFINITO

L'infinito in letteratura, filosofia e scienza
Le varie concezioni di infinito

Il concetto di infinito per i romantici è correlato con l'assoluto, il mistero che si rivela nella natura; l'infinito in scienze è un concetto importante e necessario per la formulazione di teorie e ipotesi.

LATINO

- Già Seneca e Sant'Agostino avevano riflettuto sul tempo e sull'eternità.

ITALIANO

- L'infinito di Leopardi è un infinito "negativo", nel senso che è un infinito creato dall'immaginazione e dal desiderio, un puro prodotto della mente umana. È chiaro che il suo modo di porsi di fronte al "problema infinito" è di tipo metafisico, è la ricerca del rapporto tra infinito come spazio assoluto e tempo assoluto e la nostra cognizione del tempo e dello spazio empirici. Ma nella sua riflessione inserisce il suo particolare modo di interpretare l'infinito, o meglio l'indefinito, come fluttuare di sensazioni. Nello *Zibaldone* Leopardi afferma che "L'infinito è un parto della nostra immaginazione, della nostra piccolezza a un tempo e della nostra superbia [...] l'infinito è un'idea, un sogno, non una realtà: almeno niuna prova abbiamo noi dell'esistenza di esso, neppur per analogia". Per Leopardi l'infinito coincide con lo slancio vitale, con lo spasimo, la tensione che l'uomo ha connaturata in sé verso la felicità. L'infinito diventa il principio stesso del piacere, e il fine stesso a cui tende questo slancio dell'uomo. Ovviamente, a questo proposito, l'immagine che meglio ha esemplificato questa concezione leopardiana dell'indefinito è senz'altro costituita dagli "interminati spazi" della famosa poesia intitolata, appunto, *L'infinito.*
  L'infinito di Leopardi è forse uno degli idilli più organici per quanto riguarda significato-struttura-significante: la disposizione delle parole, il loro potere semantico, l'uso stesso che ne fa il poeta contribuiscono a rendere questa poesia un "viaggio interiore", una scoperta dello spirito, un'illuminazione.
  L'infinito di cui parla è temporale e spaziale e viene evocato tramite il limite fisico (la siepe, il fruscio del vento) che porta il poeta da una dimensione fisica e sensoriale a una "metafisica". I sensi, in questo caso la vista e l'udito, conducono alla intuizione di qualcosa che è al di là.

- "Di là da ciò che vedo e ciò che penso / non trovar fondo, non trovar mai posa". Questi versi tratti dalla poesia *Vertigine* di Pascoli testimoniano della sua personale tensione verso l'infinito e il mistero.

- Un'altra poesia che apre lo sguardo verso l'infinito è *I limoni*, tratta dagli *Ossi di Seppia* di Eugenio Montale, nella quale il poeta scrive:

  Vedi, in questi silenzi in cui le cose
  s'abbandonano e sembrano vicine
  a tradire il loro ultimo segreto,
  talora ci si aspetta
  di scoprire uno sbaglio di Natura,
  il punto morto del mondo, l'anello che non tiene,
  il filo da disbrogliare che finalmente ci metta
  nel mezzo di una verità.

TEDESCO

- Lo *streben* (tensione verso l'assoluto) è presente in tutti i poeti romantici tedeschi, in particolar modo Novalis e Hörderlin. Novalis afferma: "In quanto conferisco al volgare un alto significato, al comune un aspetto enigmatico, al noto la dignità dell'ignoto, al finito un'apparenza finita, io lo rendo romantico". Per Hörderlin l'infinito si è tradotto nella civiltà della Grecia classica.
- Dice Rainer Maria Rilke nelle sue *Elegie Duinesi* (*Duineser Elegien*): "Il nostro compito è quello di trasporre le cose nell'invisibile". Nella sua poesia egli canta l'unità della vita e della morte, presentando la morte come trasformazione della vita in un'impalpabile realtà interiore.

FILOSOFIA

- È il Romanticismo che rivaluta il concetto di infinito, a discapito del materialismo che, nel secolo precedente, aveva limitato il suo interesse a ciò che è immediatamente tangibile e razionalisticamente dimostrabile. Tale atteggiamento romantico consiste in una condizione di interiore dissidio, in una lacerazione del sentimento che non si sente mai pago, che si trova in contrasto con la realtà e aspira a un qualcosa di ulteriore, il quale, peraltro gli sfugge di continuo. L'infinito è il senso e la radice del finito. Sia la filosofia che la poesia, su questo punto, sono assolutamente concordi: la filosofia deve cogliere e mostrare il nesso dell'infinito col finito, l'arte lo deve realizzare: l'opera d'arte è l'infinito che si manifesta nel finito.

- Uno dei pensatori che sposò con maggiore convinzione queste tesi fu Friedrich Schlegel, il quale, in campo filosofico, sviluppò il concetto di "ironia" già concepito da Socrate. Per Schlegel l'ironia è "quell'atteggiamento spirituale che tende a superare e a dissolvere questo «de-terminato» e quindi tende a spingere sempre oltre. L'ironia tende quindi a suscitare un sentimento di contraddizione non eliminabile tra condizionato (finito) e incondizionato (infinito) [...] l'ironia ci pone così al di sopra di ogni nostra conoscenza, di ogni nostra azione o opera".
- Per Schleiermacher la religione è "intuizione e sentimento dell'infinito e come tale, ha una sua ben precisa fisionomia che si distingue sia dalla metafisica sia dall'etica", "essa tende a vedere nell'uomo, non meno che in tutte le altre cose particolari e finite, l'Infinito, l'immagine, l'impronta, l'espressione dell'Infinito [...] Il sentimento religioso è dunque un sentimento di «totale dipendenza» dell'uomo (finito) dalla totalità (infinita)".
- Fichte ha due fasi di pensiero. Nella prima egli parla di un limite, che chiama "non-io", che cerca di superare; in questo processo l'io fichtiano non giunge a compimento poiché il limite viene rimosso e allontanato all'infinito. Nella seconda fase, invece, Fichte afferma che la ragione, intesa come Assoluto, possiede l'infinito e si avvicina così alla metafisica e alle posizioni romantiche religiose già osservate in Schlegel e Schleiermacher.
- Schelling tenterà di superare la scissione fichtiana con la filosofia dell'identità.
- Hegel adotterà il concetto di Spirito. Infatti lo Spirito per Hegel è infinito, poiché si attua e si realizza come superamento del finito stesso. Lo Spirito infinito di Hegel è come un circolo in cui il principio e la fine coincidono in maniera dinamica: il punto

iniziale è la tesi, il movimento circolare è l'antitesi e i due momenti che sono uguali sono la sintesi. L'inizio coincide con la fine perché riattraversa la tesi che è stata arricchita da una negazione, perciò il particolare è risolto nell'universale, l'essere nel dover-essere e il reale nel razionale.
L'infinito di Fichte, che può essere visto come una retta in cui l'ostacolo viene spostato e non superato, è per Hegel un cattivo infinito o falso infinito, poiché resta un processo irrisolto, in quanto non raggiunge un fine, uno scopo e l'essere e il dover-essere rimangono scissi e così Hegel dice che Fichte è arrivato solo a una scissione tra Io e non-Io, tra Soggetto e Oggetto, tra finito e infinito; per Hegel invece il vero infinito è un infinito della ragione, non dell'intelletto, il quale non è una retta, ma un circolo, o meglio un processo circolare, e cioè il processo dialettico.
Hegel ritiene riduttiva, in quanto un po' banale e superficiale, anche la filosofia dell'identità di Schelling, in quanto non tien conto dei fattori contraddittori dei fenomeni. Egli la supera dicendo che lo Spirito si manifesta in figure sempre diverse, e ciò implica che non è qualcosa di identico; perciò lo Spirito è un'uguaglianza che si ricostituisce, e cioè è un'unità che si fa attraverso il molteplice. Così per Hegel tutto vale per l'Assoluto e tutto vale per ogni singolo momento della realtà. Ogni momento del reale è momento indispensabile dell'Assoluto, perché esso si realizza in tutti questi momenti. Per esempio il bocciolo, nello sviluppo della pianta, è una determinazione, cioè implica una negazione; ma la determinazione è superata dalla fioritura, che, mentre la nega, la invera e cioè la rende vera, poiché il fiore è la positività del bocciolo. A sua volta il fiore è una determinazione e implica una negatività che viene a sua volta superata dal frutto.

ARTE

- Paul Cezanne e Vincent Van Gogh si emanciparono dalla visione materialista e impressionista utilizzando il colore in senso più espressivo. L'infinito adesso viene reso non, come per alcuni pittori romantici, con le sfumature dei contorni, ma attraverso alcuni colori.

- Anche Henry Matisse cercò di esprimere l'infinito tramite un uso espressivo del colore.
- William Congdon è un esponente dell'arte contemporanea recentemente scomparso, che nell'ambito di una conferenza, ha fatto le seguenti affermazioni: "L'artista è così nomade che cerca, in tutti i luoghi del mondo, il luogo. Il nomade sembra fuggire i luoghi, mentre è sempre il più attaccato al luogo, non al luogo, ma il luogo che comprende tutti i luoghi" E difatti i suoi quadri non descrivono un luogo, ma un non-luogo, egli non usa un colore, ma un non-colore. Dal 1979 alla morte risiederà a Gudo Gambaredo. Cade quindi nel silenzio più profondo, quello scoperto nei campi di riso paludosi della bassa milanese, un *nulla di natura.* La terra *passa per* e *riassume un'*infinità *di forme e colori*, un incessante divenire, che è il suo fine. *L'infinito* sta nel colore, la nebbia, per esempio, è vibrazione della luce che emana, che avanza dalla nebbia fino a un'oggettiva terza dimensione: la nebbia è puro oggetto. Congdon, infine, afferma di vedere "l'arte come una finestra sulla vita oltre la morte, sull'immortalità delle cose".

MATEMATICA

- L'infinito in matematica è un termine che esprime una grandezza illimitata, derivato dalla teoria degli insiemi dal matematico tedesco Georg Cantor.

FISICA - ASTRONOMIA

- La volontà di Galileo di separare la fede dalla ragione oggi è una realtà: la problematica dell'infinito è infatti trattata con modalità e finalità ben diverse dall'astronomia-cosmologia dal punto di vista scientifico e dalla teologia dal punto di vista metafisico. La scienza non sa se l'universo potrebbe arrivare a coincidere con il concetto di infinito: tutto dipende dalla verifica di modelli per ora teorizzati sulla base di dati raccolti in lunghi anni di studi. Le radici di questa eventuale verifica stanno nell'istante stesso della nascita dell'universo, e le difficoltà stanno nell'impossibilità di conoscere ciò che è successo, come è successo e, soprattutto, perché è successo. L'universo è finito o infinito? È chiuso o aperto? È curvo o piano? È stazionario o in evoluzione? Le condizioni a cui deve sottostare un modello di universo per essere valido sono molte, perché deve arrivare a spiegare tutti i fenomeni osservati e osservabili, tra cui:

– l'universo è la totalità dell'esistente, per cui le sue proprietà non sono fissate esternamente (come avviene per noi quando studiamo un ambiente, un sistema). È lecito chiedersi se le leggi che valgono per noi oggi hanno la stessa validità per tempi e condizioni così diversi e lontani.

– l'universo è isotropo (avente le stesse caratteristiche in qualunque punto dello spazio e del tempo) o no?

Su questo concetto si basa il principio cosmologico, secondo il quale la descrizione dell'universo in un dato istante, a parte minime irregolarità locali, deve essere ovunque la stessa.

Infatti bisogna tener presente, nella formulazione di un modello cosmologico, del dato evidente della recessione delle galassie: le galassie si stanno allontanando da noi, poiché lo studio dello spettro della loro emissione elettromagnetica mostra uno spostamento verso il rosso (*red shift*) rispetto alla posizione che ci aspetteremmo.

Per prima cosa, quindi, bisogna ipotizzare un'espansione dell'universo: ma ancora non sappiamo se finita o infinita.

A questo punto è necessario introdurre un concetto molto importante: la Quarta dimensione, cioè la dimensione del tempo in aggiunta alle tre dimensioni spaziali: questo significa considerare ogni punto dello spazio come un "evento".

L'osservazione dell'espansione dell'universo avviene come se ci si trovasse in un universo, quindi, a quattro dimensioni (lo spazio-tempo) e se è valido il principio cosmologico un ipote-

tico osservatore posto in un punto qualsiasi dell'universo, deve "vedere" le stesse situazioni che "vediamo" noi dalla Terra. Quindi lo spazio-tempo deve essere uno spazio curvo, come una immaginaria sfera in espansione in cui l'universo ne è la superficie e ogni punto subisca gli stessi effetti della dilatazione della superficie, senza che sussista un centro di espansione.
Questo è quello che afferma la teoria della Relatività di Einstein, secondo la quale ogni evento è spiegato nella dimensione spazio-temporale.
Il nostro universo, secondo questa teoria è uno spazio curvo nello spazio-tempo e la curvatura è data dall'azione gravitazionale di masse che ne modificano le proprietà locali.
Inoltre lo spazio-tempo fa sentire la sua curvatura su tutto ciò che l'attraversa, compresa la luce. Infatti essa viene deviata dalla presenza delle masse materiali e se in una regione dello spazio è presente una massa molto grande concentrata in un volume molto piccolo, la luce viene deviata a tal punto da essere letteralmente inghiottita dall'azione gravitazionale esercitata da questa massa in un cosiddetto Buco Nero. Ma la differenza che intercorre tra la teoria di un universo finito o infinito dipende soprattutto dalla quantità di materia che è presente nell'universo, quindi dalla sua densità.
Infatti la possibilità di espansione dell'universo dipende dalla capacità delle galassie più esterne di vincere l'attrazione gravitazionale da parte di quelle più interne; esiste un valore critico per la densità dell'universo per cui questo cesserebbe la sua espansione e si contrarrebbe su se stesso (teoria del Big Crunch), e questa situazione potrebbe addirittura verificarsi con periodicità, ovvero si alternerebbero Big Bang e Big Crunch.
Questa situazione può verificarsi solo in un universo "chiuso": il valore rapporto tra densità effettiva dell'universo e densità critica è < 1; questo significa che non c'è abbastanza materia nell'universo per impedire che questo collassi su se stesso per attrazione gravitazionale; idealmente lo spazio è uno spazio sferico nelle tre dimensioni.

Invece l'universo potrebbe essere "aperto", sia che il valore di n sia = 1 o > 1. La differenza è che se fosse > 1 l'universo si starebbe espandendo all'infinito nel tempo e nello spazio, anche la recessione delle galassie starebbe procedendo all'infinito; in un futuro tendente all'infinito l'universo sarebbe sempre più buio e sempre più freddo. Se fosse proprio = 1, l'espansione dell'universo sarebbe in infinito rallentamento nel tempo e nello spazio, senza fermarsi mai. È effettivamente un universo infinito ed eterno che non collasserà mai su se stesso perché la densità critica sarà sempre bilanciata dalla densità effettiva; anche in questo caso, però, l'universo tenderà a diventare sempre più freddo e buio.
Il problema e il dubbio rimangono, perché non ci sono i mezzi per verificare nessuna delle ipotesi, non siamo in grado di conoscere l'istante iniziale, come non siamo in grado di prevederne un ultimo. Non possiamo quindi escludere che l'universo esisterà in eterno in uno spazio infinito. Possiamo spingerci verso i limiti più esterni dell'universo, ma non abbiamo la certezza che questi siano i reali confini.

BIBLIOGRAFIA:
Antonino Zichichi, *L'infinito*, ediz. Rizzoli

TESINE CORRELATE – Attesa, Desiderio, Religione

INTEGRAZIONE ARTISTA-SOCIETÀ

Difficoltà o impossibilità di integrazione dell'artista nella società
Intellettuali e fascismo

Esistono delle fasi in cui l'artista, l'intellettuale, il poeta e il letterato sono perfettamente organici al potere. Sono i periodi del mecenatismo, dell'asservimento più o meno vile, della perdita della libertà di espressione. Quando invece l'artista rappresenta una coscienza critica, e il vero artista è sempre critico, o comunque indipendente nei confronti del potere, allora nascono contrasti che possono diventare anche violenti, con condanne, esili e censure che cadono magari solo dopo la morte, quando si arrivano a riconoscere il valore di un'opera e i meriti del suo autore, al di là e delle contingenze politiche.

GRECO

- Sembra che il caso più eclatante per la Grecia non sia però quello di un artista, ma quello di un filosofo, Socrate. La libertà e l'originalità del suo pensiero e dei suoi metodi gli costarono una condanna a morte per empietà, da parte dei democratici moderati, che, dopo la cacciata dei Trenta Tiranni, intendevano restaurare ad Atene un regime basato sul rispetto del potere costituito.

LATINO

- Cremuzio Cordo, sotto Tiberio, per ordine del prefetto del pretorio Seiano, fu perseguitato e poi costretto al suicidio nel 25 d.C. per le sue idee libertarie e contrarie al principato.
- Furono esiliati Cicerone a Brindisi, Ovidio a Tomi e Seneca (per ordine di Claudio) in Corsica, dove quest'ultimo restò fino al 49 d.C. Dopo gli anni della partecipazione al potere, come precettore di Nerone, Seneca tornò ad avere un rapporto conflittuale con l'imperatore, tanto che si tolse la vita, seguendo alla lettera gli insegnamenti stoici, dopo il fallimento della congiura dei Pisoni (65 d.C.).
- Ancora più radicale fu il conflitto tra Lucano e Nerone, perché inconciliabile era la concezione del potere di un nostalgico repubblicano, quale Lucano, con quella di un imperatore che si atteggiava a monarca orientale, alla maniera della dinastia lagide egiziana (Nerone).
- Persino Petronio, *arbiter elegantiae* e poeta amico di Nerone, dovette togliersi la vita su ordine di Tigellino, il perfido prefetto del pretorio invidioso dell'influenza che l'intellettuale esercitava sul principe, secondo quanto narra Tacito.

ITALIANO

- Dante è in esilio quando scrive la *Divina Commedia.* La sua profonda delusione per come si muovono i potenti dell'epoca (l'imperatore distratto e lontano dal "giardino" dell'impero, il papa e gli angioini avidi ingerenti nella politica dell'Italia) si esprime con tutta la sua profondità nel VI canto del *Paradiso.* La sua personale e umiliante esperienza di esiliato costretto a mendicare, scendendo e salendo per l'altrui scale, è materia del canto XVII.
- I due alter-ego di Foscolo, l'Ortis e il Didimo Chierico, che per altri aspetti tanto si differenziano (infatti quanto il primo è passionale, il secondo è cinico), nel disprezzo per la società che non li capisce e prosegue per una strada spesso difforme dagli ideali della patria e della libertà secondo Foscolo, sono senz'altro in sintonia l'uno con l'altro. Foscolo è sempre senza patria, in perenne esilio.
- Leopardi ne *La ginestra* definisce il suo tempo "secol superbo e sciocco", per l'irrazionale spiritualismo; ma aveva già avuto occasione nelle *Operette Morali,* e anche nella poesia *La sera del dì di festa* di lamentare uno iato fra le proprie aspirazioni e quelle della sua età (leggi anche il *Discorso sulla poesia romantica*).
- Pascoli è sempre stato un isolato, e ha non solo sopportato, ma perfino cercato questa solitudine. Nella poesia *Nebbia* chiede che la nebbia, appunto, gli veli la visione del tempo presente e lo nasconda a occhi indiscreti, nel chiuso della casa di Castelvecchio, "nido" in cui trovare protezione e conforto. Pascoli, inoltre, non usa una lingua normale, cosa che sarebbe indice di un rapporto chiaro e univoco con la realtà. La sua lingua, ricca di eccezioni e particolarità è indice di un rapporto critico tra io e mondo.
- Gli intellettuali durante il periodo fascista furono costretti o a esprimere il loro dissenso in forme non esplicite (Alvaro e Moravia) o ad andare in esilio (Silone) o furono condannati al confino che poi descrissero in mirabili romanzi (*Cristo si è fermato a Eboli* di Carlo Levi, *Il carcere* di Cesare Pavese) o sempli-

cemente rinunciarono a poetare (*Alle fronde dei salici* di Quasimodo). Anche l'ermetismo dei poeti e degli scrittori (ad esempio *Conversazione in Sicilia* di Elio Vittorini) non si spiegherebbe se non nel particolare clima culturale di censura e mancanza di libertà voluto dal regime.

- Pavese non si integra nel sistema politico, letterario e culturale. Il protagonista de *La casa in collina*, per esempio, non è in sintonia neanche con quelli che hanno gli stessi suoi ideali politici.
- Nel secondo dopoguerra un intellettuale indubbiamente "scomodo" e snobbato, non solo in vita ma anche e soprattutto, dopo la morte, fu Pier Paolo Pasolini che, del resto, faceva della lotta alle convenzioni e all'omologazione culturale la propria bandiera.

INGLESE

- Senz'altro l'intellettuale meno integrato nella benpensante società vittoriana fu Oscar Wilde, che nel 1895, all'apice della carriera, fu al centro di uno dei processi più chiacchierati del secolo, quello che lo vide imputato di sodomia, uno scandalo senza pari nell'Inghilterra vittoriana. Condannato a due anni di lavori forzati, ne uscì finanziariamente rovinato e psicologicamente provato.

FRANCESE

- Tutta una generazione di poeti, da Baudelaire a Rimbaud, a Verlaine, a Mallarmè, visse un rapporto conflittuale e di reciproca incomprensione con la società della borghesia in ascesa, che li bollò con l'epiteto di "poeti maledetti".

TEDESCO

- Molti artisti tedeschi, tra cui Brecht e Mann, furono costretti a lasciare la Germania dopo la presa del potere di Hiltler.

TESINE CORRELATE – **Benedetto Croce, Emarginazione**

IRONIA

Il giudizio ironico è più efficace di quello esplicito
Ironia, sarcasmo, satira e umorismo

L'ironia è un modo di esprimersi per cui si dice una cosa, ma si lascia intendere l'esatto contrario. Da sempre l'ironia è la marca costitutiva dell'artista che guarda disincantato gli atteggiamenti incoerenti o assurdi degli altri uomini, che si mettono in ridicolo da soli, semplicemente presentandoli così come sono al lettore, senza che l'autore debba spiegarlo. Per questo nelle opere ironiche il ruolo del destinatario è importante, perché se il lettore non condivide, o non capisce, il giudizio implicito sotteso all'ironia, essa perde di efficacia.

GRECO

- Luciano di Samosata aveva una vena ironica molto spiccata, che espresse soprattutto nei dialoghi, operette satiriche che fondevano il dialogo di tipo filosofico con la commedia. Nei *Dialoghi degli dei* e nei *Dialoghi marini* realizzò vivaci istantanee di vita divina sullo sfondo dell'Olimpo e del mare. I *Dialoghi dei morti* rivelano invece un maggior spessore satirico, a livello sia morale sia religioso, mentre i *Dialoghi delle cortigiane* sono un vivace e realistico ritratto di quel mondo e dei suoi personaggi.

LATINO

- L'ironia nel *Satyricon* di Petronio tende a colpire l'ipocrisia delle concezioni morali tradizionali o stoiche, basate su una *virtus* che non sempre poi viene attuata con coerenza in tutte le situazioni (es.: la matrona di Efeso).
- Negli epigrammi satirici di Marziale l'ironia è lieve. C'è leggerezza nello stile, nei contenuti e nelle espressioni.
- Giovenale mette alla gogna le ipocrisie umane nelle *Satire* con tono duro, aggressivo ed esplicito; l'ironia è più appariscente.

- Persio nelle sue satire è più moralista, pessimista e austero. Egli testimonia così il dissenso politico della classe intellettuale, di impostazione stoica e nostalgica, al tempo dell'imperatore Nerone.

ITALIANO

- L'ironia è amara nelle operette morali di Leopardi. Per esempio nel *Dialogo di un folletto e uno gnomo* si ironizza sulla pretesa dell'uomo di essere al centro del cosmo, oggetto di un privilegio che non condivide con tutti gli altri esseri dell'universo.
- L'ironia è la figura retorica prevalente ne *I promessi sposi*, accanto alla litote (si pensi al famoso "Don Abbondio non era nato con un cuor di leone"). Ma l'ironia è sottesa a tutto il romanzo manzoniano, in quanto la realtà smentisce sempre i progetti dell'uomo, e questo, soprattutto quando l'uomo ripone tutte le sue speranze nei suoi gretti disegni, fa sorridere. L'ironia manzoniana nasce proprio dalla consapevolezza della sproporzione fra i piccoli scopi che l'uomo si prefigge e i grandi scopi del disegno provvidenziale, generando una sana diffidenza di sé e una fiducia totale in Dio. Ecco perché Lucia è profondamente ironica, di fronte a sua madre Agnese e a Renzo, perché sono troppo legati ai loro schemi.
- L'ironia pirandelliana, codificata nel saggio *L'umorismo*, fa cogliere le contraddizioni del reale, fa capire cosa c'è dietro la realtà, crea un distacco fra noi e tutto ciò che è legato al "gioco delle parti".
- Un altro autore che ha fatto dell'ironia la sua marca essenziale è Guido Gozzano, che in tal modo intende demolire il superominismo dannunziano.
- *La coscienza di Zeno*: l'ironia è presente, laddove, per esempio nella scena della proposta di matrimonio alle sorelle Malfenti, Zeno dice ad Augusta una cosa ma intende esattamente l'opposto.

- L'ironia si trova anche nelle poesie dell'ultimo Montale (le raccolte *Diario del '70-71* e *Satura*).

TEDESCO

- Ironia romantica: le cose viste da una prospettiva "assoluta" appaiono per forza limitate e inducono allo scherzo. Questa ironia è presente nelle opere di Hoffmann e di Heinrich Heine (Düsseldorf 1797 – Parigi 1856). Quest'ultimo, appartenente al movimento della "Junges Deutschland" viene considerato poeta della contraddizione e critica fortemente l'atteggiamento ipocrita dei cosiddetti "Maulchristen" (cristiani a parole). Nella poesia *La ragazza stava davanti al mare* (*Das Fräulein stand am Meer*) egli distrugge in modo ironico l'atmosfera tipica di un paesaggio romantico.

ARTE

- H. Daumier, pittore e scultore francese (1808-1879), dopo aver fatto disegni satirici per la rivista "La caricature", continuerà a dedicarsi alla caricatura politica e alla satira sociale, fino a quando non si diede alla pittura ricca di chiaroscuri e di una vigorosa forma plastica.

CINEMA

- Oggetto dell'ironia ne *Il grande dittatore* di Charlie Chaplin è la presunzione e la follia di Hitler, ne *La vita è bella* di Roberto Benigni è invece tutta la situazione assurda in cui si viveva nei campi di concentramento.

MUSICA

- Un cantante che ha fatto dell'ironia la sua marca costitutiva è Giorgio Gaber. Si ascoltino brani come *Un'idea* o *Far finta di essere sani.*

TESINE CORRELATE – Relativismo

LETTERE

Epistolari e carteggi celebri

La lettera è un genere letterario e filosofico particolarmente efficace, perché il destinatario del testo è oggettivato nell'interlocutore dell'epistolario, pertanto lo stile dialogico è favorito dalle caratteristiche del testo stesso.

GRECO

- Le nove lettere di Isocrate affrontano temi di varia natura, come l'educazione, l'arte retorica, la potenza della bellezza, consigli ai despoti e appelli ai condottieri. Isocrate occupa un posto di rilievo nella storia della prosa attica. La perfezione formale, il periodare ampio e complesso, e l'armonia dell'espressione sono i contrassegni della sua arte; tuttavia, l'eccessiva ricercatezza stilistica produce talora un senso di freddezza e monotonia.
- Platone ed Epicuro scrissero lettere di carattere filosofico e mentre del primo sono pervenuti anche molti altri scritti (i dialoghi) più importanti per la comprensione della sua dottrina, di Epicuro rimangono solo tre lettere e pochi frammenti di altre opere.

LATINO

- Le *Lettere* di Cicerone (dall'esilio, sull'evoluzione della crisi politica, la guerra civile, i rapporti con Cesare) furono per lo più scritte a familiari e amici in maniera strettamente confidenziale, pertanto rivelano uno stile altrettanto classico, ma meno elaborato rispetto alle altre opere. La differenza fra i giudizi sinceramente espressi nelle lettere (per esempio riguardo a Cesare) e quelli espressi in altre opere (per esempio le orazioni cesariane, in cui l'arpinate esaltava la clementia cesariana) generarono profonda delusione in alcuni lettori, in modo particolare in Petrarca.

- Le *Lettere a Lucilio* di Seneca sono opere filosofiche che, pur con un taglio più confidenziale e persuasivo, si pongono sullo stesso piano dei *dialogi*, a completare il sistema filosofico senechiano, con esemplificazioni e argomentazioni tratte dalla vita quotidiana.

ITALIANO

- Nelle *Ultime lettere di Jacopo Ortis* di Foscolo, che si presenta come un epistolario all'amico Lorenzo Alderani, il protagonista arriva al suicidio non solo per motivi amorosi, ma anche politici. Egli è tormentato dalle divisioni tra gli italiani, dai tradimenti politici, come quello di Napoleone che ha firmato con gli austriaci il Trattato di Campoformio, consegnando loro Venezia, e da un profondo pessimismo, poiché vede che la storia è governata dalla violenza e dal male.
- *Storia di una capinera* di Verga è un romanzo epistolare che descrive la triste vicenda di una ragazza siciliana che ha perso la madre, ed è costretta dalla matrigna a entrare in monastero. Alla fine la protagonista muore di dolore perché la sorella sposa Nino, l'uomo di cui si era innamorata quando era uscita momentaneamente dal monastero a causa di un'epidemia di colera.

INGLESE

- *Pamela* di Samuel Richardson è un romanzo epistolare che narra la vicenda di una giovane domestica che resiste ai tentativi di seduzuione del suo padrone il quale, alla fine, la sposa.

TEDESCO

- *I dolori del giovane Werther* (*Die Leiden des jungen Werther*) di Goethe sono un romanzo epistolare, opera preromantica, in cui alla fine il protagonista si suicida a causa dell'amore non corrisposto per Carlotta.

ARTE

- Nelle *Lettere a Teo*, suo fratello, Van Gogh lascia un'importante testimonianza delle fasi salienti della sua esperienza artistica e umana.

TESINE CORRELATE – Dialettica, Memoria

LIBERTÀ

La libertà è un'utopia realizzabile, oppure no?
Che cos'è la libertà

Questa parola è una delle più trite e logore del nostro vocabolario, quasi come democrazia o amore. Eppure l'aspirazione a essere libero è innata nell'uomo, pertanto non va sminuita o elusa, per quanto sia strumentalizzata o logora.

LATINO

- Negli *Acta martyrum* i cristiani perseguitati affermano una libertà interiore, che non può essere condizionata dalle decisioni degli imperatori o dei loro carnefici.

ITALIANO

- Per Dante l'uomo è libero per natura, poiché è stato creato libero da Dio (*Purgatorio* XVII). Quindi ciò che lo rende schiavo della realtà è il peccato, (*Paradiso* VII 79-84) che ha avuto origine con la rottura del patto fra Dio e l'uomo (Adamo ed Eva), dopo che questi ha mangiato il frutto proibito (*Paradiso* XVII, 7-12). Di fronte alla macchia del peccato originale, l'uomo può solo chiedere la grazia che il suo desiderio sia realizzato.
- La mancanza di scelta nell'*Adelchi* di Manzoni non lascia spazio alla libertà umana: non resta che fare il male o patirlo.

- Nel periodo del pessimismo storico Leopardi afferma che l'uomo può scegliere (e in genere sbaglia nelle sue scelte), nel periodo del pessimismo cosmico Leopardi dice che l'uomo vive in una condizione che non si è scelto, e non può fare nulla per modificarla in positivo. L'uomo non è libero di fronte allo strapotere della Natura. L'unica scelta estrema di libertà che gli rimane è quella del suicidio fisico (*Bruto minore* e *L'ultimo canto di Saffo*) o morale (*A se stesso*).
- In traduzione si possono leggere le opere di Čechov che esprimono rassegnazione di fronte ai condizionamenti del destino ne *Le tre sorelle* e *Il giardino dei ciliegi* o ribellione destinata alla sconfitta e, ancora una volta, alla risoluzione estrema del suicidio ne *Il gabbiano*.
- *Alla libertà* si intitola un'ode del 1817 di Aleksandr Puškin, che scrisse poesie di aperta intonazione rivoluzionaria e fu per questo perseguitato dal regime zarista.
- Leggi la novella *Libertà* di Verga: anche qui non c'è effettiva libertà. La liberazione di Garibaldi e Bixio è politica, formale, ma non sociale, concreta.
- Nel romanzo *Il fu Mattia Pascal* di Pirandello la ricerca della libertà è esplicita. Cambiando personalità e approfittando del fatto di essere creduto morto, Mattia crede di liberarsi dalla sua vita frustrante, ma la società gli nega questa libertà. Infatti non solo non gli riconosce il diritto di farsi una nuova identità, ma addirittura non gli permette nemmeno di ritornare a quella originaria, poiché considera morto per sempre Mattia Pascal.
- Secondo Montale l'uomo è prigioniero della realtà: essa viene paragonata a una rete, a un giardino al di qua di una "muraglia che ha in cima cocci aguzzi di bottiglia" (*Meriggiare pallido e assorto*). "Un imprevisto è la sola speranza" (*Prima del viaggio*), così l'uomo potrebbe essere libero. Montale si sente vicino al *quid* rivelatore e liberatore: a tale condizione alludono metafore celebri: il varco, la smagliatura nella rete, il fantasma

che può salvare, lo sbaglio di natura, l'anello che non tiene, il filo da disbrogliare che metta nel mezzo di una verità. Però questa condizione non sarà mai mutabile: la coscienza umana è infelice e lo sarà sempre. È a questo punto che rientra in Montale la concezione filosofica di Leopardi e di Schopenhauer: il desiderio non è più una tensione alla libertà, ma diventa l'elemento che soffoca ciò a cui l'uomo è più affezionato.

INGLESE

- In *William Wilson* di Edgar Allan Poe l'uomo appare nettamente condizionato e privo di libertà, poiché il protagonista non può sottrarsi all'inevitabilità di riprodurre tutto quello che avviene al suo doppio.
- Nei cori della *Rocca* (*The Rock*) T. S. Eliot parla della difficile situazione della chiesa dei suoi tempi. L'uomo è vittima della società, è imprigionato dalla realtà e non è libero. Può essere libero grazie alla Rocca. Infatti la Rocca simboleggia la Chiesa. In questi cori molte sono le allusioni al Gospel, ai poemi classici e alla Divina Commedia di Dante. Il linguaggio e la tematica di quest'opera sono molto ardui: il poeta usa infatti diverse figure retoriche. La più usata è il correlativo oggettivo: il poeta vuole suscitare emozioni nel lettore attraverso il ricorso a immagini forti.
- In *Aspettando Godot* (*Waiting for Godot*) di Beckett, Vladimir ed Estragon cercano di esercitare la loro libertà scegliendo se attendere o no Godot, ma non sono liberi perché in realtà non sanno chi è colui che stanno aspettando.

FRANCESE

- Baudelaire sente l'impotenza umana di fronte al male in *Rimorso postumo* (*Remords posthume*) e *L'Alba spirituale* (*L'aube spirituelle*) e di fronte a Dio in *I Ciechi* (*Les Aveugles*) o al destino in *L'Albatros*. La conseguenza è il sentimento di disperazione o lo *spleen*.

- Anche per Sartre, come per Kierkegaard, la libertà di scelta è la condanna dell'uomo ma, privo dello sbocco religioso, egli perviene alla nausea come sinonimo di angoscia esistenziale.

TEDESCO

- Ne *Il castello* (*Das Schloss*) e ne *Il processo* (*Der Prozess*) di Kafka l'uomo non è libero e non sa neanche quali sono i padroni invisibili che determinano la sua esistenza.

FILOSOFIA

- Sant'Agostino distinse la concezione di libero arbitrio da quella di libertà. Infatti per il vescovo di Ippona il libero arbitrio è la facoltà di scelta donata da Dio all'uomo. La libertà è la scelta del Bene. L'uomo possiede il libero arbitrio, ma non necessariamente la libertà, donata all'uomo per Grazia. Questa teoria influenzò la predestinazione giansenista tipica delle chiese protestanti, ispirando quindi anche Pascal e Kierkegaard.
- Blaise Pascal: "L'uomo, differentemente dagli altri animali, possiede la ragione. Ragionevole è ciò che è buono per lui, ciò che corrisponde ai suoi desideri. E il desiderio più grande è quello di essere libero" (dai *Pensieri*).
- Nel pensiero di Kierkegaard la libertà diventa un limite, cui l'uomo è condannato, ossessionato dall'angosciosa consapevolezza del suo essere finito. L'uomo ha il libero arbitrio per scegliere il proprio tipo di vita, ma è veramente libero solo se segue il tipo di vita religiosa, che ha in Abramo il suo modello. Kierkegaard distingue poi due tipi di religiosità: la religiosità A, che consiste nelle domande di senso che tutti gli uomini si pongono (il senso religioso), e la religiosità B che consiste nell'aderire al tipo di vita religiosa, nel prender una posizione.
- Schopenhauer afferma che l'uomo non è libero, quindi non può essere felice. La vita umana è un'eterna oscillazione tra dolore e noia. Il dolore è dovuto alla mancanza di senso; la noia si ve-

rifica quando un uomo si stanca di ciò che ha trovato, ovvero quando questo non soddisfa più i suoi desideri. Siccome non esiste nulla che possa saziare i desideri dell'uomo, il desiderare diventa deleterio.

- Per Freud l'uomo non è libero, poiché agisce in base all'inconscio, al di là o contro le presunte scelte consce. In tal modo nega quindi la libera scelta dell'uomo.

TESINE CORRELATE – Emancipazione femminile

LUNA

La luna nell'arte, nella letteratura e nella scienza

La luna è intermedia tra le tenebre della terra e la luce del Senso Ultimo. La luna può aiutare l'uomo a spiccare il volo verso l'alto, o deludere la sua sete di infinito.

ITALIANO

- Dante: *Paradiso* Canti II e III. Cielo della luna. Macchie lunari. Piccarda Donati e Costanza d'Altavilla. La donna per lo stilnovo, come la luna, è ponte tra la terra e il cielo, tramite, scala per ascendere al paradiso, ed è per questo che, una volta lasciato Virgilio, Dante non fa altro che incontrare donne (Matelda, Beatrice, ecc.) che gli permettono di salire al cielo.
- Molte sono le poesie di Leopardi sulla luna: *Alla luna*, *Canto notturno di un pastore errante dell'Asia*, *Il tramonto della luna*. Ancora di più sono le opere in cui la luna compare, come *L'ultimo canto di Saffo*, *La sera del dì di festa*. Tutto ciò testimonia di una, quasi, ossessione, che rivela come per il poeta recanatese questo astro, con la sua luce pallida e insicura, rivestisse un valore simbolico fondamentale. Esso rappresenta un ponte lanciato verso il mistero inafferrabile, e inafferrato, della realtà e

della luce. La luna è il simbolo della natura che ha ingannato, e continua a ingannare e illudere l'uomo.

- Nella novella di Luigi Pirandello *Ciàula scopre la luna* viene messa in discussione la visione verista e meccanicista, che negava la possibilità dell'imprevisto. Qui l'imprevisto irrompe nella vita di un ragazzo segnato sin dalla nascita, ad aprire uno squarcio di coscienza e di luce, assolutamente inaspettato.
- *La luna e i falò* è un romanzo di Cesare Pavese che si intitola così a causa dei riti agricoli tipici delle Langhe, zona collinare dove il protagonista Anguilla cerca di ritornare per ritrovare le sue radici, dopo essere emigrato in America.

STORIA

- Importante la competizione spaziale, che vide battersi l'Ente spaziale americano (NASA) e quello sovietico (ESA) negli anni Sessanta. Lo sbarco del primo uomo sul suolo lunare avvenne nel luglio 1969, a opera degli astronauti della missione Apollo 11.

GEOGRAFIA ASTRONOMICA

- La luna è l'unico satellite naturale della Terra. Ha un diametro di 3.476 km, poco più un quarto di quello della Terra, e massa pari a un ottantunesimo di quella terrestre. La densità media e l'accelerazione di gravità sono quindi, rispettivamente, tre quinti e un sesto di quelle del nostro pianeta. La Luna non possiede atmosfera e sulla sua superficie non vi è traccia di acqua allo stato liquido. La Luna orbita attorno alla Terra a una distanza media di 384.403 km, compiendo una rivoluzione completa in 27 giorni, 7 ore, 43 minuti e 11,5 secondi (rivoluzione siderale). L'orbita è ellittica e inclinata di 5° e 8' rispetto al piano dell'eclittica. Per compiere l'intero ciclo delle fasi, ovvero per ritornare nella stessa posizione rispetto a un determinato punto della superficie terrestre, impiega invece 29 giorni, 12 ore, 44 minuti e 2,8 secondi (rivoluzione sinodica o mese lunare). Il periodo di rotazione è uguale a quello di rivoluzione; per questo motivo il satellite rivolge verso il nostro pianeta sempre la stessa faccia. Benché appaia luminosa, la Luna riflette nello spazio solo il 7% della luce che le arriva dal Sole.

MUSICA

- Molte sono le canzoni sulla luna, come, ad esempio, *The dark side of the moon* dei Pink Floyd e *Luna rossa*, canzone tradizionale napoletana reinterpretata da Renzo Arbore.

CINEMA

- La luna ispirò anche importanti registi come Bertolucci (*La luna*, 1979) e Fellini (*La voce della luna*, 1990), ultimo suo film.

TELEVISIONE

Lo sbarco sulla luna dei primi astronauti è un cult, una sequenza televisiva che ha emozionato milioni di telespettatori e connota un'epoca, anche se in modo un po' superficiale ed esteriore.

TESINE CORRELATE – **Marte, Venere, Giove, Sole**

MALE

Il male risiede nel fato o nell'uomo
Dal male di vivere antico a quello moderno
Il senso del dolore

Dolore, malattia, fragilità, incapacità di affrontare non solo il male che viene dall'esterno, ma anche quello che ciascuno concepisce dentro di sé, male di vivere hanno sempre caratterizzato la riflessione sulla condizione umana, che ha portato i greci e gli ebrei a dare due interpretazioni diverse dell'origine del male: il fato divino e il peccato originale. Sulla base di queste due concezioni si arriva a definire il male o come maledizione che arriva dall'alto, o come diretta responsabilità umana, connaturata con l'uomo stesso. I moderni e i contemporanei hanno approfondito quest'analisi, arrivando a proporre una visione dell'uomo disperata e cupa.

GRECO

- Sono molti i brani dell'*Iliade* di Omero che riflettono una visione pessimistica dell'uomo. "Quale è la stirpe delle foglie, tale è anche quella degli uomini. Le foglie, alcune il vento le sparge per terra, altre la selva rigogliosa genera, quando sopraggiunge la primavera. Così, delle stirpi degli uomini, l'una nasce e l'altra vien meno" Omero, *Iliade*, VI, 146 ss. "Nulla è più triste dell'uomo fra tutte le cose che respirano e vivono sulla terra" Omero, *Iliade*, XVII, 446 ss. "Infatti vollero gli dei per i miseri mortali che vivessero nella tristezza: loro invece sono privi di affanno. Si trovano nella casa di Zeus due otri pieni dei doni che egli distribuisce, buoni e cattivi. Colui al quale Zeus reggitore del fulmine ne dia traendoli d'ambedue gli otri, talvolta è nella disgrazia, talvolta nel bene. Colui invece al quale dà solo male, lo rende spregevole e la fame tremenda lo spinge sulla terra e vaga disonorato dagli dei e dagli uomini" Omero, *Iliade*, XXIV, 525 ss.
- Anche Esiodo e Pindaro mostrano un volto dell'uomo segnato dal dolore e dalla sofferenza. "Magari non fossi mai vissuto con questa generazione di uomini, ma fossi morto prima o nato dopo! [...] Mai di giorno gli uomini cesseranno di avere fatiche e affanni, né la morte di struggersi; e gli dei daranno loro angustie tremende. Ma tuttavia anche per questi uomini il bene sarà mischiato al male" Esiodo, *Le opere e i giorni*, 174 ss.."In breve spazio si accresce la gioia degli uomini e così anche precipita a terra scossa da un pensiero che non giunge mai a buon fine. Creature di un giorno, che cos'è un uomo? Che cosa non è? Sogno di un'ombra è un uomo." Pindaro, *Ode Pitica*, VIII, 92 ss.
- Sofocle è il più esplicito nel definire il male come diretta conseguenza di una decisione ineluttabile del fato. Dice Illo, prima di

uccidere per compassione l'agonizzante padre Eracle, una sorta di eutanasia ante litteram: "O amici, abbiate una grande comprensione per questi miei atti, riconoscendo la grande sensibilità degli dei in questi avvenimenti: essi che, pur avendoci generati e facendosi invocare come padri, stanno a guardare tali dolori. Nessuno prevede il futuro, ma il presente è doloroso per noi, vergognoso per loro, terribile, fra tutti gli uomini, soprattutto per chi subisce tali sventure" Sofocle *Le Trachinie* 1264, ss. "Ahi generazioni di mortali, come vi considero simili al nulla, mentre vivete! Chi ottiene più felicità di quanta è necessaria per illudersi e poi, data questa speranza, declinare?" Sofocle *Edipo re* 1186 ss.

LATINO

- Un altro autore che, sebbene sia entusiasta della dottrina epicurea che ha abbracciato, lamenta la negatività del reale, è Lucrezio. "In questo modo ciascuno fugge se stesso, ma a quel se stesso a cui ovviamente non può sottrarsi rimane avvinghiato con astio, e lo odia perché, malato, non percepisce la causa del suo male; se lo capisse bene, abbandonerebbe ogni altra cura e cercherebbe innanzitutto di conoscere la natura delle cose, perché è in gioco la condizione non di un'ora, ma dell'eternità, nella quale gli uomini dovranno rimanere per tutto il tempo che resta dopo la morte" Lucrezio *La natura delle cose* III, 1053, ss.
- Nella *Bibbia*, nella versione latina detta *Vulgata*, leggi l'episodio del Peccato originale (*Genesi* 2) e il *Libro di Giobbe*.
  "Io non riesco a capire neppure ciò che faccio: infatti non faccio quello che voglio, ma quello che detesto. [...] Io so infatti che in me, cioè nella mia carne, non abita il bene: c'è in me il desiderio del bene, ma non la capacità di attuarlo; infatti io non compio il bene che voglio, ma il male che non voglio" (San Paolo, *Lettera ai Romani*, 7, 15-18).

ITALIANO

- Leopardi afferma nel *Canto notturno di un pastore errante dell'Asia*:

Questo io conosco e sento,
che degli eterni giri,
che dell'esser mio frale,
qualche bene o contento
avrà fors'altri; a me la vita è male.
(vv. 100-104)

Si tratta di un'espressione netta del pessimismo cosmico che pervade l'opera leopardiana a partire dalla stesura delle *Operette morali*, secondo il quale il destino dell'uomo è maligno. Tutti gli uomini sono segnati dal dolore fin dalla nascita:

Nasce l'uomo a fatica
ed è rischio di morte il nascimento.
Prova pena e tormento
Per prima cosa;
(vv. 39-42)

- Manzoni parla di una "cert'uggia" nella famosa notte dell'Innominato (Cap. XXI de *I Promessi sposi*). Il male, quindi, è dentro l'uomo. La violenza è una caratteristica umana che domina sempre, fino a quando nell'uomo non prevale la volontà di bene.
- Nel *Preludio* Praga, autore della Scapigliatura, afferma: "Noi siamo i figli dei padri ammalati". Il male è una tematica dominante all'interno della Scapigliatura: si pensi alla *Fosca* di Tarchetti.
- Tutti gli uomini sono destinati al dolore, come dice Carducci nella poesia *Alla stazione in una mattina d'autunno*:

  Dove e a che move questa, che affrettasi
  a' carri foschi, ravvolta e tacita
  gente? a che ignoti dolori
  o tormenti di speme lontana?
  (vv. 9-12)

- Il cap. XV del romanzo *Il fu Mattia Pascal* di Luigi Pirandello è quello della caduta delle illusioni, quando Mattia Pascal scopre di non poter continuare a essere Adriano Meis e pertanto decide di tornare a essere Mattia Pascal, "suicidando" il suo alter-ego: "L'ombra di un morto: ecco la mia vita".

- Nel capitolo finale de *La coscienza di Zeno* di Italo Svevo si afferma che la malattia è una caratteristica costitutiva dell'uomo.
- *Spesso il male di vivere ho incontrato* di Eugenio Montale è la poesia che ha definito in modo intenso le contraddizioni dell'uomo contemporaneo. I correlativi oggettivi rendono in modo chiaro la tragicità della realtà, fatta di angoscia (il rivo strozzato), di aridità (la foglia riarsa) e di violenza (il cavallo stramazzato). Di fronte a questo l'unico scampo è l'indifferenza (divina) attraverso l'immobilità (la statua), il distacco (la nuvola) e la fuga (il falco).
- *Il mestiere di vivere* di Cesare Pavese è un altro testo in cui si esprime in maniera esplicita il male di vivere dell'uomo contemporaneo. Egli annota giorno per giorno le delusioni, i dolori, le incomprensioni, che lo porteranno fino al suicidio. Pavese scrive, fra l'altro: "Se è vero che ci si abitua al dolore, come mai con l'andar degli anni si soffre sempre di più?"

INGLESE

- Nella poesia *Gli uomini vuoti* (*The hollow men*), Eliot mostra la crisi di un'umanità smarrita, passiva e incapace di trovare un senso:

  We are the hollow men
  We are the stuffed men
  Leaning together
  Headpiece filled with straw. Alas!
  (vv. 1-4)

FRANCESE

- La più famosa delle poesie denominate *Spleen* scritte da Baudelaire descrive uno stato di profonda disperazione, un malessere esistenziale:

Quand le ciel bas et lourd pèse comme un couvercle
sur l'esprit gémissant en proie aux longs ennuis,
et que de l'horizon embrassant tout le cercle
il nous verse un jour noir plus triste que les nuits;
[...] l'Espoir,
vaincu, pleure, et l'Angoisse atroce, despotique,
sur mon crâne incliné plante son drapeau noir.
(LXXVIII vv.1-4 e vv.18-20)

TESINE CORRELATE – Angoscia, Crisi dell'io, Pessimismo, Solitudine

MARTE

Marte dio della guerra e pianeta simile alla terra
La vita su Marte: ipotesi assurda o plausibile?

Marte, da cui prende nome il mese di marzo, era identificato dai romani con il dio greco della guerra, Ares. Tra le principali divinità di Roma, era considerato anche il padre del popolo romano, in quanto padre di Romolo, il leggendario fondatore della città; il suo altare si trovava nel Campo Marzio. Marte è anche il nome del quarto pianeta del sistema solare, in ordine di distanza dal Sole. Presenta varie analogie con la Terra, ad esempio la durata del giorno e l'alternarsi di un ciclo di stagioni, e per questo motivo è stato oggetto di numerose missioni volte a rivelare la presenza di forme di vita sulla sua superficie.

GRECO

- Arato nell'opera *Phaenomena* è il primo scrittore antico a parlare in modo scientifico del pianeta Marte.

LATINO

- Cicerone e Germanico traducono in latino i *Phaenomena* di Arato, il primo in modo più pedissequo, mentre il secondo aveva concepito (tra il 14 e il 19 d.C.) gli *Aratea* in modo più indipendente e critico rispetto al modello greco.

ITALIANO

- Dante sale al cielo di Marte nel canto XIV del *Paradiso*, dove gli spiriti combattenti per la fede e martiri formano una croce luminosa nella quale si intravede Cristo. Da uno dei bracci della croce discende verso Dante lo spirito del trisavolo Cacciaguida che lo accoglie trionfalmente e lo incoraggia a descrivere il suo viaggio ultraterreno senza timori nel canto XV, descrive la nobiltà fiorentina del XII secolo nel canto XVI e predice l'esilio dantesco presso gli Scaligeri nel canto XVII.

GEOGRAFIA ASTRONOMICA

- Marte è noto come il pianeta rosso per la sua colorazione visibile anche a occhio nudo. Osservato al telescopio rivela due calotte polari bianche (contenenti acqua e ghiaccio secco), macchie di colore rosso cupo e una serie di sottili strutture scure, i canali, che per la loro disposizione regolare fecero pensare all'esistenza di civiltà extraterrestri. Marte compie una rotazione in poco più di un giorno e l'anno marziano dura 687 giorni. La morfologia presenta due emisferi nettamente differenziati. Nell'emisfero settentrionale predominano infatti regioni pianeggianti e desertiche, mentre in quello meridionale vi sono molti crateri e vulcani, tra i quali il Monte Olimpus, alto 24 Km!
- Marte ha due piccole lune, fortemente craterizzate, Phobos e Deimos, aventi diametro rispettivamente di 21 km e 12 km; si tratta forse di asteroidi catturati dal pianeta all'inizio della sua evoluzione. Le missioni del Voyager e di altre sonde spaziali non hanno ancora dato una risposta definitiva ad alcune domande. Su Marte c'era la vita? Su Marte c'era l'atmosfera?

TESINE CORRELATE – Guerra, Venere, Luna, Giove, Sole

MECCANICISMO

Meccanicismo e materialismo
Meccanicismo e teoria evoluzionistica
Crisi del meccanicismo

Il termine deriva dal greco *mechane* "macchina" e indica una dottrina filosofica che pretende di spiegare l'universo completamente in termini di processi meccanici. Il termine "meccanicismo" è spesso usato, tuttavia, come sinonimo di "naturalismo", dottrina secondo la quale i fenomeni naturali non vengono regolati da un intelletto divino o sovrannaturale, ma vengono adeguatamente spiegati dalle leggi meccaniche della chimica e della fisica. Pertanto il meccanicismo nacque nel periodo dell'Illuminismo e si sviluppò nel secolo successivo, in parallelo con il Positivismo e il materialismo.

ITALIANO

- Ugo Foscolo fu molto influenzato dalla filosofia meccanicista illuminista. Nei primi 22 versi del carme *Dei sepolcri* per esempio, la morte è presentata come dissoluzione della materia. Il riscatto dello spirito non avviene a livello filosofico, ma morale, politico o letterario.
- Meccanicismo e sensismo sono alla base anche della filosofia di Giacomo Leopardi. Oggi i suoi scritti filosofici sono analizzati come fra i più acuti e interessanti dell'intera filosofia italiana ottocentesca.

FILOSOFIA

- Secondo il "materialismo storico" propugnato nelle opere dei suoi esponenti, Karl Marx e Friedrich Engels, in ogni epoca storica il sistema economico prevalente, che produce i beni strettamente necessari per vivere, determina la forma di organizzazione sociale, la storia politica, religiosa, etica, intellettuale e artistica.

- In età moderna, specialmente nei paesi di cultura anglosassone, il materialismo filosofico è stato profondamente influenzato dalla dottrina dell'evoluzione, così da poterne essere assimilato alla più ampia teoria. I sostenitori dell'evoluzionismo superano il mero antiteismo, o ateismo del materialismo, e si propongono di dimostrare come le diversità e le differenze nella creazione siano l'effetto di processi naturali, non del sovrannaturale.

FISICA

- Con le scoperte di Galileo e Newton si creano i presupposti del meccanicismo.
- Con le scoperte della fine del XIX secolo si ebbe invece la crisi del meccanicismo. Era dal 1880 che la fisica poteva dirsi assestata: la maggior parte dei fenomeni trovava spiegazione nella meccanica newtoniana, nella teoria elettromagnetica di Maxwell, nella termodinamica o nella meccanica statistica di Boltzmann. Sembrava che pochi problemi, quali la determinazione delle proprietà dell'etere e la spiegazione degli spettri di radiazione emessi dai corpi solidi, rimanessero irrisolti. La comprensione di questi pochi fenomeni scatenò tuttavia la rivoluzione che investì la fisica. Al crollo della fisica classica contribuì anche una serie di importanti scoperte della fine del XIX secolo: l'effetto Oersted e l'esperienza di Rowland; i raggi X da parte di Wilhelm Conrad Röntgen, nel 1895; l'elettrone per merito di J. J. Thomson, nel 1895; la radioattività di Antoine-Henri Becquerel, nel 1896; l'effetto fotoelettrico, durante il periodo tra il 1887 e il 1899; la concezione discreta dell'energia di Planck. I risultati degli esperimenti condotti in quegli anni, tra cui la scoperta dei raggi catodici, prescindevano da ogni possibile spiegazione teorica entro il quadro della fisica classica.

SCIENZE

- Bohr applica la costante di Planck all'atomo di Rutherford. Secondo Bohr, infatti, gli elettroni percorrono orbite stazionarie intorno al nucleo, senza subire variazioni di energia. A ogni orbita corrisponde un determinato valore dell'energia degli elettroni (livello energetico) e l'emissione di radiazione avviene in seguito alle transizioni elettroniche tra orbite diverse. In particolare l'atomo emette radiazione elettromagnetica se un elettrone si sposta da un livello energetico superiore a uno inferiore, e assorbe radiazione nel caso contrario.

TESINE CORRELATE – **Positivismo, Relativismo e relatività**

MEMORIA

La funzione della memoria in letteratura e filosofia
Il piacere del ricordo e i meccanismi psichici di esso

La memoria ha a che fare con il tempo, è un modo per reimpossessarsi del nostro passato, riviverlo e trarre spunto per il presente.

ITALIANO

- Il passato per Leopardi è l'infanzia, tempo di illusioni e speranze, che poi l'età matura ha fatto crollare. Malgrado ciò risulta quasi gradito ricordare. L'aveva già detto, Leopardi, nei piccoli idilli (*Alla luna*) e tanto più lo sarà nei grandi idilli, quando il ritorno a Recanati gli permetterà di rivivere per qualche attimo i tempi della giovinezza, ricchi di speranza, simboleggiati da Silvia e Nerina (che forse sono la stessa persona). Fondamentale al proposito la lettura delle poesie *A Silvia* e *Le ricordanze.*

- Ne *I fiumi* Ungaretti addirittura si spinge oltre i limiti della propria memoria esistenziale, a rivangare i tempi delle generazioni precedenti (il Serchio).

- Fondamentale il "ricordo", pure se vago, tremante, anche per Montale. Leggi in particolare *Cigola la carrucola nel pozzo.*

- Silvestro, il protagonista con tratti autobiografici di *Conversazione in Sicilia* di Elio Vittorini, torna in Sicilia alla ricerca dei propri ricordi infantili seppelliti nella memoria.
- Leggi la memorialistica di guerra, in particolare *Se questo è un uomo* di Primo Levi.

INGLESE

- Importante la memoria soprattutto nelle prime opere di James Joyce. In *Gente di Dublino* (*Dubliners*, 1914), una raccolta di 15 racconti, Joyce ripercorse alcuni episodi cruciali della sua infanzia e adolescenza a Dublino, creando ritratti memorabili della vita privata e pubblica nella sua città natale. *Dedalus. Ritratto dell'artista da giovane* (*A portrait of the artist as a young man*, 1916, tradotto in italiano da Cesare Pavese nel 1933), ripropone attraverso gli occhi di Stephen Dedalus la giovinezza e la vita familiare dell'autore. Già in questo romanzo, Joyce fece ampio uso della tecnica dello *stream of consciousness*, una soluzione espressiva in grado di rendere con accurato realismo psicologico tutti i pensieri, i sentimenti e le sensazioni del personaggio.

FRANCESE

- Marcel Proust distingue fra memoria volontaria, frutto di uno sforzo della ragione e spesso parziale, e memoria involontaria. Importante al proposito è l'episodio della "maddalenina", all'interno del romanzo *La strada di Swann* (*Du côté de chez Swann*), il primo della *Ricerca del tempo perduto* (*A la recherche du temps perdu*).

STORIA

- Molti fatti storici possono essere conosciuti solo grazie alla memoria. Ad esempio gli orrori nei campi di concentramento nazisti sono stati rivelati grazie al ricordo di coloro che li hanno vissuti in prima persona: memoria dell'olocausto.

- Di altri fatti storici si fa memoria attraverso una festività particolare: 2 giugno: referendum monarchia-repubblica; 4 novembre: fine della prima guerra mondiale; 25 aprile: fine della seconda guerra mondiale; 1 maggio: prima manifestazione sindacale, ecc.

FILOSOFIA

- Freud: la pratica della psicanalisi si fonda sulla memoria. Il paziente è invitato a "ricordare" il suo passato (in particolar modo la sua infanzia) per scoprire l'origine dei traumi psichici.
- Bergson: importanza della memoria (il tempo passato rivive e diventa tutt'uno con il presente).

TESINE CORRELATE – **Tempo, Psicanalisi**

METAMORFOSI

La metamorfosi da Ovidio a Kafka

La metamorfosi simboleggia il cambiamento, generalmente in peggio, che ha spesso una motivazione morale: l'uomo pretende di varcare i propri limiti e per questo viene punito, con un abbassamento a livello animale.

GRECO

- In lingua greca nasce questo termine, che vuol dire "cambiamento della forma", e vengono elaborate le storie di trasformazioni, che saranno poi riprese da Ovidio, o storie eziologiche, riprese in ambito umanistico.

LATINO

- Ovidio scrive quindi un libro di *Metamorfosi* in cui le trasformazioni obbediscono o a un criterio di punizione o a una semplice magia divina (leggi alcune metamorfosi, come quella di Apollo e Dafne, di Pan e Siringa, di Eco, di Narciso, di Niobe, di Filomela, di Pigmalione).

- La metamorfosi è iniziazione a una nuova vita per il protagonista dei *Metamorfoseon libri* (detto anche *Asino d'oro*) di Apuleio. Egli, trasformato in asino, potrà ritornare uomo solo alla fine di un lungo percorso.

ITALIANO

- Tutta la *Divina commedia* di Dante (si pensi alle pene dei dannati suicidi), e in particolare il *Paradiso* è un percorso di trasformazione dell'uomo. Dante, nel primo canto, parla della sua esperienza come quella di una "trasumanazione", e per questo utilizza a piene mani il massimo repertorio metamorfico che aveva a disposizione: le *Metamorfosi* di Ovidio (Marsia, Glauco, ecc.).
- Ne *La pioggia nel pineto* di Gabriele D'Annunzio il poeta ed Ermione si immedesimano a tal punto nella natura da trasformarsi in essa (ma tutto l'*Alcyone* è la storia di una trasformazione dell'uomo nella natura e della natura nell'uomo: panismo dannunziano).
- Leggi di Italo Calvino *Fiabe italiane* "L'amore delle tre melarance". Anche i protagonisti de *Il visconte dimezzato* (in seguito a una palla di cannone) e de *Il cavaliere inesistente* (che perde consistenza) subiscono una metamorfosi.

INGLESE

- Ne *Lo strano caso del Dr. Jekyll e di Mr. Hyde* (*The strange case of Dr. Jekyll and Mr. Hyde*) il protagonista, dottor Jekill, subisce una trasformazione ogni volta che beve una pozione, e si trasforma in un essere malvagio, crudele e animalesco, Mister Hyde, che conduce una vita criminale, fino a quando decide di suicidarsi per sottrarsi all'arresto.

FRANCESE

- La metamorfosi di Boeuf in *Rinoceronte* (*Le rhinocéros*) non viene descritta da Ionesco nella commedia omonima. Il rinoceronte compare sin dal primo atto e solo nel secondo veniamo a sapere che quel rinoceronte è in realtà Boeuf, che cerca inutilmente di salire le scale del suo ufficio, e viene amorevolmente trattenuto dalla moglie, novella amazzone.

TEDESCO

- Ne *La metamorfosi* (*Die Verwandlung*) di Franz Kafka la trasformazione avviene da uomo a insetto. Gregor Samsa (nota l'assonanza con Kafka) scopre di essere ritenuto inutile dai suoi colleghi di ufficio, dannoso dal padre e, alla fine, perfino dalla sorella e muore di dolore per questo. Questa metamorfosi è simbolo della perdita di umanità dell'uomo moderno.

SCIENZE

- La metamorfosi in zoologia è la trasformazione di un animale dallo stadio giovanile a quello adulto. La metamorfosi può avvenire in modo graduale o brusco ed essere completa o parziale. Nella prima, i vari stadi dello sviluppo animale sono nettamente distinti e non si assomigliano. La fase iniziale corrisponde alla formazione di un embrione all'interno di un uovo. Quando l'uovo si schiude, nasce una larva. Al termine dello stadio larvale, la larva si trasforma in pupa e quindi in adulto. In questo modo si sviluppano molte specie di pesci, molluschi e insetti. Nella metamorfosi parziale, invece, il giovane animale assomiglia all'adulto e la sua forma cambia gradualmente attraverso una serie di mute. Ne è un esempio la cavalletta, che passa attraverso tre stadi, in cui non è compreso un periodo pupale.
- Nelle rane si osserva un diverso tipo di metamorfosi: dall'uovo nasce un girino a vita acquatica, che respira per mezzo di branchie ed è munito di coda. Durante la crescita si formano pol-

moni e zampe, mentre branchie e coda vengono riassorbite. Raggiunto lo stadio adulto, l'animale esce dall'acqua e per il resto della sua esistenza vive prevalentemente sulla terraferma.

ARTE

- Molti artisti si sono confrontati con il tema affascinante della metamorfosi, ben prima che le nuove tecnologie permettessero di rendere visibile il passaggio da una forma a un'altra (morphing): Gian Lorenzo Bernini: *Apollo e Dafne*; Antonio Canova: *Dedalo e Icaro*; William Blake: *La bestia della rivelazione*; Pablo Picasso: *Metamorfosi.*

BIBLIOGRAFIA

Elisabetta Frola, *La metamorfosi tra armonia e trasgressione*, ediz. Il capitello

TESINE CORRELATE – Bestie, Conversioni

METATEATRO

Il metateatro nel Novecento
Metateatro e metacinema

Il metateatro si attua in uno spettacolo teatrale che riflette su se stesso, che abbatte la quarta parete, cioè la barriera che separa la scena dalla platea, che invita lo spettatore a mettersi in discussione in modo disincantato, che rompe le facili certezze dello spettatore borghese, che presenta il teatro non come evasione, ma come straniamento e disincanto.

ITALIANO

- Con il metateatro Pirandello svela allo spettatore la finzione che viene costruita sotto i suoi occhi, anziché cercare di fare credere vero quello che non lo è. Per esempio in *Sei personaggi in cerca di autore* egli mette in scena attori che mettono in scena un altro testo di Pirandello, mostrando le difficoltà dell'attore nell'identificarsi nel personaggio e quelle del regista nell'interpretare le intenzioni dell'autore. In *Questa sera si recita a soggetto* gli attori recitano anche nell'intervallo, nel ridotto e nel foyer, ma soprattutto lo spettatore si alza e si fa attore, l'attore dialoga con lo spettatore.

- Diego Fabbri ha utilizzato questa tecnica in *Processo a Gesù* al Festival dei Due Mondi, dove addirittura i veri spettatori, credendo che gli attori-spettatori fossero davvero tali, salirono sul palco e dissero la loro.
- Il teatro d'avanguardia degli anni '60 (per non parlare del teatro di strada) ha proseguito lungo questa linea, con esiti artistici solo raramente rilevanti e incidenti nel tempo (Eugenio Barba – Grotowsky, ecc.).

INGLESE

- Wilder in *Piccola città* (*Our town*) invita, tramite il regista, gli spettatori a immaginare scenografie inesistenti, oggetti che non esistono sul palco, gesti che vengono solo mimati dagli attori.

FRANCESE

- Nell'*Antigone* di Anouilh il personaggio-coro, dialogando con lo spettatore, gli anticipa ciò che inevitabilmente accadrà, perché così vogliono le antiche regole tragiche, mentre ne *L'allodа* (*L'alouette*) Anouilh invita lo spettatore a immaginare ciò che non esiste.

TEDESCO

- Bertolt Brecht teorizzò una tecnica drammatica, mutuata in parte dal teatro di Erwin Piscator, conosciuta come teatro epico. Ai metodi del dramma realistico e al vincolo delle unità di tempo, luogo e azione di derivazione aristotelica, Brecht oppose una forma narrativa libera da regole, volta a produrre nello spettatore una reazione definita "effetto di straniamento" (*Verfremdungseffekt*). Grazie allo straniamento, ottenuto attraverso il dilatarsi dei tempi scenici, il contemporaneo snodarsi di situazioni differenti che cambiano di continuo, l'uso di "a solo" e maschere, Brecht si propose di impedire allo spettatore l'identificazione con i personaggi sulla scena, o l'attesa per la soluzione dell'intreccio. Ne deriva un allentamento del coinvolgimento emotivo e una maggiore e più distaccata attenzione al momento nel quale una specifica realtà viene descrittta sulla scena: tutti elementi che inducono a una oggettiva riflessione sulle diseguaglianze sociali e alla consapevolezza della necessità del cambiamento.

CINEMA

- Ne *La donna del tenente francese* e in *Effetto notte* Francois Truffaut mette in scena una troupe cinematografica che gira un film, svelandone non solo tutte le finzioni tecniche, comprese le sequenze girate dagli stuntmen, ma svolgendo il doppio binario degli eventi reali della vita degli attori in parallelo con le parti da loro recitate nel film. Si può quindi parlare per queste opere di "metacinema".

TESINE CORRELATE – Romanzo

MILANO

Milano città industriale
Milano nella letteratura e nella storia

Milano fu centro degli intellettuali risorgimentali e romantici nella prima metà dell'Ottocento e insorse nel 1848 con le Cinque giornate contro il governo asburgico. Dal 1861 si affermò nel nuovo Regno d'Italia come la città economicamente più importante, ma non senza acuti contrasti sociali e politici. Centro di coordinamento della Resistenza nel Nord Italia fra il 1943 e il 1945, Milano subì il 12 dicembre 1969 il primo attentato (strage di piazza Fontana) della cosiddetta "strategia della tensione".

ITALIANO

- Ugo Foscolo: l'incontro tra Ortis e Parini nel Parco dei tigli in *Le ultime lettere di Jacopo Ortis*. Vergognosa è invece la sepoltura in una fossa comune di Giuseppe Parini (nel carme *Dei sepolcri*) e per questo il poeta si lancia in un'invettiva contro Milano.
- Manzoni fu intellettuale milanese, profondamente legato alla sua città, per la quale sognava un futuro di indipendenza dall'oppressore straniero, realizzatasi con la costituzione del Regno d'Italia, di cui fu uno dei primi senatori.
- Carlo Porta scrisse le sue *Poesie* in dialetto milanese, denunciando l'ipocrisia dei dominatori francesi non meno di quelli austriaci, il disfacimento della nobiltà in poesie come *Desgrazzi de Giovannin Bongee* come aveva già fatto Parini, e l'arrivismo clericale in poesie come *La nomina del cappellan*.
- Importante fu Milano anche nel periodo della Scapigliatura, detta appunto milanese perché gli intellettuali più innovativi e irriverenti avevano nella città lombarda il loro luogo di ritrovo. Si legga, per esempio, *Zappe, scuri, scarpelli* da "Il libro dei versi" di Arrigo Boito.
- F. T. Marinetti esaltava Milano per la sua modernità e la dinamicità delle sue attività e dei suoi cittadini (leggi ad esempio *La grande Milano tradizionale futurista* e *All'automobile da corsa* da "La villa Charnelle")
- Clemente Rebora fu un altro importante poeta legato a Milano, come testimoniato nella poesia *Ma ora l'ammonitrice* (da "Frammenti lirici").
- Vittorio Sereni, nato a Luino in provincia di Varese, ebbe Milano come terra d'elezione, e la cantò nei suoi versi di *Nebbia*, *Gli immediati dintorni* e *Via Scarlatti*.

- Umberto Saba, poeta triestino, fu colpito dalla Piazza del Duomo, come dice nella poesia *Milano.*
- Luciano Erba, professore di Lingua e letteratura francese, considera, come tutti gli autori della linea lombarda, la poesia un passatempo e non un mestiere. Molte le poesie sulla sua città natale: *Milano*, *Autunno a Milano* e *Qualcosa* da "Il male minore".

STORIA

- Durante la seconda rivoluzione industriale Milano, divenuta capitale economica, visto che non poté arrivare a essere, come qualcuno auspicava, capitale politica, trascinò l'Italia a una improvvisa e notevole industrializzazione, a cavallo tra Ottocento e Novecento.
- Ancora più esplosivo, tanto che fu coniato il termine di "boom economico" o "miracolo economico", l'apporto di Milano all'industrializzazione nel secondo dopoguerra, segnato anche dal fenomeno massiccio dell'emigrazione dal sud al nord del paese.

MUSICA

- Alcuni cantautori sono sempre stati particolarmente legati a Milano e l'hanno descritta nelle loro canzoni: *Luci a San Siro* di Roberto Vecchioni; *Milano e Vincenzo* di Alberto Fortis; *Porta Romana* di Giorgio Gaber; *La forza dell'amore* di Enzo Jannacci.

TESINE CORRELATE – Città

MINIERE

Miniere e minatori nel periodo della rivoluzione industriale

La miniera è un luogo fortemente simbolico, perché è chiusa, interrata, risveglia l'ansia claustrofobica e la paura del buio. A queste tematiche psicologiche si aggiunge il tema socio-politico dello sfruttamento dei lavoratori nel corso della prima e della seconda fase della rivoluzione industriale, di cui i minatori diventano un esempio emblematico, anche se non operano nel settore secondario-industriale propriamente detto.

ITALIANO

- Il protagonista del romanzo *Dal tuo al mio* di Giovanni Verga, prima, da operaio, si fa portavoce delle rivendicazioni sociali, contro lo sfruttamento degli uomini in miniera, poi, diventato padrone, spara sui suoi ex-compagni di lavoro e di lotta, ennesima amara fotografia verghiana pervasa di fatalismo e impossibilità di miglioramento e mutamento sociale.
- La novella *Rosso Malpelo*, anch'essa di Verga, è tutta giocata sul motto *homo homini lupus*. La morte dell'asino, di Ranocchio e del protagonista si chiudono su questo orizzonte soffocante.
- *Ciàula scopre la luna*: più aperto all'imprevisto Pirandello, per il quale Ciàula, il giovane ragazzino costretto a un lavoro disumano e aberrante in fondo a una miniera, mandato all'aperto nella notte scopre qualcosa che non aveva mai visto, e che sembra rivelargli tutto un mondo più grande di quello angusto in cui è sempre stato costretto a vivere (come il fischio del treno per Belluca nella novella *Il treno ha fischiato*).

FRANCESE

- Più ottimista riguardo agli esiti della lotta sociale è Zola, che in *Germinale* (*Germinal*) applica ai diseredati che vivono in miniera lo stesso metodo di analisi scientifica con cui Comte esaminava la fisiologia della società.

INGLESE

- Nel 1913 D. H. Lawrence in *Figli e amanti* (*Sons and lovers*), romanzo psicoanalitico e autobiografico, descrive una situazione in miniera che non è molto mutata rispetto al secolo precedente.

STORIA

- Crebbe lo sfruttamento delle miniere di carbone in conseguenza della rivoluzione industriale, poiché le macchine industriali, i treni, i riscaldamenti, le navi, ecc. utilizzavano questo tipo di combustibile.

SCIENZE

- Il carbone è un combustibile solido, dato dalla carbonizzazione di vegetali. La carbonizzazione è una particolare forma di fossilizzazione consistente nella perdita graduale e continua di atomi di idrogeno e di ossigeno, con il conseguente accumulo di un'alta percentuale di carbonio.
- Lo zolfo, invece, è un elemento non metallico, di colore giallo, insapore e inodore, di simbolo S e numero atomico 16. Appartiene al gruppo VIB o 16 della tavola periodica e ha peso atomico 32,064. Conosciuto fin dalla preistoria, lo zolfo fu individuato come elemento dal chimico francese Antoine-Laurent Lavoisier durante le sue ricerche sui processi di combustione.

ARTE

- Vela e Butti, scultori realisti del secondo Ottocento, descrivono in alcune opere (es. *Le vittime del lavoro*) le drammatiche condizioni di lavoro in miniera, senza retorica e senza idealismi.

TESINE CORRELATE – Rivolte, Folla

MORTE

La paura della morte e il suo superamento alla base della cultura e della religione

L'idea di ciò che costituisce la morte varia a seconda delle diverse epoche e civiltà. Nelle società occidentali la morte è stata considerata tradizionalmente come l'abbandono del corpo da parte dell'anima, fino a che non è riapparsa, a partire dal Settecento in poi, una visione materialistica della morte affine a quella epicurea secondo la quale l'anima era un aggregato di atomi destinata a perire con il corpo.

GRECO

- La morte per i greci è un tuffo in un abisso di tenebre, cui è preferibile la vita dell'ultimo dei servi, dice Achille a Ulisse che lo incontra nell'Ade, nel corso dell'*Odissea* di Omero.
- Saffo nota amaramente: "Morire è certo un male, perché se non fosse un male, anche gli dei vorrebbero morire".
- Sofocle, con ancora maggiore pessimismo: "Nulla di grande viene donato all'uomo che non sia accompagnato da una maledizione".

LATINO

- Lucrezio, sulla scorta di Epicuro, nel *De rerum natura* afferma che la morte non è nulla per noi. Infatti, "quando noi siamo, la morte non c'è, e quando è venuta, noi non siamo più".
- Seneca nel *De brevitate vitae* afferma che è inutile aver paura della morte perché ogni momento è la morte di quello precedente. "Tutta la vita umana non è che un viaggio verso la morte". "Non riceviamo una vita breve, ma tale la rendiamo e non siamo poveri quanto alla vita, ma la sprechiamo con prodigalità. Egli scrive anche che il prepararsi alla morte non implica la rinuncia al vivere e che è da stolti temere la morte, poiché è la fine di ogni sofferenza per l'uomo. Anzi, dice, quando il saggio non potrà più per l'ostilità dei tempi praticare la virtù, egli deve capire che è venuto il momento di riacquistare la sua libertà con l'estremo atto del suicidio, che è pienamente in suo potere. Seneca scrive anche due *consolationes* (*Consolatio ad Helviam Matrem* e *Consolatio ad Marciam*) in cui riflette sul tema del-

la morte. Seneca elogia la morte ritenendo che sia l'unica forma di liberazione terrena, una liberazione da tutte le sofferenze, il limite oltre il quale i nostri mali non possono andare. Essa ci restituisce a quella pace in cui ci troviamo prima di nascere. La morte però non rappresenta solo il *limes*, diventa anche giustizia, che al momento estremo, secondo la dottrina stoica, riporta tutti gli uomini al loro stato naturale senza discriminazioni sociali. In proposito afferma: "Essa, quando la sorte ha distribuito male i beni comuni e ha dato l'uno in potere dell'altro, rende tutti uguali gli uomini nati con gli stessi diritti. Dopo di essa nessuno agisce più secondo l'arbitrio di un altro. In essa nessuno avverte più la propria inferiorità".

- Dagli *Atti dei martiri* veniamo a sapere che i cristiani non cercano la morte deliberatamente ma, se costretti a essa, testimoniano la loro fede fino al martirio, tranne i *lapsi*, che, per paura della morte, abiurano. Verranno riaccolti nella chiesa, come dice Cipriano, solo dopo un periodo di penitenza.

ITALIANO

- Per Dante la morte è un passaggio, un *transitus*. La vera vita non è prima, ma dopo la morte, nell'aldilà.
- In un certo senso tutta l'opera di Ugo Foscolo, dall'*Ortis*, ai sonetti *In morte del fratello Giovanni* e *Alla sera* (morte "fatal quiete"), fino a *Dei sepolcri*, non è altro, se non un tentativo di rendere meno assurda, più eroica o più "serena" la morte, per un intellettuale che non può accettare una teoria di carattere religioso, ma non è neanche disposto a rinunciare alla possibilità di una sopravvivenza, quanto meno nel ricordo dei posteri.
- Giacomo Leopardi scrive nel *Dialogo di Federico Ruysch e delle sue mummie* (*Operette morali*) che l'uomo semplicemente deve accettare con tranquillità la morte, come momento ultimo e fondamentale della propria esistenza. La morte non va temuta! Dopotutto si tratta di una sorta di sonno, dal quale, sì, non ci si può svegliare, ma che di certo non reca dolore.

Con la "fredda morte" e la "tomba ignuda termina la poesia *A Silvia*, così come termina la vita di tutti gli uomini, ma questo deve essere accettato virilmente, senza il ricorso neppure a illusioni di tipo "foscoliano".

- Bellissima e commovente la scena con la quale Cecilia, una bambina morta di peste, viene adagiata con dignità e affetto da sua madre su un carro di monatti (cap. XXXIV de *I promessi sposi*) a testimonianza dell'estrema serietà con cui Manzoni si accosta a questo tema. Tante furono le morti di familiari che dovette subire nel corso della sua vita, morti che mettevano a dura prova, ma alla fine rendevano ancora più solida, la sua fede, come testimoniato ne *Il Natale del 1833*, inno sacro scritto in ricordo di Enrichetta Blondel, morta proprio nel giorno della nascita di Gesù.
- *La mia sera* di Giovanni Pascoli termina con il suono delle campane che simboleggia la morte. E così l'ultimo respiro fa ritornare l'uomo al nulla dell'inizio della vita.
- La morte per Mazzarò (*La roba*) e per *Mastro Don Gesualdo* di Giovanni Verga è una maledizione, perché i protagonisti non possono portare con sé la roba, per accumulare la quale hanno sacrificato la loro vita e gli affetti delle poche persone che hanno voluto loro bene, come Diodata.
- Nella bellissima poesia di Antonio de Curtis (Totò) *'A livella* viene adottata la saggezza popolare, che nota che la morte è uguale per tutti.

FILOSOFIA

- Platone dice nel *Fedone* "Fare filosofia è un esercitarsi al morire e all'essere morti" e questa sarà una delle poche idee platoniche condivise dagli stoici.
- Pascal scrive nei suoi pensieri: "Fa che la morte mi sorprenda ancora vivo" e "Solo chi ha una ragione per vivere ha una ragione per morire".

- Schopenhauer: la morte è un destino, oltre il quale la vita non ha senso.
- Victor Frankl inserisce la morte nella triade tragica dell'esistenza umana: dolore, morte, colpa.
- Marx tende invece, sulla scorta di quanto detto già da Epicuro, a negare la morte, da un punto di vista filosofico, e afferma: "La morte ha una realtà immaginaria e non sorge che dalle nostre idee".
- Per Nietzsche non esiste la vita oltre la morte, pertanto il superuomo sa affrontarla con coraggio, pur senza cercarla con il suicidio: "Muori al momento giusto. Io vi mostro la morte che compie, che diventa per i vivi uno sprone e una promessa. E chiunque voglia aver fama, deve accomiatarsi per tempo dagli onori, ed esercitare la difficile arte di andarsene al momento giusto. Lodo a voi la mia morte, la libera morte, che viene a me perché io voglio" (da *Così parlò Zarathustra*).
- Nell'opera *Considerazioni sulla guerra e sulla morte* Freud ripercorre la storia dei rituali connessi con la morte, affermando che essi servivano anche per rimuovere il senso di colpa dell'uomo che, inconsciamente, rifiuta di immaginare se stesso al posto del morto. Da qui la creazione degli spiriti, la scomposizione dell'uomo in corpo corruttibile, e anima immortale, e infine le religioni che hanno affermato che la morte metteva fine solo alla preparazione a un'esistenza migliore. Rimane comunque, anche nell'uomo moderno, un'ambivalenza fra l'accettazione della morte e la sua negazione. Anche nel nostro inconscio l'ambivalenza nei confronti della morte emerge: da un lato la morte delle persone care affligge, dall'altro accade il contrario. Ad eccezione di poche situazioni, i nostri sentimenti più teneri e intimi recano in sé una sfumatura di ostilità che può comportare un inconscio augurio di morte. Riassumendo, è paradossale come in una civiltà emancipata e sviluppata sotto tutti i punti di vista, l'uomo sia ancora alla stato primitivo nei confronti della morte e che faccia riti propiziatori e ingannatori per allontanarla dalla propria esistenza.

- Jung adotta anche su questo aspetto una prospettiva diversa, rispetto a quella di Freud, e afferma: "Un uomo che non si ponga il problema della morte e non ne avverta il dramma, ha urgente bisogno di essere curato".

GEOGRAFIA ASTRONOMICA

- Morte delle stelle. Al termine dell'evoluzione di una stella, quando tutte le possibili fonti di energia nucleare sono esaurite, la stella si contrae e diventa una nana bianca. Questo stadio finale può essere caratterizzato dall'esplosione come nova, accompagnata dall'emissione nel mezzo interstellare di elementi più pesanti dell'idrogeno. Da questo materiale si formeranno le successive generazioni di stelle. Quando la fase finale dell'evoluzione di una stella non è esplosiva, si formano nebulose planetarie, cioè nubi sferiche di gas che emettono radiazione elettromagnetica.
- Morte dell'universo: anche l'universo avrà un termine? L'espansione dell'universo sarà continua o avrà una fine? Questi sono interrogativi cui gli studiosi, per il momento, non sanno dare una risposta certa.

BIOLOGIA

- La morte somatica è indicata dalla cessazione del battito cardiaco, della respirazione, dei movimenti, dei riflessi e dell'attività cerebrale. A volte è difficile determinare il momento preciso della morte somatica, poiché i segni degli stati transitori, quali coma, svenimento e trance, sono molto simili ai segni della morte.
- Gli organi del corpo non muoiono tutti contemporaneamente. Le cellule cerebrali non riescono a sopravvivere per più di 5 minuti dopo la morte somatica, mentre quelle del cuore possono sopravvivere per circa 15 minuti e quelle dei reni per 30 minuti circa. Per questo motivo è possibile asportare gli organi da un corpo morto da poco e trapiantarli in una persona viva. Recentemente è stato introdotto il concetto di morte cerebrale, in ba-

se al quale a indicare la morte avvenuta è la perdita irreversibile dell'attività cerebrale. Negli ultimi anni anche il concetto di morte cerebrale è stato messo in discussione, poiché una persona può perdere tutte le funzioni mentali superiori, mentre continuano le funzioni cerebrali inferiori, come la respirazione spontanea. Per questo motivo, secondo alcuni studiosi la morte dovrebbe essere considerata come la perdita dell'attività integrata fra le varie componenti strutturali del cervello. Secondo questo criterio, l'indicazione di morte avvenuta è data dall'assenza di attività dei centri superiori del cervello, principalmente la corteccia.

- La rapida evoluzione della tecnologia medica ha sollevato questioni etiche e problemi che complicano la definizione legale di morte. Alcuni dei temi in discussione implicano le seguenti domande: chi può decidere i criteri da utilizzare per stabilire la morte: il medico, il legislatore o l'individuo? È lecita, eticamente e legalmente, l'anticipazione della morte mediante l'eliminazione del sostegno artificiale? Le persone hanno il diritto di richiedere la sospensione delle misure straordinarie per poter morire in pace? Il parente più prossimo o il tutore legale può agire in nome della persona in stato di coma? Queste domande si sono fatte ancora più pressanti con l'avvento dei trapianti di organi e tessuti umani, in quanto i diritti dei pazienti in attesa di trapianto rischiano di confliggere con quelli dei donatori morenti.

ARTE

- Jacques-Louis David: *La morte di Marat.* Non è la morte di un uomo comune. David costruisce l'immagine del defunto come se si trattasse di una deposizione di Cristo (Caravaggio) o di una pietà (Michelangelo): la ferita aperta sul costato gronda ancora sangue, la testa è riversa, il lenzuolo macchiato di rosso sembra quasi un sudario.
- Jean-Louis-Théodore Géricault ne *La zattera della medusa* raffigura la morte invece in modo tradizionale, con l'amarezza nei confronti della vita e lo sconforto per il dolore che causa. La

possibilità di salvezza è misera e lontana (la nave che salverà pochi dei naufraghi, e che è quasi invisibile all'occhio umano). La morte viene accomunata a un cerimoniale ricco di commozione, ma anche di stoica liberazione dalle sofferenze, come fa intuire il nobile volto pensoso del vecchio che sorregge un giovane morto sul lato sinistro del dipinto.

- Francisco Goya: *Le fucilazioni del 3 maggio*. L'attenzione è concentrata sull'uomo (rivoltoso spagnolo del 1808) posizionato con le braccia innalzate verso l'alto come se fosse crocifisso, che guarda terrorizzato i suoi aguzzini (francesi) che non mostrano neanche il volto (sono nel buio).
- Pablo Picasso: *Guernica*, sul bombardamento della città nel corso della guerra civile spagnola (1937). Ci sono visi allucinati, occhi rivolti verso il cielo, mani aperte verso l'esterno (strage di innocenti), simboli come il toro (crudeltà), il cavallo (popolo spagnolo ferito) e il fiore (che significa la vita).

MUSICA

- Francesco Guccini canta nella *Canzone per un'amica* (*In morte di S. F.*) l'assurdità di una vita giovane spezzata da un incidente automobilistico.
- Renato Zero ne *Il carrozzone* ripropone la tematica della morte come termine ineluttabile, che costringe comunque l'uomo a godere della bellezza della vita, fin tanto che è vivo.

CINEMA

- Luchino Visconti trasforma *Morte a Venezia* di Thomas Mann in un trionfo della morte (il colera che avanza, Venezia che muore).
- *La stanza del figlio* di Nanni Moretti: la morte appare come un evento del tutto inatteso e inspiegabile. Una famiglia intera è cambiata, in negativo, dopo la morte improvvisa di uno dei figli.

TESINE CORRELATE – Suicidio, Guerra

MUSICA

Musica e letteratura
Musica nell'Ottocento e nel Novecento

La musica nell'Ottocento fu complementare alla letteratura, nell'esprimere i temi del Romanticismo e del Risorgimento. Fu invece ritenuta troppo soggettiva e irrazionale nel periodo del Positivismo, Verismo e Naturalismo. Riprese tutta la sua dignità e autonomia nel Novecento, diventando sempre più commerciale e sempre meno chiaramente distinta in classica e popolare. La complessità del fenomeno musicale è tale che in questa tesina si vogliono solo suggerire alcuni spunti interdisciplinari, cioè alcuni agganci fra la musica e le altre discipline, dal momento che si vorrebbe che essa, accanto al cinema, assumesse una dignità didattica maggiore nella scuola del futuro.

ITALIANO

- Gabriele D'Annunzio scrisse in francese *Le martyre de Saint Sébastien*. L'opera di D'Annunzio, musicata da Claude Debussy, diventa l'espressione di una nuova opera d'arte, in cui la musica assume il ruolo di dispensatrice di mistero. La musica cioè entra a far parte dell'opera, solo come elemento di sfondo, esprimendo con la melodia la stessa idea di fondo che è alla base del testo. D'Annunzio trovò nel *Magister Claudius* un collaboratore ideale. Questo connubio artistico produsse una unione tra piano testuale e musicale, ma questa proclamata convergenza d'intenti non significa la ricerca di una fusione tra testo e musica. D'altra parte anche lo stesso D'Annunzio sembra distinguere nettamente tra il testo letterario e quello scenico-musicale. Questo principio di non fusione tra parola e musica emerge chiaramente nei brani che prevedono la sovrapposizione di recitazione e parte strumentale. La musica non si interessa più né della messa in scena né del testo verbale. Quello che conta è esprimere attraverso l'orchestra il contenuto simbolico o l'argomento essenziale. Vediamo l'estetismo di D'Annunzio nella seconda parte dell'opera in cui Sebastiano dinanzi all'imperatore Diocleziano si rifiuta di immolare a uno dei suoi dei, anche di fronte all'offerta di gloria e ricchezze da parte dell'imperatore innamorato di lui per la sua grande bellezza. Claude Debussy affermò di aver scritto in due mesi uno spartito per il quale gli sarebbe stato necessario un anno di lavoro grazie all'ottima ispirazione datagli dall'opera di D'Annunzio. Nel *Martyre* egli mise a esecuzione le sue teorie sulla musica di scena, che non deve essere soltanto un vago accompagnamento, ma deve unirsi strettamente corpo e anima con il testo. Per lui la musica comincia proprio là, dove la parola è impotente a esprimere. Proprio per questa caratteristica della sua musica in cui la parola, il colore, il suono e la forma, più che a riprodurre l'oggetto, dovevano servire a indicare l'impressione da esso suscitata, Debussy si può considerare il fondatore dell'impressionismo musicale.

FILOSOFIA

- Nella filosofia di Arthur Schopenhauer (1788-1860) la musica è l'arte per eccellenza, la prima via della liberazione del dolore. L'effetto della musica sull'uomo è più insinuante di quello delle arti mimetiche, proprio perché non esprime solo l'immagine delle idee, ma l'essenza. La musica non copia alcuna idea o immagine legata al mondo, ma ne resta del tutto indipendente. La vera sostanza della musica è racchiusa nel suo esistere per i sensi e nell'essere una creazione autonoma, che ha in se stessa il suo fondamento. Essa esprime i desideri, le paure e le sensazioni più nascoste nell'animo dell'artista e il mezzo per risvegliare l'ascoltatore alla stessa vita che sta vivendo. Il grande filosofo sovverte la tradizione secolare che aveva sostenuto la supremazia della parola sulla musica: saranno invece le parole a dover seguire ed esplicitare il significato della musica.
- L'opera di Wagner fu inizialmente ispirata da Schopehnauer, ma in seguito i loro rapporti personali si deteriorarono. Per Wagner

il dramma non è uno dei tanti generi musicali, ma l'unico mezzo capace di dare all'espressione artistica unità organica e piena comunicabilità. In *Oper und Drama* egli individua i limiti della musica strumentale nell'incapacità di essere afferrata da ogni ascoltatore, affermando che finché il compositore non sarà anche poeta non si potrà superare l'incomunicabilità della musica pura. La meta ultima della poesia drammatica è il mito riconosciuto come momento universale dell'uomo: all'orchestra è assegnato il compito di di esprimere ciò che è inesprimibile a parole.

SCIENZE

- Dal punto di vista scientifico, potremmo definire la musica come insieme di suoni prodotti volontariamente dall'uomo. Questi suoni non sono altro che onde elastiche aventi una frequenza compresa tra i 20 e i 20.000 Hz, di cui l'orecchio è un rivelatore specializzato. Generalmente il mezzo di propagazione è l'aria, ma può anche essere un solido o un liquido. Il suono si propaga nell'aria attraverso superfici sferiche. La sua velocità nell'aria a 0°C è di circa 331 m/s. Ciò che si propaga è il moto vibratorio e non la materia.

  Le caratteristiche che permettono di distinguere i suoni sono:

  1) Altezza, che è data dalla frequenza dell'onda: più la frequenza aumenta più il suono sarà acuto;

  2) Intensità, che è la proprietà che permette di differenziare un suono forte da un suono debole;

  3) Timbro, che è la proprietà che distingue i suoni emessi da sorgenti diverse, anche se essi hanno la stessa intensità e la stessa frequenza.

  Infine, volevo far presente che, nella mia pratica didattica, ho introdotto l'analisi dei testi musicali. A questo scopo ho preparato una serie di canovacci sulla musica popolare contemporanea, che sarebbe troppo lungo riportare qui, ma che si trovano in internet, al sito ***http://luigigaudio.monrif.net/recitals.htm.***

TESINE CORRELATE – Visioni

NATURA

La natura e i suoi molteplici aspetti
Natura vicina o natura ostile all'uomo?
Natura benigna e natura matrigna
L'uomo deve tornare allo stato di natura o lottare contro di essa

La natura e la riflessione sulla natura rappresentava uno dei punti caratterizzanti la poetica romantica. C'era anzi quasi il mito della natura, il sogno di realizzare una fusione perfetta dell'uomo con essa, retaggio del mito del buon selvaggio di rousseauiana memoria, con in più una componente di irrazionale abbandono della figura umana di fronte alla forza delle potenze naturali. Da qui nasce l'ambivalenza tra natura amica e natura matrigna, che distingue gli autori fra loro o, addirittura, le opere e le fasi di produzione di uno stesso autore.

ITALIANO

- Per Foscolo (*Ultime lettere di Jacopo Ortis*) nella lettera del 13 maggio 1798 la natura idillica prelude alla pausa romantica dell'amore ricambiato da Teresa (il bacio del 14 maggio).
- Per Manzoni la natura è spesso proiezione dei sentimenti dell'uomo. "Addio ai monti" (fine VIII capitolo de *I Promessi Sposi*) riflette il dolore di Lucia, temperato e rasserenato dalla speranza cristiana. La notte di Renzo lungo l'Adda proietta sulla natura il terrore del protagonista. La pioggia liberatrice finale simboleggia il sollievo della cessazione della peste e della fine dei travagli dei protagonisti. Il desolato paesaggio che circonda Padre Cristoforo nel cap. IV è un emblema della fame e della carestia.
- Leopardi

  1. 1818-22 *Natura benigna.* Opere: *Piccoli idilli*, Pensieri dello *Zibaldone*.

  La natura, in questa prima fase è madre benigna che ha creato l'uomo per la felicità e ha provveduto in ogni modo a liberare

l'uomo dalla noia. La natura è sorgente unica di felicità. La sua alterazione produce l'infelicità. L'uomo, dice il poeta, è stato creato dalla natura felice: è la ragione, quindi la società e la scienza, che, togliendo all'uomo la possibilità di fantasticare, gli svela i contorni dell'"arido vero" e lo rende infelice.
2. *Natura ingannevole* e *Pessimismo cosmico*. Opere: *Operette morali*, *Grandi idilli* (in particolar modo il *A Silvia*).
Nella giovinezza la Natura illude, concedendo speranze di cui è impossibile la realizzazione. Nella poesia *A Silvia* è chiaro che la natura fa credere al giovane vero il falso e falso il vero.
3. *Natura indifferente*. Opere: *Dialogo della natura e di un islandese*.
La distruzione di ogni animale (secondo il ciclo nascita-consumazione-morte) entra nel fine della Natura. L'essere vivente muore, la Natura continua a vivere.
4. *Natura distruttrice*. Opere: *La ginestra*.
Nemica di tutti gli individui di ogni genere e specie dal momento in cui li ha generati, la natura ha stabilito un ordine in cui il male è necessario.

- Pascoli: *Myricae*. Nelle poesie di questa raccolta la precisione naturalistica (i nomi delle piante e degli animali, soprattutto gli uccelli, molto più dettagliati che in Leopardi, come sottolinea egli stesso) non è significativa in sé, come se Pascoli fosse un descrittivista (verista, naturalista, impressionista), ma rimanda a significati secondi. Quindi Pascoli è un espressionista: la natura non è riprodotta come essa appare, ma come la sente l'autore, il quale proietta in essa la propria vita interiore. Il poeta, apparentemente, non è presente in queste poesie, ma in realtà c'è, o ci sono le sue ansie e inquietudini, nascoste dietro alcuni elementi della natura (l'aratro solo in mezzo al campo in *Arano*, *L'assiuolo*, ecc.).

- Nella raccolta *Alcyone* di D'Annunzio la natura è un luogo mitico e vitale, sede di forze ed energie, di incessanti metamorfosi e di raffinate sensazioni (es. *La sera fiesolana*, *Meriggio* e *La pioggia nel pineto*).

INGLESE

- In Inghilterra autori come Wordsworth e Coleridge considerano la natura pervasa da uno Spirito soprannaturale, che influenza la personalità umana e ispira il poeta, come valore assoluto e divino in senso immanente, spesso contrapposta alla società. (leggi per esempio *La ballata del vecchio marinaio* (*The rime of the ancient mariner*) di Coleridge o l'altra sua poesia *Kubla Khan* immaginosa tanto da risultare quasi incomprensibile).
- Anche negli Stati Uniti l'interpretazione romantica della natura continuò per parecchio tempo a influenzare scrittori come E. A. Poe in *Una discesa nel Maelström* (*A descent into the Maelström*) o Hermann Melville in *Moby Dick*. In questo romanzo la lotta fra uomo e balena rappresenta la lotta fra l'uomo e la forza apparentemente indomabile e anche distruttrice della Natura.

FRANCESE

- Anche gli autori romantici francesi partecipano a questa querelle. Vigny oscilla nelle sue poesie tra una concezione della natura potente e ostile e un'altra solenne e austera.
- Nella poesia di Lamartine la natura-paesaggio ha il ruolo romantico di interlocutrice del poeta, confidente dei suoi sentimenti, suscita ricordi dolci o amari di cui è stata teatro e complice.

FILOSOFIA

- Come esempio di una visione della natura vicina all'uomo, si può citare la visione di Schelling che identifica la natura con l'Io, in una sorta di panteismo.

ARTE

- La natura per i romantici (Turner, Constable).
  Turner con i suoi paesaggi stilizzati, ridotti all'essenziale, a sensazioni pure espresse attraverso la pennellata e il colore, si av-

vicina di più a una visione concettuale, smaterializzata della natura. Constable, più descrittivo, si accosta alla proiezione dei sentimenti sul paesaggio, attraverso la semplificazione dell'immagine visiva e il gioco chiaroscurale.

- La natura per gli impressionisti (Monet, ecc.). Essi intendevano l'arte come diretta registrazione sulla tela delle impressioni date dalla natura, per questo amavano dipingere *en plein air*.
- La natura per i post-impressionisti (Courbet e il puntinismo). Fontanesi descrive paesaggi permeati dalla presenza dell'uomo e degli animali, che si integrano nella natura, fino a prestarle sentimenti umani.

MUSICA

- La religione della natura trova una delle forme di espressione più alte nella *Sinfonia Pastorale* di Beethoven (1808) e nei *Lieder* tedeschi, soprattutto quelli di Franz Schubert.

TESINE CORRELATE – Romanticismo

NAZIONE

Dalle lotte risorgimentali alle degenerazioni del nazionalismo
Nazione e nazionalismo

Nel secolo XIX, in Italia, Germania e Polonia, con qualche secolo di ritardo rispetto alla Francia e all'Inghilterra, nasce l'idea di nazione, cioè l'orgoglio di appartenere a uno stato reso unito dal punto di vista politico e culturale, o come dice Manzoni nell'ode *Marzo 1821* "una d'arme, di lingua e d'altare". Questi ideali, che mossero il Risorgimento e le guerre di indipendenza furono poi disattesi nel momento in cui si costituì il Regno di Italia, e produssero delusione nella generazione successiva, degli scapigliati e dei decadenti. Tuttavia il patriottismo influenzò moltissimo il corso degli eventi successivi, dalla politica coloniale alla prima guerra mondiale, fino alla seconda guerra mondiale, causata dai totalitarismi fascisti e nazisti. Fu allora che l'idea di nazione ottocentesca degenerò in nazionalismo, cioè in una politica dettata dalla considerazione della grandezza della propria nazione, della propria potenza. Il nazionalismo è quindi l'esasperazione del sentimento nazionale, che può arrivare sino all'imperialismo attraverso l'espansionismo territoriale e al culto della razza (nazismo). In Italia al giorno d'oggi si lamenta invece un decadimento del sentimento di appartenenza alla nazione.

LATINO

- I latini non conoscevano l'idea di nazione, in quanto la loro entità statale (l'impero) era sopranazionale. Era quindi impossibile la nascita del nazionalismo. È comunque interessante ripercorrere l'etimologia del termine. Il termine "*natio, nationis*" ha la stessa radice di *nascor* (= nascere) e indica semplicemente chi ha in comune la nascita. Pertanto è usato, per esempio da Cesare, in svariati modi (come sinonimo di tribù, oppure di popolo).

ITALIANO

- Dante: Divina Commedia *Paradiso* Canto VI. Per Dante all'idea di nazione è preferibile quella di Impero Universale, proprio in un periodo in cui per la prima volta si affermano le prime nazioni indipendenti dall'impero: un'evoluzione che Dante non capisce, o comunque non condivide; basta leggere il giudizio che formula in questo canto dei regnanti francesi.
- L'idea di nazione, così come era concepita dagli intellettuali romantici, è ben esemplificata in alcune opere di A. Manzoni, in particolare il coro del terzo atto dell'*Adelchi* "*Dagli atrii muscosi, dai Fori cadenti*", e la già citata ode civile *Marzo 1821*.
- Nel testo *La grande proletaria si è mossa* Pascoli esprime, interpretando in chiave nazionalistica alcune idee socialiste giovanili, un'adesione un po' ingenua e populistica all'impresa italiana in Libia. Pascoli infatti paragona l'Italia, nel consesso degli altri

stati europei, a una proletaria che ha tutto il diritto di impossessarsi, almeno, di una parte di quelle risorse e di quei territori africani già ampiamente sfruttati dalle altre nazioni "borghesi".

- I futuristi furono convinti nazionalisti e quindi parteciparono al dibattito del 1914-15 sull'entrata dell'Italia in guerra.
- Gabriele D'Annunzio partecipa attivamente alla prima guerra mondiale, per mostrare a tutti il suo patriottismo. Egli fa silurare una nave austriaca nel febbraio 1918 (la famosa "Beffa di Buccari"), lancia volantini nazionalisti su Vienna e, a guerra conclusa, il 19 settembre 1919 guida un gruppo di irredentisti alla riconquista di Fiume, consegnata alla Slovenia dai trattati di pace postbellici. Un nuovo trattato tra l'Italia e la nascente Jugoslavia costringerà alla resa D'Annunzio e gli irredentisti.

STORIA

- Si cercarono di attuare, senza successo, nei moti del 1820-21 e del 30-31 e nei moti mazziniani, le idee risorgimentali di indipendenza del popolo italiano nei confronti dell'oppressore straniero. Nel marzo del 1848 i moti rivoluzionari patriottici ebbero invece maggior peso e diffusione. Nell'impero austriaco vi fu una reazione a catena: una rivolta scoppiata a Vienna mise fine al trentennale potere del principe di Metternich e costrinse l'imperatore Ferdinando I a concedere la costituzione, innescando così le insurrezioni di Budapest, di Praga, di Venezia (dove fu proclamata la Repubblica Veneta) e di Milano, da dove gli austriaci, guidati dal generale Josef Radetzky, furono cacciati al termine delle Cinque Giornate di Milanio (18-22 marzo). Contemporaneamente, la rivoluzione esplose anche in Germania, in particolare a Berlino, e dopo tre giorni di aspri combattimenti gli insorti costrinsero il re di Prussia, Federico Guglielmo IV, a concedere la costituzione e a convocare l'assemblea costituente.
- La controffensiva non si fece attendere e in poco più di un anno le forze della reazione ripresero il sopravvento. Ma qualcosa si era ormai rotto nel tradizionale equilibrio politico euro-

peo: l'idea di stato nazionale dava voce alle minoranze etniche all'interno delle compagini sovranazionali, introducendo il concetto di autodeterminazione dei popoli.

- Nel 1861, dopo anni di lotta e due guerre d'indipendenza, venne costituito il Regno d'Italia, al quale fu annesso il Veneto nel 1866. Nel 1871 giunse a compimento il processo di unificazione della Germania, sancito dai principi tedeschi con l'acclamazione di Guglielmo I, già re di Prussia, a imperatore. Tuttavia, ancora molte istanze autonomistiche chiedevano soddisfazione, mentre il nazionalismo assumeva tratti sempre più inquietanti e paradossali: da un lato predicava l'autodeterminazione dei popoli, dall'altro, inteso come esaltazione delle virtù e degli interessi di una nazione a scapito dei diritti delle altre, forniva sostegno ideologico al colonialismo. Tali contraddizioni provocarono lo scoppio della prima guerra mondiale.
- Caduti i grandi imperi e le dinastie regnanti d'Austria, di Germania, di Russia e della Turchia, la geografia politica europea appariva profondamente mutata in seguito alla comparsa di nuovi stati nazionali, quali Finlandia, Polonia, Cecoslovacchia, Estonia, Lettonia, Lituania, Iugoslavia. All'Italia il trattato di Versailles assegnò il Trentino e l'Alto Adige, cioè i territori meridionali del Tirolo austriaco (fino al Brennero), Trieste e l'Istria. Nel 1921 l'Irlanda, con l'eccezione dei territori dell'Ulster, si liberò dal secolare dominio della Gran Bretagna; l'anno dopo l'impero britannico riconobbe la sovranità dell'Egitto, controllato dal 1882 senza una fisionomia giuridica definita, e in India dovette confrontarsi politicamente con il sempre più influente movimento nazionalista guidato da Mohandas Gandhi.
- Nel continente asiatico il nazionalismo si era diffuso anche in Cina, grazie all'opera di Sun Yat-sen, leader del Kuomintang (Partito nazionalista popolare), e continuava a raccogliere consensi in Giappone, lo stato che per primo in Estremo Oriente avrebbe assunto i tratti di una moderna nazione industrializzata. In Europa alcuni dei nuovi stati indipendenti comprende-

vano però minoranze che chiedevano autonomia o un ulteriore spostamento delle frontiere. Col variare dei luoghi e dei contesti politici il nazionalismo poteva ancora una volta qualificarsi come principio ispiratore dei movimenti di liberazione, oppure essere utilizzato come strumento di raccolta del consenso dalle ideologie razziste e dai nascenti partiti totalitari, quello fascista in Italia e quello nazionalsocialista in Germania.

FILOSOFIA

- Fichte è ritenuto responsabile di aver fomentato sentimenti nazionalistici, che porteranno poi alle esasperazioni del nazismo. In realtà egli elabora un concetto di nazione, in base ai presupposti delle dottrine idealiste e romantiche.
- Anche alcuni scritti di Nietzsche, in particolar modo *Così parlò Zarathustra* furono interpretati come presupposti teorici del nazismo. In realtà la sua dottrina del superuomo nulla ha a che vedere con i genocidi hitleriani.

ARTE

- Carlo Carrà è un pittore futurista, che descriverà nei suoi dipinti alcuni degli eventi convulsi, che caratterizzarono l'Italia alla vigilia della prima guerra mondiale: *Funerali dell'anarchico Galli* del 1911 e *Manifestazione interventista* del 1914.

MUSICA

- Giuseppe Verdi con le sue opere liriche *Nabucco* e *I lombardi alla prima crociata* rilegge e interpreta gli avvenimenti della storia antica e medievale alla luce della situazione politica del suo tempo, dando un implicito giudizio sull'oppressione subita dagli italiani a opera degli austriaci.

BIBLIOGRAFIA

Federico Chabod, *L'idea di nazione*, ediz. Einaudi

TESINE CORRELATE – Guerra, Fascismo

NEOREALISMO

La stagione feconda del cinema e della letteratura neorealista

Il film *Ossessione* (1942) di Luchino Visconti è la prima opera definita "neorealista". Ed effettivamente questa predominanza dello strumento cinematografico su quello letterario rimarrà anche in seguito, benché poi la letteratura si sia appropriata del termine, come fosse suo. Questo è dovuto anche alla semplice constatazione che il mezzo cinematografico è il più adatto a realizzare i presupposti del neorealismo: arte che si fà da sola, protagonismo della gente di strada, oggettività della rappresentazione. In altri termini i realisti del Novecento hanno qualche mezzo in più rispetto a quelli dell'Ottocento per realizzare i canoni dell'impersonalità verghiana.

ITALIANO

- Quando il termine "neorealismo" apparve per la prima volta nel 1931 in un articolo di Umberto Barbaro, non suscitò grande dibattito. Indubbiamente più interessante fu la pubblicazione a cura di Vittorini e Pavese dell'antologia *Americana* che comprendeva opere di scrittori stranieri come Melville, Dos Passos, Steinbeck, Faulkner e Caldwell, e che contribuì non poco allo svecchiamento della provinciale e aulica cultura letteraria italiana.
- In realtà però la corrente letteraria del neorealismo nacque nel secondo dopoguerra e fu determinata da un'urgenza di raccontare quello che era avvenuto durante la Resistenza (leggi la postfazione a *Il sentiero dei nidi di ragno* di Italo Calvino), sulla scorta di quanto già stava avvenendo in campo cinematografico.
- A testimoniare l'estrema varietà e genericità del termine in ambito letterario, va ricordato che, in modo retrospettivo, furono assegnati a questa corrente letteraria romanzi come *Gente in Aspromonte* di Corrado Alvaro (1930), *Tre operai* di Carlo Bernani (1934), *Conversazioni in Sicilia* di Elio Vittorini (1940) e *Cristo si è fermato a Eboli* di Carlo Levi (1945).

- In seguito furono definiti "neorealisti" i romanzi di Primo Levi, Pratolini, Cassola, Pavese, Fenoglio, ecc., ma sarebbe riduttivo e semplicistico fare un'analisi complessiva, poiché ogni testo merita di essere studiato e letto a sé.
- Un carattere comune a tutti questi autori è comunque quello di una letteratura "impegnata", a differenza di quanto avevano fatto gli intellettuali nel periodo fascista, ripiegandosi su stessi e rinunciando, anche per la situazione oggettiva, a esprimere giudizi politici e denunce sociali. Questo impegno si manifestò anche nella adesione al Partito Comunista Italiano, anche se questa adesione non fu priva di "distinguo", nel momento in cui, per esempio, Vittorini rivendicò sulle pagine della rivista "Il politecnico" l'autonomia dell'arte e della cultura dai diktat di partito imposti dal segretario Togliatti sulle colonne del giornale "Rinascita".
- Il neorealismo si chiuse con una polemica che riguardava il romanzo di Pratolini *Metello* (1955), da alcuni difeso come opera esemplare di un nuovo realismo, da altri considerato un romanzo fallito soprattutto per la rappresentazione idealizzata e sentimentale della classe operaia. Il romanzo racconta le lotte sociali in Italia fra 1875 e 1902 attraverso la figura positiva dell'operaio protagonista.
- Anche se non ebbe nulla a che vedere con gli scrittori neorealisti, Pasolini nei romanzi *Ragazzi di vita* (1955) e *Una vita violenta* (1959) descrisse il mondo delle borgate romane in modo crudo e oggettivo, coniugando poi questo crudo realismo anche a lle sue opere cinematografiche.

CINEMA

- Padre del neorealismo, si diceva, fu Luchino Visconti, che nel film *Ossessione* aveva ottenuto grazie anche all'abbandono delle riprese in teatri di posa e all'utilizzo di un bianco e nero espressivamente documentaristico, un'autenticità che si contrapponeva radicalmente alla sofisticata artificialità di un cinema come quello, ad esempio, dei "telefoni bianchi".

- Nel 1943 venne girato *I bambini ci guardano*, di Vittorio De Sica; ma "*l'école italienne de la Libération*", come i francesi definirono il neorealismo, esplose solo due anni più tardi con il film-simbolo della rinascita cinematografica del paese, *Roma città aperta* (1945) di Roberto Rossellini. Il film era stato girato per le strade di Roma, durante gli ultimi giorni dell'occupazione tedesca, con pellicole spesso recuperate tra i materiali di scarto dei documentari di propaganda cui lo stesso Rossellini aveva dovuto collaborare negli anni precedenti.

- A *Roma città aperta* (che accanto ad attori non professionisti schierava due vere e proprie icone del cinema italiano, Anna Magnani e Aldo Fabrizi) fece seguito una fioritura che, nel giro di pochi anni, produsse alcuni tra i più grandi capolavori del cinema italiano del dopoguerra: *Paisà* (1946) e *Germania anno zero* (1947) dello stesso Rossellini; *La terra trema* (1948, tratto dal classico verista *I malavoglia* di Verga) e *Bellissima* (1951) di Visconti.

- Nei film di De Sica *Sciuscià* e *Ladri di biciclette* viene descritto il mondo dei poveri sottoproletari, rappresentato dagli stessi sotto forma di attori di strada, attori non professionisti, che parlano in dialetto e fanno vedere quasi come in un documentario la degradazione sociale.

- Il periodo d'oro del neorealismo terminò con l'inizio degli anni Cinquanta. Rossellini girò ancora alcuni film di pregio, dopo i quali abbandonò il genere narrativo per darsi al documentario e alla didattica ricostruzione di eventi storici con produzioni televisive. Luchino Visconti diresse *Senso* (1953), film che segna il suo passaggio dal neorealismo al realismo, e cioè dalla cosiddetta "poetica del pedinamento" (espressione coniata per designare il rispecchiamento della realtà) alla ripresa della grande tradizione romanzesca dell'Ottocento, trasposta nel cinema con la precisa descrizione di ambientazioni e psicologie dei personaggi. Vittorio De Sica firmò *Umberto D.* (1952), un estremo capolavoro neorealista, forse il suo film più riuscito, tornando in seguito, da *L'oro di Napoli* (1954) in poi, sulle tracce di un cinema più commerciabile e di un realismo dai toni meno drammatici, senza per questo rinunciare alla qualità delle produzioni.

- Alcuni elementi del neorealismo si ritrovano anche nel film *L'accattone* di Pasolini, che mette in scena il mondo che aveva già descritto nei romanzi. Pasolini ha poi addirittura ambientato il suo *Vangelo secondo Matteo* in un ambiente misero, mettendo l'accento sugli aspetti sociali del messaggio evangelico.

TESINE CORRELATE – **Resistenza**

NERI E NEGRITUDINE

Cultura e storia dei neri africani e dei neri americani

La parola "nero" è usata al posto della parola "negro" perché quest'ultima per troppo tempo è stata sinonimo di "schiavo", ed è ancora piena di connotazioni e retaggi del passato razzismo. Il termine negritudine, invece, è nato dopo il 1960, anno dell'indipendenza di molti stati africani dalla colonizzazione europea. Ottenuta l'indipendenza politica, gli africani si sono accorti che la dipendenza economica non era affatto terminata (fenomeno del neo-colonialismo) e anche l'indipendenza culturale era a rischio. Pertanto occorreva recuperare le radici di una cultura comune di tutti i neri: la negritudine appunto, che vuole riaffermare un'identità che rischia di essere schiacciata dalla cultura predominante occidentale (globalizzazione).

ITALIANO

- È possibile leggere in traduzione le opere di scrittori africani, in particolare Senghor, che elaborò il concetto di "negritudine", o caraibici, soprattutto Césaire, che oscillano tra denuncia di ingiustizie, ancora ben presenti malgrado la fine della schiavitù e del colonialismo, e orgoglio della propria identità.

INGLESE

- In *Ragazzo Negro* (*Black boy*, 1945) Richard Wright descrive con amari accenti personali l'effetto devastante che il pregiudizio razziale può avere sulla formazione di un giovane afroamericano.
- Il poeta nero Langston Hughes, usando il dialetto di Harlem, descrive con realismo e amarezza, ma non senza la speranza di un condizione sociale più giusta, la vita dei neri nei ghetti americani tra gli anni '20 e gli anni '60.
- Claude McKay è ancora più crudo, poiché descrive nelle sue poesie il calpestamento sistematico dei diritti umani delle minoranze nere.

STORIA

- Le radici dell'ingiustizia perpetuata nei confronti dei neri affondano nella presunta superiorità di una razza sull'altra, e si realizzano con i soprusi legalizzati della tratta degli schiavi e della colonizzazione, anche se quest'ultima in alcuni casi ha portato benefici, oltre a sfruttamenti.
- Le idee cristiane e illuministe sull'uguaglianza fra gli uomini hanno imposto una serie di leggi che tutelassero maggiormente la dignità dei neri.
- Negli USA fu combattuta (1863-1865) una guerra di secessione anche per imporre ai sudisti una legislazione più rispettosa dei diritti umani.
- Abraham Lincoln, una volta vinta la guerra di secessione, impose la parità di diritti tra bianchi e neri, ma ci volle più di un secolo perché tutti i diritti fossero realmente conquistati dai neri, dopo il sacrificio di uomini come Martin Luther King.
- Nel 1960 molti stati africani si rendono indipendenti, ma molti problemi restano irrisolti: denutrizione, mancanza di igiene, mancanza di democrazia e partecipazione, odi tribali, ecc.

- In Sudafrica si inaspriscono le leggi di segregazione razziale dopo la vittoria del partito nazionalista nel 1948. Negli anni Sessanta ci furono manifestazioni di protesta, represse nel sangue. L'uccisione di bambini a Soweto nel 1976 creò grande scalpore nell'opinione pubblica internazionale e le Nazioni Unite deliberarono pesanti sanzioni economiche a danno del Sudafrica. Nel 1989 divenne Presidente il bianco F. W. de Klerk, che liberò dal carcere il nero Nelson Mandela, leader dell'African National Congress, e organizzò con lui la transizione verso un regime democratico e le prime libere elezioni del 1994, che videro il trionfo dell'ANC di Mandela, che divenne il primo Presidente nero dell'Unione sudafricana.

CINEMA

- *Il buio oltre la siepe* di Robert Mulligan, tratto dall'omonimo romanzo di Harper Lee, è una storia esemplare di razzismo e prevaricazione ambientata nel sud degli Stati Uniti all'inizio degli anni Trenta. Un uomo di colore viene ingiustamente accusato e poi condannato per lo stupro di una donna bianca, nonostante le prove lampanti della sua innocenza.
- *Amistad* di Steven Spielberg racconta un episodio giudiziario relativo al trasporto di neri destinati alla schiavitù dalle coste africane a quelle americane, ancora nell'Ottocento.
- *Malcom X* di Spike Lee tratteggia la figura di uno dei più importanti capi della rivolta antirazzista dei neri americani negli anni Sessanta (molti dei film di Spike Lee affrontano queste problematiche, ancora attuali, malgrado le condizioni dei neri americani siano migliorate in questi ultimi decenni).
- *Mississippi Burning - Le radici dell'odio*, di Alan Parker mostra come le ingiustizie negli stati del sud degli USA a danno dei neri non siano ancora terminate. Sono ancora presenti gruppi razzisti come il Ku Klux Klan, spalleggiati talvolta da coloro che dovrebbero garantire l'ordine costituito.

- *Un mondo a parte* di Chris Menges e *Grido di libertà* di Richard Attenborough sono solo due dei tanti film che denunciarono l'apartheid sudafricana.

MUSICA

- Dalla contaminazione tra la musica degli schiavi neri originari dell'Africa e vari altri stili musicali sono nati:
  1) il *blues*, musica profana monodica, urlo di dolore e tristezza per la propria anima inquieta e quasi posseduta dal diavolo (i blues, per i puritani, erano piccoli diavoletti che penetravano nel cuore dell'uomo);
  2) il *gospel* e lo *spiritual*, musica sacra corale, dei piantatori di cotone convertiti al cristianesimo protestante, affascinati dalla promessa di salvezza realizzata da Dio per il suo popolo per il tramite di Mosè e di Maria. Anche la deportazione degli ebrei in Babilonia ha ispirato molti spiritual, in genere con una prevalenza di soggetti veterotestamentari rispetto a quelli neotestamentari;
  3) i *work songs*, canti da lavoro, servivano per coordinare e accompagnare i ripetitivi movimenti nelle piantagioni di cotone;
  4) il *jazz*, musica strumentale colta, che nasce negli anni '20 alla conflunza di molte esperienze musicali precedenti e differenti;
  5) la *soul music*, inizialmente destinata a una denuncia delle condizioni di inferiorità dei negri (si pensi a *Think*, interpretata da Aretha Franklin) e poi sempre più commerciale (è alla base dei fenomeni dance, disco e funky).

- La musica popolare contemporanea ha affrontato il problema della dignità dei neri con esiti diversi:
  1) *Angeli negri* di Maciste-Testoni-Larice, interpretata da Fausto Leali, è una canzone che si presenta troppo patetica e lacrimosa per essere credibile;
  2) *Ebony and ivory* di Paul Mc Cartney e Stevie Wonder affronta il problema in un modo più divertente, ma forse proprio per questo più convincente: l'elemento bianco e nero sono come i

tasti di un pianoforte bianchi (avorio) e neri (ebano), che necessitano gli uni degli altri per comporre una melodia.

TESINE CORRELATE – Emarginazione, Libertà, Rivolte

NOIA

Noia: sentimento sublime e tedio della vita
Noia, tedio e nausea nella letteratura moderna

Un'esperienza comune a tutti gli uomini è quella dell'insoddisfazione. Quando pare che tutti i nostri desideri si siano realizzati, ne compaiono altri, che creano nuove tensioni. Alcuni affermano che questa noia sia strettamente collegata al consumismo, e che l'antidoto a essa sia una vita semplice, che non rincorra tutte le allodole della pubblicità e della modernità. Altri, invece, affermano che questa noia è indice di una inadeguatezza, poiché ciò che noi riteniamo possa risolvere i nostri desideri è solo il surrogato di qualcosa che potrebbe risolverli in realtà. La noia, in altri termini, sarebbe il segno di una profonda mancanza, indice di una sensibilità che è anzi, tanto più profonda, quanto più è lacerante.

LATINO

- Seneca, nel *De tranquillitate animi* (Cap II par. 6), esprime la insoddisfazione dell'uomo romano che ha tutto, ma non è padrone della sua vita.

ITALIANO

- Giacomo Leopardi accenna alla noia nel *Canto notturno di un pastore errante dell'Asia* e altrove afferma: "La noia è in qualche modo il più sublime dei sentimenti umani [...] Accusare le cose di insufficienza e di nullità e patire mancamento e vuoto, e perciò noia, pare a me il maggior segno di grandezza e di nobiltà che si vegga della natura umana" (*Pensieri* LXVIII).

- La poesia *Alla stazione in una mattina d'autunno* di Giosuè Carducci termina con questi versi:

  Meglio a chi 'l senso smarrì de l'essere,
  meglio quest'ombra, questa caligine:
  io voglio io voglio adagiarmi
  in un tedio che duri infinito.

- Quando il Principe di Salina sente avvicinarsi la morte ne *Il gattopardo* di Tomasi di Lampedusa egli riconsidera tutta la sua vita e afferma: "Ho settantatre anni, all'ingrosso ne avrò vissuto, veramente vissuto, un totale di due ... tre al massimo. E i dolori, la noia, quanti erano stati? Inutile sforzarsi a contare: tutto il resto: settant'anni".

- Illuminante la definizione che dà Moravia della noia. "Per quanto io mi spinga indietro negli anni con la memoria, ricordo di avere sempre sofferto della noia. Ma bisogna intenderci su questa parola. Per molti la noia è il contrario del divertimento; e divertimento è distrazione, dimenticanza. Per me, invece, la noia non è il contrario del divertimento; potrei dire, anzi, addirittura, che per certi aspetti essa rassomiglia al divertimento in quanto, appunto, provoca distrazione e dimenticanza, sia pure di un genere molto particolare. La noia, per me, è propriamente una specie di insufficienza e inadeguatezza o scarsità della realtà. Per adoperare una metafora, la realtà, quando mi annoio, mi ha sempre fatto l'effetto sconcertante che fa una coperta troppo corta, a un dormiente, in una notte d'inverno: la tira sui piedi e ha freddo al petto, la tira sul petto e ha freddo ai piedi; e così non riesce mai a prender sonno veramente. Oppure, altro paragone, la mia noia rassomiglia all'interruzione frequente e misteriosa della corrente elettrica in casa: un momento tutto è chiaro ed evidente, qui sono le poltrone, lì i divani, più in là gli armadi, la consolle, i quadri, i tendaggi, i tappeti, le finestre, le porte; un momento dopo non c'è più che buio e vuoto. Oppure, un terzo paragone, la mia noia potrebbe essere definita una malattia degli oggetti, consistente in un avvizzimento o perdita di vitalità quasi repentina;

come a vedere in pochi secondi per trasformazioni successive e rapidissime, un fiore passare dal boccio all'appassimento e alla polvere." (dal romanzo di Alberto Moravia *La noia*).

INGLESE

- *Spleen* è una parola inglese che vuol dire "milza", sede, secondo le classificazioni antiche della malinconia. Il poeta inglese T. S. Eliot e il poeta francese Baudelaire usarono questo vocabolo per esprimere il senso di vuoto e di insoddisfazione tipico dell'uomo contemporaneo.

FRANCESE

- La nausea, così come la intende Sartre, ha molto a che vedere con il concetto di noia che stiamo esaminando. "Tutta la mia vita è dietro di me. La vedo tutta intera, vedo la sua forma, e i suoi lenti movimenti che m'hanno condotto fin qui. C'è poco da dirne: è una partita perduta, ecco tutto. Son tre anni che ho fatto il mio ingresso a Bouville, solennemente. Avevo perduto la prima mano. Ho voluto giocare la seconda e ho perduto anche questa: ho perduto la partita. E nel tempo stesso ho appreso che si perde sempre. Adesso farò come Anny, mi sopravviverò. Mangiare, dormire. Dormire, mangiare. Esistere, lentamente, dolcemente, come questi alberi, come una pozza d'acqua, come il sedile rosso del tram". Dal romanzo *La nausea* (*La nausée*, 1938) di Jean Paul Sartre).

FILOSOFIA

- I *Pensieri* di Pascal hanno molto influenzato i pensatori successivi, e forse lo stesso Leopardi deve molto a Pascal per la sua idea di noia. "La noia è il segno e l'impronta affatto vuota che l'uomo cerca invano di colmare con tutto quanto lo circonda. Quell'abisso infinito può essere colmato soltanto da un oggetto infinito e immutabile: ossia da Dio stesso" (Pascal – Pensiero n. 477).

- Per Schopenhauer il desiderio è eterno e infinito perché appena un desiderio è soddisfatto, sorgono altri infiniti desideri (perché la volontà è inesauribile) che portano a un infinito soffrire. E anche se i desideri potessero finire, il dolore continuerebbe a esserci, perché ci verrebbe a essere la noia, un vuoto terribile peggiore di ogni altra sofferenza.

TESINE CORRELATE – Angoscia, Desiderio, Male

PARIGI

Parigi capitale laica della cultura
Parigi dalla Rivoluzione Francese alle esposizioni universali

La Francia si riconosce in Parigi, che è sempre stata il cuore della nazione francese. Nel momento in cui la Francia, con la Rivoluzione Francese, ha esportato gli ideali della libertà e dell'uguaglianza, Parigi è diventata il simbolo di questi ideali. Parigi, sin dal medioevo, è stata una capitale culturale, oltre che politica. Tuttavia in essa vivono due anime: quella cartesiana, razionale (si pensi all'ordine e alla classicità di Versailles) e quella chiassosa, vitalissima e invivibile, romantica e perennemente in rivoluzione.

ITALIANO

- Nella poesia *I fiumi* di Ungaretti la Senna è ricordata come il fiume in cui Ungaretti si è conosciuto, testimoniando così anch'egli il ruolo di capitale culturale, crocevia di correnti, movimenti e avanguardie che hanno formato Ungaretti da un punto di vista letterario e umano.
- Nella poesia *A Mohamed Sceab* di Ungaretti, in cui è descritto il suicidio di un arabo che a Parigi non ha trovato la patria che cercava, la città è spersonalizzante. In essa si può morire senza che quasi nessuno se ne accorga. Le radici che aveva abbandonato nel suo paese, Mohamed Sceab non le ricostruisce a Parigi.

FRANCESE

- Nicolas Boileau satireggia, ne *Gli ingorghi di Parigi* (1660, *Les embarras de Paris*), sulla pericolosa effervescenza, il disordinato sviluppo e le difficoltà di vita dei parigini.
- Victor Hugo nel romanzo *Notre-Dame de Paris* descrive non solo la Parigi del 1482, ma anche quella a lui contemporanea, piena di mendicanti, ciarlatani e giocolieri (città del disordine) e di studenti universitari (città accademica).
- La quinta parte del romanzo *I miserabili* (*Les misérables*) di Victor Hugo è dedicata alla partecipazione popolare alla rivoluzione del 1848.
- Eugène Sue insiste con *I misteri di Parigi* (*Les mystères de Paris*) sulle contraddizioni e sui lati oscuri e nascosti della città, anche se in un modo un po' da *feuilleton*.
- Per Honoré de Balzac nella serie di romanzi *Commedia umana* (*La Comédie Humaine*) Parigi è una città splendida, anche se occorre non fermarsi alle apparenze, ma investigarla più da vicino, come fa per la pensione descritta nel romanzo *Papà Goriot* (*Père Goriot*).
- Lo *spleen* personale di Charles Baudelaire diventa *spleen* dell'intera città, *spleen* parigino, in poesie come *A una passante* (*A une passante*) e *Crepuscolo del mattino* (*Le crépuscole du matin*), da *I fiori del male* (*Les fleurs du mal*), *Spleen*, da *Spleen e Ideale*, *Perdita dell'aureola* (*Perte d'auréole*), da Lo spleen di Parigi (*Les spleen de Paris*).
- Apollinaire nella sua poesia *Zona*, tratta dalla raccolta *Alcools*, descrive così la città, o una sua parte, zona:

  A la fin tu es las de ce monde ancien
  Bergère ô tour Eiffel le troupeau des ponts bêle ce matin
  Tu en as assez de vivre dans l'antiquité grecque et romaine
  Ici même les automobiles ont l'air d'être anciennes...
  (vv. 1-4)

STORIA

- Lo scoppio della rivoluzione francese, nel 1789, aprì la strada al rovesciamento della monarchia e all'instaurazione della Prima Repubblica. Nel corso della rivoluzione e sotto Napoleone la supremazia di Parigi sulle altre città aumentò. La città rimase politicamente instabile per tutto il XIX secolo. Una nuova cinta di mura (oggi *Boulevard Périphérique*) fu costruita nel 1844 a scopo difensivo.
- A partire dal 1852, Napoleone III affidò al barone Georges Haussmann la trasformazione urbanistica della città. I margini orientali e occidentali si arricchirono dei parchi del Bois de Boulogne e del Bois de Vincennes mentre l'accesso al centro fu semplificato dalla costruzione dei *grands boulevards*.
- La guerra franco-prussiana e la rivolta popolare che sfociò nella Comune di Parigi segnarono una battuta d'arresto nella ricostruzione della città. Fra il 1871 e il 1914 Parigi visse i fasti della *belle époque*, esemplificati dalla Gare de Lyon, dal ponte Alexandre III e dalle stazioni sotterranee della metropolitana.
- La prima guerra mondiale segnò un periodo di decadenza per la città di Parigi. L'edilizia non riusciva a tenere il passo con l'impressionante aumento della popolazione, fenomeno di rilievo nel corso del XIX secolo.
- Dopo la seconda guerra mondiale, e in particolare a partire dagli anni Settanta, la città ha iniziato ad accogliere masse di immigrati provenienti sia dai paesi europei sia dalle nazioni dell'ex impero coloniale, in particolare dal Nordafrica, dal Senegal e dal Vietnam.

BIBLIOGRAFIA

Carla Capescioli, *L'Europa delle città* ediz. La Nuova Italia

TESINE CORRELATE – Città, Milano

PESSIMISMO

Pessimismo in letteratura, filosofia e arte
Le radici filosofiche del pessimismo
Vari tipi di pessimismo
Definizioni di pessimismo

Molti artisti, filosofi e letterati, analizzando la propria condizione umana, sono giunti alla conclusione che la realtà è negativa, e che il futuro non ci riserva che noia, dolore e sofferenza. Diverse sono però le cause cui hanno attribuito questa situazione.

LATINO

- **Pessimismo politico** – Lucano nella *Pharsalia* (titolo originario *Bellum civile*) denuncia che ormai non c'è più spazio per la libertà e per i grandi valori impersonati da Catone. All'interno del poema dedicato alla guerra civile tra Cesare e Pompeo, Catone si erge per statura morale e il suo suicidio rappresenta la fine di ogni speranza. Per Lucano, repubblicano convinto, il principato è l'irrompere dell'immoralità e dell'ambizione all'interno di un mondo (eccessivamente idealizzato) in cui prevalevano i valori del *mos maiorum*.
- **Pessimismo sociale** – Potremmo definire così la visione che emerge nelle *Fabulae* di Fedro. Le classi al potere hanno deciso di sfruttare fino in fondo i loro sottoposti. Il potente agisce con astuzia (volpe), perfidia (lupo) o prepotenza (leone). La fine è sempre la stessa per chi è sottoposto (agnello, pecora, asino, o altro animale): soccombere (fino al momento in cui il potente è detronizzato, e allora si può infierire su di lui, ma c'è sempre un altro potente pronto a sostituirlo).

ITALIANO

- **Pessimismo storico** – Seguendo le teorie di Rousseau, Leopardi in un primo momento attribuisce le cause dell'insoddisfazione umana (tedio, noia) alla ragione. Occorre leggere al proposito i *Piccoli idilli*, e soprattutto alcuni pensieri dello *Zibaldone*. L'uomo, dice il poeta, è stato creato dalla natura felice: è la ragione, quindi la società e la scienza, che, togliendo all'uomo la possibilità di fantasticare, gli svela i contorni dell'"arido vero" e lo rende infelice.

- **Pessimismo cosmico** – In seguito Leopardi modifica questo suo modo di vedere: la Natura concepita inizialmente come madre benevola, diventa madre-matrigna. Essa è quella forza vitale che genera ogni cosa e che si manifesta all'uomo attraverso paesaggi di sovrumana bellezza; ma è una forza meccanica tutta tesa a seguire il ciclo perenne di trasformazione della materia, essa è indifferente al dolore dell'uomo, non si cura di lui e di nessun altro essere vivente. Questi concetti sono espressi nelle seguenti opere: *Operette morali* (in particolar modo il *Dialogo della natura e di un islandese*) e *Grandi idilli pisano-recanatesi* (in particolar modo il *Canto notturno di un pastore errante dell'Asia*).

- **Pessimismo eroico** – Questa ulteriore definizione, proposta da Walter Binni, ma non da tutti accettata, si riferisce all'ultima fase della produzione leopardiana che, senza modificare sostanzialmente la teoria della natura-matrigna del pessimismo cosmico, invita gli uomini ad avere il coraggio di guardare in faccia la realtà, il proprio destino senza speranze e illusioni. Con il Ciclo di Aspasia, in particolar modo nell'ultima poesia, denominata *A se stesso*, è caduta anche l'ultima delle illusioni, l'amore. Il poeta, uscendo quindi dalla sua solitudine, rivolge a tutti gli uomini l'esortazione a unirsi contro l'ostilità della "comune inimica" per ritrovare la propria dignità (*La ginestra*).

- **Pessimismo fatalista** – Nel *Ciclo dei vinti* di Giovanni Verga il progresso è una fiumana che travolge tutti, a meno che non si resti abbarbicati alla famiglia di origine (ideale dell'ostrica ne *I Malavoglia*) senza tentare assurdi salti di classe sociale, come fa *Mastro don Gesualdo*.

- **Pessimismo generazionale** – il Pirandello de *I vecchi e i giovani*, una volta tanto un'opera dal carattere spiccatamente politico, in cui si evidenzia nell'ultima generazione la disillusione rispetto agli ideali disattesi e corrotti, alla prova dei fatti, della generazione risorgimentale.
- **Pessimismo universale** – Nelle opere di Italo Svevo il pessimismo si allarga da una prospettiva individuale (in *Una vita* il protagonista Alfonso Nitti si suicida perché non è più in grado di reggere il confronto con la realtà) a una universale (*La coscienza di Zeno* termina con la profezia-invocazione di una catastrofe che distrugga il mondo, che vive consapevolmente o inconsapevolmente in uno stato di malattia).
- **Pessimismo nichilista** – Il pessimismo in Montale si esprime, per esempio, nella poesia *Non chiederci la parola.* Non è più possibile affermare niente di positivo. Possiamo solo dire solo "ciò che non siamo, ciò che non vogliamo".
- **Pessimismo soggettivo** – *L'uomo come fine* è una raccolta di saggi in cui Alberto Moravia esprime il suo radicale pessimismo e soggettivismo, che sta alla base della sua narrativa.

FILOSOFIA

- **Pessimismo filosofico** – Schopenhauer ne *Il mondo come volontà e rappresentazione* afferma che si può "squarciare il velo di Maya", cioè vedere cosa c'è oltre, e per lui oltre c'è il nulla, il non-senso. Secondo Schopenhauer il mondo esiste perché io me lo rappresento, cioè io rappresento la mia realtà corporea, gli altri e il mondo naturale. Il mondo è quindi come me lo rappresento e l'oggetto è conosciuto attraverso forme a priori (spazio e tempo). Quindi ci si stacca sia dal materialismo (perché esso nega il soggetto riducendo tutto a materia) sia dall'idealismo (perché nega l'oggetto). Il mondo come rappresentazione è apparente e viene scambiato per vero dall'uomo. Solo squarciando il velo si arriva a vedere la verità. Per Kant quest'ultimo passaggio è impossibile. Le rappresentazioni, cercate dall'uomo per

sfuggire alla realtà, sono anche le filosofie, le religioni, ecc., che cercano il lato buono della realtà che non esiste. Quindi Schopenhauer invita l'uomo a liberarsi dalle illusioni, con il disincantamento che porta ad avere il coraggio di vedere la realtà per quella che è. Questo passaggio è possibile attraverso l'analisi del corpo, poiché per lui al soggetto conoscente il corpo è dato in due diversi modi: noi abbiamo coscienza del nostro corpo e sappiamo dirigerlo, ma vi è un altro aspetto, quello che non dipende da me, quello immediato (respirare, digerire, ecc.) che è un istinto in cui sta la vita. Esiste, a livello originario, una volontà che non dipende dalla coscienza: questa è la volontà di vivere, senza senso e senza scopo. Questa volontà non ha ragione, è il puro fatto di vivere ed è definita come legge del corpo e della vita, e qui si universalizza il concetto al mondo intero. Questo processo avviene attraverso un'estensione analogica, dato che sia il nostro corpo sia l'universo sono materiali. La volontà di vivere è l'essenza di tutta la realtà, il noumeno di kantiana memoria reso conoscibile. Si arriva a dire che io conosco tutto, ma questo tutto non ha senso e scopo, è il nulla. L'uomo vive per il nulla! La vita di ogni uomo è una tragedia insignificante, priva di senso, è l'espressione della volontà di vivere, del non-senso. Il destino è dolore-noia-morte; l'uomo soffre perché non c'è risposta ai suoi desideri. Il dolore è il bisogno inappagato di essere ciò che non si è, dovuto al bisogno della volontà di volere e alla caratteristica di non essere mai appagata, costringendo l'uomo a cercare sempre nuove mete.
La noia è l'incapacità dell'uomo di dare significato alla propria esistenza; l'uomo capisce di essere in balia della volontà che è più forte. Da qui la vita è solo un peso dettato dalla volontà di vivere. Per sfuggire a ciò, deve sfuggire al destino della volontà, la cui negazione è la "noluntas".
Schopenhauer si differenzia da Nietzsche: in Schopenhauer la volontà di vivere è una forza che strumentalizza l'uomo ed è negativa; in Nietzsche la volontà diventa una sorta di forza positiva che spinge l'uomo a espandersi, a lottare e a vincere le

forze della natura, utilizzando tutti i mezzi per affrontarla. Per Nietzsche infatti è necessario fare del pessimismo il punto di partenza per vivere la vita. Come è possibile staccarsi dal dolore, se tale è l'orizzonte dell'uomo? Nietzsche dirà che questa domanda non è corretta perché il problema non è evadere dalla realtà, ma affermarla. Per Schopenhauer invece ciò è possibile per la via ascetica, suddivisa in tre passaggi:
1) arte: consente di liberare momentaneamente la propria individualità, però non libera l'uomo dalla strumentalizzazione;
2) compassione – moralità: l'uomo condivide il dolore con gli altri e prova pietà per gli altri: questo da una parte spezza l'individualismo, dall'altra è un tentativo che fallisce perché l'uomo capisce che la condizione è la stessa per tutti, ma non la supera;
3) noluntas: annullamento di elementi fenomenici e intellettuali (si rompa la schiavitù delle rappresentazioni). Si nega così la dipendenza dal mondo circostante: siccome il dolore della vita è la volontà, l'uomo deve arrivare a non volere nulla da questo mondo reale in cui è immerso. Ma la volontà di vivere non può essere tolta, e questo è un errore nell'impalcatura: è una dinamica che sbaglia sul piano ontologico.

INGLESE

- Thomas Hardy nacque vicino a Dorchester nel Dorset, località che corrisponde al "Wessex" dei suoi romanzi, uno dei sette regni anglosassoni: il termine Wessex significa "Terra dei sassoni occidentali". Fu il Dorset rurale a ispirare i suoi romanzi, una terra costellata di resti archeologici come Stonehenge, rovine romane, castelli sassoni e normanni.
  I romanzi di Hardy sono affini ai capolavori della letteratura greca per temi come la libertà, la relazione tra uomo e fato, giustizia e dolore umano.
  Hardy fu influenzato da Schopenhauer: l'uomo è solo una marionetta nelle mani del destino. La vita dell'uomo è governata da una forza, una cieca casualità che regola sia l'uomo che l'universo. Questo fato oscuro è chiamato "la Volontà immanen-

te". L'uomo non è libero al punto di non poter fare nulla (visione deterministica della vita). La Natura è rappresentata come paesaggio rurale in opposizione alla città industriale, ma la natura descritta da Hardy è diversa da quella dei poeti romantici: mentre per questi ultimi la natura esprime solitamente gioia e consolazione, per Hardy essa è un nemico, è indifferente e allo stesso tempo ostile nei confronti dell'uomo, una visione che richiama quella di Giacomo Leopardi.
La religione non aiuta l'uomo: Dio è una sorta di divinità pagana che prova invidia per la felicità dell'uomo.
Il caso è una delle componenti del fato o del destino. Il destino di ogni uomo nella visione di Hardy è determinato dalla combinazione di vari fattori:
1) l'essenza della condizione umana, che è inevitabilmente di sofferenza e morte;
2) i condizionamenti sociali: il destino di un essere umano è determinato dal sesso, dalla famiglia in cui è nato, dalle sue caratteristiche psicologiche e fisiche, dai tempi in cui vive. Hardy, nel romanzo *Tess dei D'Urbervilles*, lamenta non solo l'indifferenza dell'universo per l'uomo ma anche le responsabilità della società nel frustrare gli sforzi individuali per conseguire bontà e felicità;
3) circostanze casuali: come una donna dei suoi tempi, Tess, protagonista di *Tess dei D'Urbervilles*, eredita la tendenza ad accettare passivamente la volontà altrui. Tess è una vittima: è completamente nelle mani del destino e non è in grado di fare niente. Per Hardy in realtà Tess era una ragazza giovane e innocente, schiacciata da una serie di circostanze sfortunate.
Nel romanzo emerge il ruolo della natura: per esempio, prima dell'arrivo della polizia che arresterà Tess per l'omicidio di Alec, la natura si conforma alla situazione che appare chiusa, taciturna e desolata.
Hardy introduce sempre premonizioni sinistre nelle situazioni felici, premonizioni che richiamano il destino avverso, come il canto del gallo dopo il matrimonio di Tess con Angel e il raggio di luce sul volto di Tess che la sveglia il mattino dell'arresto.

ARTE

- Il titolo dell'opera *Il grido* di Edvard Munch è significativo. Non indica qualcosa che sta accadendo (un uomo che urla), né un luogo (il ponte), ma l'espressione interiore attraverso il grido (Munch è un espressionista, infatti). Il grido non è l'articolazione logica di un pensiero o di un sentimento in parole ordinate sintatticamente. Il grido è una reazione istintiva, l'urlo originario, primordiale, antico come l'uomo, che esprime un complesso inestricabile di sentimenti, paure, insicurezze, smarrimento, angoscia.
  "Ho sentito questo grido venire da tutta la natura" ha detto Edvard Munch.

TESINE CORRELATE – Angoscia, Male

PESTE

La peste nell'antichità, nel medioevo e nell'età moderna
La peste in Manzoni... e non solo

Il terrore di un'epidemia che si propaghi fra la popolazione senza possibilità di essere sconfitta è ben vivo anche ai giorni nostri. Basti pensare a come ha reagito l'opinione pubblica di fronte ai recenti casi relativi all'antrace. C'è sempre dietro l'angolo il rispuntare di un sentimento di irrazionale timore, che ha portato anche in tempi recenti a emarginare delle persone solo in base a timori infondati (AIDS).

GRECO

- Per Sofocle, in *Edipo re*, la peste è una punizione divina. Rivela quindi una singolare identità di vedute con i testi dell'Antico testamento, che presentavano la peste come diretta conseguenza di una mancanza o di un peccato umano.

- La peste di Atene descritta da Tucidide è narrata in modo oggettivo, senza tacere gli episodi di sciacallaggio e degradazione.

LATINO

- Lucrezio, nella parte finale del *De rerum natura* fa della peste di Atene una dimostrazione della forza della natura.

ITALIANO

- Manzoni prima, ne *I promessi sposi*, accenna all'ignoranza dimostrata dai milanesi durante la peste del 1630, poi ne fa argomento di un'opera specifica, *La storia della colonna infame*, pubblicata in appendice all'edizione del 1840, ma non priva di una aridità che non c'era invece nei capitoli XXXI e XXXII del romanzo.
- Calvino in "Esattezza", una delle *Lezioni americane*, parla di "peste della scrittura".
- Amado, scrittore brasiliano, che può essere letto in traduzione, scrive *Teresa Batista stanca di guerra*, storia di una donna che combatte coraggiosamente contro le avversità della vita, compresa la malattia pestilenziale del vaiolo nero.

INGLESE

- Daniel Defoe dedicò alla peste londinese del 1665 un'opera cronachistica intitolata *Il Diario dell'anno della peste* (*A journal of the plague year*, 1722).
- Edgar Allan Poe, scrittore americano, scrisse alcuni racconti in cui la peste viene trasfigurata ora in modo simbolico e inquietante (*La maschera della morte rossa, The Masque of the Red Death*) ora in modo grottesco e ironico (*Re peste, King Pest*).
- Frank Herbert con *Il morbo bianco* (*The White Plague*) e Stephen King con *L'ombra dello scorpione* (*The stand*) hanno rivisitato in modo fantascientifico e moderno il topos letterario della peste.

FRANCESE

- Il teorico teatrale Antonin Artaud parla in senso decisamente positivo della "peste del teatro" nel suo testo *Il teatro e il suo doppio* (*Le théâtre et son double*).
- Camus ne *La peste* adombra il nazismo come malattia dell'uomo che vuole prevalere sull'altro uomo.

STORIA

- Negli ultimi due secoli ci sono state epidemie di vaiolo, colera e influenza (particolarmente virulenta la spagnola alla fine della prima guerra mondiale), mentre la peste propriamente detta sembra essere stata sconfitta definitivamente.

SCIENZE

- La peste è una malattia infettiva e contagiosa, dei roditori e degli uomini, dovuta a un batterio gram-negativo, definito *Yersinia pestis*, e si divide in peste bubbonica, polmonare e setticemica.

BIBLIOGRAFIA

L.Cuccarini, *Le immagini della peste dal mito alla fantascienza*, Il capitello

TESINE CORRELATE – Morte

POSITIVISMO

La filosofia positivista alla base del Naturalismo e del Verismo
Positivismo e Neopositivismo

Con il Positivismo nasce per la prima volta una filosofia della scienza non più subordinata alla stessa filosofia, o alla teologia o alla morale. La scienza, al contrario, detta leggi (es. legge dell'evoluzione) che saranno poi applicate ai campi della letteratura, con il Naturalismo francese e il Verismo italiano.

ITALIANO

- Capuana fu un grande teorico del Verismo (*Gli Ismi contemporanei*) oltre a essere discreto romanziere. Egli infatti realizzò i presupposti teorici in romanzi famosi all'epoca come *Il marchese di Roccaverdina*.
- La *Prefazione a L'amante di Gramigna* e la *Prefazione ai Malavoglia* sono i due testi in cui Verga espone il canone di impersonalità del narratore. L'autore non coincide con il narratore e comunque la narrazione deve sembrare essersi fatta da sé, senza l'intervento soggettivo dell'autore.

FRANCESE

- Nel Naturalismo francese di Zola e dei fratelli De Goncourt non c'è il fatalismo e il senso del progresso che come una fiumana travolge i vinti, come accade nel Verismo italiano. Qui prevale la fiducia che il progresso possa portare in futuro a un miglioramento della condizione delle masse popolari, al momento ancora oppresse ingiustamente.

TEDESCO

- Gerhart Hauptmann, drammaturgo e romanziere tedesco, fu uno dei principali esponenti del movimento naturalista nella letteratura tedesca. L'interesse dell'autore per le classi lavoratrici e i ceti bassi della scala sociale anima le pagine del suo capolavoro, *I tessitori* (*Die Weber*, 1892), dramma di protesta sociale, ambientato in Slesia, che come protagonista ha un'intera classe di lavoratori, non già un singolo individuo.

FILOSOFIA

- Il termine Positivismo venne introdotto dal filosofo francese Auguste Comte, ma alcuni concetti positivisti risalgono all'opera di David Hume, del filosofo francese Henri de Saint-Simon e di Immanuel Kant.

- Comte chiamava Positivismo la tendenza costruttiva della realtà specularmente opposta alla metafisica tradizionale. La costruzione di un mondo "positivo", fondato sulla scienza e sulla conoscenza dei fatti liberati dai dogmi, doveva anche inaugurare una nuova organizzazione della società e del sapere scientifico. Il tema filosofico positivistico fu articolato da altri pensatori quali i filosofi britannici John Stuart Mill e Herbert Spencer e il fisico e filosofo austriaco Ernst Mach.
- Mill si richiamava a Comte, ma insisteva soprattutto sull'esigenza empiristica per la quale l'unico criterio valido è l'esperienza; Spencer recuperò invece una forma dogmatica e metafisica, sottolineando che la filosofia si fonda sulle verità sostenute dalle scienze. Mach, fondatore dell'Empiriocriticismo, riprese le critiche al dogmatismo per affermare la necessità che la scienza procedesse a una descrizione più semplice possibile del mondo.
- Nel corso del XX secolo un movimento filosofico interessato agli sviluppi della scienza moderna rifiutò le concezioni positivistiche, che fondavano la validità della conoscenza sull'esperienza individuale, e sottolineò il primato della verificabilità scientifica. Tra gli studiosi appartenenti a questa corrente, noti come positivisti logici, vi furono Ludwig Wittgenstein, Bertrand Russell e G. E. Moore. Fu il *Tractatus logico-philosophicus* (1921) di Wittgenstein a determinare un aperto rifiuto della metafisica e a considerare l'empirismo come necessità logica.
- Oggi i positivisti che hanno rigettato le posizioni del Circolo di Vienna preferiscono farsi chiamare empiristi logici per dissociarsi dall'enfasi posta dai primi pensatori sulla verificabilità: essi sostengono che il principio stesso di verificazione sia inverificabile.

SCIENZE

- Grazie alla lettura di Malthus e alle sue esperienze di viaggio, Darwin intuì che tutte le specie animali e vegetali dovevano necessariamente essere in competizione l'una con l'altra per la loro esistenza e per la loro perpetuazione nelle generazioni successive: in base, cioè, alla teoria della selezione naturale, solo gli individui che riuscivano ad avere la meglio nella lotta per l'esistenza con gli altri animali arrivavano a riprodursi, trasmettendo alla generazione successiva i caratteri ereditari che ne avevano favorito la sopravvivenza. Darwin ipotizzò, inoltre, che tutti gli organismi affini discendessero da antenati comuni e che anche il globo terrestre fosse una delle strutture naturali sottoposte a pressione evolutiva.

TESINE CORRELATE – Scienza, Meccanicismo

PROVINCIA

Provincia lenta sonnacchiosa e gretta
La provincia in letteratura

L'immagine che i letterati danno della provincia non è certo lusinghiera. Si tratta infatti di un mondo fatto di pettegolezzi, ripicche, ideali meschini e vetusti, che in genere si contrappone alla vivacità, all'apertura mentale e alla modernità delle città. Pure, la provincia, con i suoi ritmi non stressanti e una vita più a misura d'uomo, senza la confusione e l'appariscenza cittadina, rappresenta un mondo ideale, che esercita anch'esso il suo fascino. Si pensi per esempio alla contrapposizione tra città e campagna nella letteratura greca e latina.

ITALIANO

- *I promessi sposi* di Manzoni: il paesello di Renzo e Lucia presenta tutte le contraddizioni di un mondo regolato dalla consuetudine e dalla routine ma per certi versi è il mondo degli affetti (leggi l'Addio ai monti, cap. VIII) contrapposto al tumulto cittadino.
- *Demetrio Pianelli* di Emilio De Marchi descrive la frustrazione di un *travet* su cui grava il peso dell'onore familiare, disposto a sacrificare la propria felicità al dovere e alla morale dei benpensanti.

- Aldo Palazzeschi delinea le ambizioni frustrate di signore piccolo borghesi, come *Le sorelle Materassi*, che sognano per la nuova generazione il benessere a loro sconosciuto, sacrificando tutto, senza alcun compenso neanche sul piano affettivo, al nipote sfruttatore.
- *Totò Merùmeni* di Guido Gozzano è l'antieroe, volutamente contrapposto al superuomo dannunziano. Egli predilige la provincia sonnolenta, la monotonia, la morte anonima, la rassicurante bruttezza slavata del quotidiano.

INGLESE

- Chiuso e retrogrado il mondo provinciale ne *La lettera scarlatta* (*The scarlet letter*) di Nathaniel Hawthorne.
- Il contrasto fra provincia e città emerge nei racconti di Flannery O'Connor, come *Il geranio* (*The Geranium*). Chi è vissuto sempre in provincia, come il protagonista, non riesce ad adattarsi ai ritmi frenetici della metropoli.
- La provincia è però tediosa conservatrice di convenzioni puritane nei racconti di Sherwood Anderson. Spesso i protagonisti trasgrediscono di nascosto, mantenendo però esteriormente le convenzioni, per non alimentare le chiacchiere provinciali.
- Anche Jane Austen in *Orgoglio e pregiudizio* (*Pride and prejudice*) descrive i pregiudizi e le disparità sociali che spesso impediscono l'unione di due persone in un ambiente gretto e proviciale.
- George Eliot descrive come l'ossessione di evitare a tutti i costi uno scandalo causa la rovina della protagonista de *Il mulino sulla Floss* (*The mill on the Floss*).

FRANCESE

- *Papà Goriot* (*Le père Goriot*) di Honorè de Balzac mostra un mondo di miseria e sfruttamento. Spesso per uscirne i protagonisti calpestano affetti e umanità.

PSICANALISI

Storia della psicanalisi
Psicanalisi in letteratura, arte e filosofia

Questo termine fu coniato da Freud, padre della psicanalisi, anche se poi altri psicanalisti, come Jung, si discostarono notevolmente dalle teorie freudiane. Interessante è notare che la psicanalisi è stata applicata poi a tutte le arti, come la letteratura e il cinema.

ITALIANO

- In chiave psicanalitica si possono leggere le poesie di Dino Campana (*Canti orfici*) spesso vere e proprie visioni o sogni che il poeta ricorda e mette sulla carta.
- Svevo ne *La coscienza di Zeno* riconoscerà alla psicanalisi una funzione conoscitiva, ma per nulla risolutiva e terapeutica della sostanziale incapacità di agire del protagonista, pertanto lo psichiatra non riuscirà a guarire l'abulia psichica di Zeno.
- Umberto Saba: *Lettere sulla psicanalisi* (Saba aveva affrontato un ciclo di terapia psicanalitica dal 1929 al 1931 con il dottor Weiss, che poi si trasferisce a Roma, e l'autore diventerà analista di se stesso). In *Autobiografia* il poeta esprime il suo terrore della circoncisione nel nono sonetto e il suo giudizio severo sulla madre, mentre il padre ne è vittima, nel secondo sonetto (rovesciamento del complesso di Edipo). Dopo che il padre (cristiano) abbandonò la famiglia, la madre (ebrea) Rachele crebbe il figlio in un clima di austera severità (sentendo la responsabilità di dover, in un certo senso, fare anche da padre) tanto che il giovane Umberto preferì il clima più sereno della famiglia della nutrice slovena Peppa Sabbaz, da cui sceglierà il nuovo cognome Saba (in ebraico "pane") al posto dell'originario cognome triestino Poli.
- Oltre alla rilevanza per gli influssi neorealistici, il romanzo *L'isola di Arturo* di Elsa Morante può essere letto anche in chia-

ve psicanalitica come superamento da parte di Arturo del mito materno (Immacolatella e Nunziatina) e la scoperta della donna non madre (Assuntina).

INGLESE

- Interessanti in chiave psicanalitica i romanzi *Figli e amanti* (*Sons and lovers*) di D. H. Lawrence e *Dedalus. Ritratto dell'artista da giovane* (*A portrait of the artist as a young man*) di Joyce.

FRANCESE

- Breton teorizza sul piano letterario l'utilizzo dell'automatismo psichico nel *Manifesto del Surrealismo* del 1924.
- Eluard nelle sue poesie lo usa, lasciando affiorare dall'inconscio materiale per le sue poesie, senza la mediazione razionale.

FILOSOFIA

- Per Freud la psicanalisi è l'indagine sulle motivazioni inconsce delle patologie neuropsichiche. Si tratta cioè di un "lavoro" nel corso del quale emerge l'esperienza dell'inconscio (Io, Es e Super-Io).
- Per Jung occorreva usare una diversa metodologia di analisi e soprattutto una differente lettura del codice onirico, basata sugli archetipi.

ARTE

- La pittura metafisica italiana di Giorgio De Chirico utilizza il codice psicanalitico, razionalizzando, però, l'immagine sorta dall'inconscio prima di tradurla nell'opera.
- Il surrealismo di Max Ernst e Salvador Dalì, invece, applica radicalmente l'automatismo psichico e la scelta dell'incongruo teorizzata da Magritte.

CINEMA

- Buñuel ne *Il fascino discreto della borghesia* adotta simboli da interpretare psicanaliticamente: ad esempio la scena i cui gli animali entrano nella camera del dormiente, oppure quella del pranzo/toilette, riferimento esplicito alla fissazione orale-anale che si trova nella teoria freudiana.
- *Otto e mezzo* (8 1/2) di Fellini è la cronaca autobiografica di un'analisi junghiana cui il regista si è sottoposto.
- Anche alcuni film di Pasolini, come *Teorema*, possono essere interpretati in chiave psicanalitica.
- Notevole l'influsso della psicanalisi su alcuni film di Hitchcock, come *Io ti salverò* (si noti che Salvador Dalì contribuì alla realizzazione di questi film).
- Psicanalista è il protagonista di *La stanza del figlio* di Nanni Moretti, interpretato dallo stesso regista.

BIBLIOGRAFIA

Silvia Vegezzi Finzi, *Storia della Psicanalisi*

TESINE CORRELATE – Sogno, Inconscio, Edipo

REALISMI

Realismi in letteratura e arte tra Ottocento e Novecento
I generi del realismo
Definizioni di realismo

Il realismo è alla base della cultura occidentale, sin dai tempi di Omero, come dimostra Auerbach in *Mimesis*. Nella seconda metà dell'Ottocento questa attenzione all'oggettività dell'arte aveva raggiunto una fase quasi maniacale, quando, la rivoluzione gnoseologica del relativismo ha portato a un superamento del concetto dell'arte come mimesi del reale. Tuttavia, vi sono state epoche, come quella del neorealismo, in cui è tornata una concezione dell'arte fortemente legata alla realtà.

GRECO

- Un contributo fondamentale al realismo è dato dalla riflessione filosofica di Aristotele, che considera l'arte imitazione della natura, che a sua volta è imitazione di Dio.

ITALIANO

- **Realmismo dantesco** – Dante, sulla scorta di Aristotele e San Tommaso, considera la sua arte profondamente realista. Anche quando descrive il suo viaggio oltremondano, egli non fa che descrivere la realtà, anzi, una realtà più vera di quella che appare sotto gli occhi di tutti qua sulla terra.
- **Realmismo manzoniano** – Lucia incarna nel romanzo il sano realismo delle persone semplici, che indagano la realtà senza i pregiudizi degli uomini colti (Azzeccagarbugli e Don Ferrante) e senza l'ingenuità che caratterizza Renzo a Agnese all'inizio della storia.
- **Verismo** – Il verismo italiano realizza il canone di impersonalità secondo cui il romanzo deve sembrare essersi fatto da sé. Oltre a Verga, Capuana e De Roberto furono tra i maggiori romanzieri realisti, mentre influenzati dal realismo furono anche autori fra loro eterogenei come Mastriani, Rovetta, Matilde Serao, Emilio de Marchi, Edmondo de Amicis.
- **Realmismo del Novecento** – Il Novecento si trova, sia a livello storico sia culturale, impossibilitato a poter elaborare una nuova teoria o pratica del realismo, e non può far altro che rifarsi alle esperienze passate, tenendo presente anche il ruolo sempre più spiccatamente "commerciale" della narrativa, dal neorealismo di Pavese e Vittorini, alle vie intraprese personalmente da Moravia, Pratolini e Pasolini, fino al post-moderno (Tabucchi e Benni).

INGLESE

- **Romanzo storico** – Scott codifica le caratteristiche del romanzo storico: mistione di elementi storici documentati e personaggi verosimili, molte descrizioni e un massiccio intervento del narratore. Al proposito si può leggere la prefazione a *Ivanhoe*.
- **Romanzo realista inglese** – L'iniziatore del realismo inglese fu la scrittrice George Eliot, mentre i primi realisti americani furono Mark Twain e William Dean Howells.

FRANCESE

- **Romanzo realista del primo Ottocento** – Hugo, Balzac e Stendhal scrissero romanzi realisti, arricchendo, soprattutto Stendhal, il romanzo di azioni e cronache.
- **Romanzo realista del secondo Ottocento** – I protagonisti della svolta realista furono in Francia Gustave Flaubert e Guy de Maupassant. All'origine di tale "riscoperta della realtà" in letteratura sta certamente l'approccio positivista sia nel campo della speculazione metafisica sia nei settori di una ricerca scientifica sempre più ottimista circa le proprie possibilità. È in tale contesto culturale che si impose la teoria flaubertiana dell'impersonalità come tecnica rappresentativa.
- Il manifesto del realismo francese si può considerare il volume a più mani *Le serate di Médam* (*Les soirées de Médan*, 1880) i cui racconti si devono a Emile Zola, Joris-Karl Huysmans, Henri Céard, Léon Henrique, Paul Alexis e Guy de Maupassant, che vi concorse con la novella *Palla di sego* (*Boule de suif*).
- **Romanzo naturalista** – Secondo i fratelli De Goncourt e Zola la realtà deve essere letta con gli occhi di uno scienziato. Il narratore è tendenzialmente un oggettivo indagatore dei meccanismi sociali. Questo tipo di romanzo fu anche definito "romanzo clinico".

TEDESCO

- In Germania, accanto alla produzione di molti narratori palesemente influenzati da Maupassant spiccano per realismo i drammi di Gerhart Hauptmann.

FILOSOFIA

- Nella filosofia moderna, il termine "realismo" designa la teoria che afferma che gli oggetti percepibili, come un tavolo o una sedia, esistono indipendentemente dalla relazione con un percipiente. Nella sua forma estrema, il realismo, definito anche "realismo ingenuo", arriva a identificare l'essenza degli oggetti con il loro apparire fenomenico; mentre in versioni più sofisticate, denominate "realismo critico", viene illustrato quel nesso tra l'oggetto e l'osservatore che dà conto della possibilità dell'illusione, dell'allucinazione e di altri errori percettivi.

ARTE

- In ambito artistico, il termine "realista", utilizzato per descrivere un'opera d'arte, ha indicato spesso la rappresentazione di oggetti o figure così fedele da poter anche risultare "sgradevole", specie se contrapposta a canoni di bellezza classica. Frequentemente utilizzato per descrivere scene di vita umile, il termine può anche implicare una critica delle condizioni sociali, presente del resto negli intenti del movimento che, in contrasto con la pittura idealista, esordì all'Esposizione di Parigi del 1855. Tra i suoi promotori furono i pittori francesi Gustave Courbet (*Gli spaccapietre*, 1850), Honoré Daumier e Jean-François Millet, le cui opere sono considerate rappresentative del realismo sociale. Il realismo ebbe largo seguito in tutti i paesi europei a partire dal 1860; in Italia vanno ricordati, tra gli artisti della prima generazione realista, Giovanni Fattori, pittore del gruppo dei macchiaioli, Antonio Fontanesi e gli scultori Adriano Cecioni e Vincenzo Gemito.
- Anche gli impressionisti possono essere considerati realisti, anzi il loro intento era proprio quello di rappresentare il reale con

la maggiore oggettività possibile, senza la mediazione della mente, come se l'occhio umano fosse una pellicola fotografica da impressionare.

- Tendenze realiste nella storia dell'arte sono rintracciabili anche nel Novecento, malgrado le avanguardie sembrassero minare alla base ogni tipo di rappresentazione realistica della realtà. Si potrebbero citare Otto Dix e Georg Grosz, i murales dei messicani Diego Rivera e David Alfaro Siqueiros, fino a Renato Guttuso e agli artisti di Corrente che, sottolineando il rapporto tra arte e società, diedero valore alla realtà del contenuto.

TESINE CORRELATE – **Fotografia, Neorealismo, Romanzo**

RELATIVISMO E RELATIVITÀ

Relativismo gnoseologico e relatività einsteiniana

Alla fine dell'Ottocento alcune scoperte scientifiche hanno fatto cadere i presupposti scientifici precedenti. Non è un caso che proprio mentre Einstein metteva a punto la teoria della relatività, i filosofi e gli uomini di cultura in genere riscoprivano il soggettivismo, dopo decenni in cui erano prevalsi il realismo e il naturalismo.

ITALIANO

- *Uno, nessuno e centomila*, di Luigi Pirandello, è indubbiamente il testo letterario più significativo per dimostrare l'autentica rivoluzione in campo gnoseologico attuata dal relativismo e il rifiuto delle leggi della ereditarietà. Eppure nei saggi *Arte e coscienza d'oggi* del 1893 e *Rinunzia* del 1896 Pirandello predicava già la problematicità della realtà, non riconducibile agli schemi razionalistici. Egli afferma addirittura: "La scienza e la filosofia moderna implicano una rinunzia rispetto al mistero della vita". Non esistono verità, neppure in ambito scientifico, tutto è relativo, e questo emerge anche da altre sue opere mature (*Così è se vi pare*).

FILOSOFIA

- Il relativismo, le scoperte scientifiche e la prima guerra mondiale, massacro di uomini e della fiducia della borghesia nei suoi presupposti, hanno messo in crisi il Positivismo. Malgrado ciò, alcuni filosofi non vogliono mettere in discussione la predominanza della razionalità scientifica ma se ne differenziano per un'analisi più critica del metodo scientifico e per l'attenzione prestata all'aspetto logico-linguistico (il fisicalismo di Neurath, il verificazionismo di Schlick e la teoria del linguaggio di Wittgenstein).

FISICA

- Il principio di relatività galileiana nega l'esistenza di uno spazio assoluto rispetto al quale possa riconoscersi la quiete assoluta; ammette invece che esista un tempo assoluto e che quindi eventi simultanei in un sistema lo sono in qualunque altro sistema. Ma l'esperimento di Michelson sulla velocità della luce pose in dubbio le teorie di Galilei poiché, dimostrando che la velocità della luce è assoluta, non si riuscì a trovare un sistema di riferimento. Einstein risolse la questione affermando che le leggi di Galilei andavano modificate e che non esiste nemmeno un tempo assoluto. Il gruppo di trasformazioni di coordinate che sostituiscono quelle di Galilei, ma che rimangono invariate per velocità molto minori di quella della luce, sono note come trasformazioni di Einstein-Lorentz.
  Effetti relativistici sono:
  – la dilatazione del tempo, per cui la durata di un evento misurata in un sistema di riferimento in moto rispetto all'osservatore in quiete è maggiore;
  – la contrazione delle lunghezze, per cui un oggetto in moto rispetto a un osservatore fermo appare accorciato nel senso del moto;
  – l'aumento della massa, per cui i corpi che si avvicinano alla velocità della luce hanno un peso che tende all'infinito.

TESINE CORRELATE – Crisi, Crisi dell'io, Scienza

RELIGIONE

Il sentimento religioso nella cultura e nell'arte
Il senso religioso dell'uomo moderno
Religione frutto di uno sforzo umano o rivelazione divina?

Tutti gli uomini si sono confrontati con le esigenze costitutive dell'uomo, la felicità, la verità, cui le religioni hanno cercato di dare una risposta. In particolare l'avvenimento di Cristo ha portato gli uomini a una scelta radicale: aderire a Lui, attraverso il segno tangibile, anche se pieno di difetti e contraddizioni, della chiesa, oppure rifiutare questa proposta, coltivando però una nostalgia insanabile per il vuoto lasciato. Per alcuni filosofi, pensatori e intellettuali, invece, la religione è una costruzione del pensiero umano, un'illusione consolatoria, una dottrina non solo sciocca ma anche dannosa perché spinge l'uomo alla rassegnazione e alla passività.

ITALIANO

- Per Manzoni la fede ha basi storiche, morali e razionali (studia le *Osservazioni sulla morale cattolica*), è il punto di arrivo di una ricerca del vero presente anche prima, quando Manzoni, sulla scorta del suo modello umano Carlo Imbonati (leggi il *Carme in morte di Carlo Imbonati*), professava l'ateismo. La vita umana è guidata dalla provvidenza.
- Leopardi testimonia un forte sentimento religioso e l'ansia dell'assoluto, cui però non sa trovare risposta adeguata nella adesione alla chiesa istituzionalizzata, anche per l'avversione causata dal rigorismo e bigottismo della madre e del padre (studia la sua biografia). Tuttavia, accanto alla concezione illuminista e sensista delle illusioni, come creazione dello spirito umano, alcuni critici leopardiani hanno voluto intravedere "un dubbio gravissimo sull'opera della ragione, e in ultimo di determinare il vero ufficio di questa nell'economia della vita umana", come afferma Giulio Augusto Levi, uno dei più autorevoli studiosi e

conoscitori dell'opera di Leopardi, per il quale "il problema fondamentale della interpretazione del Leopardi consiste nelle relazioni del poeta col cristianesimo". In particolare Levi fa gravitare il suo giudizio attorno al canto *Alla sua donna*, soprattutto significativo per l'ultima strofa, che qui riportiamo:

Se delle eterne idee
l'una sei tu, cui di sensibil forma
sdegni l'eterno senno esser vestita,
e fra caduche spoglie
provar gli affanni di funerea vita;
o s'altra terra ne' superni giri
fra' mondi innumerabili t'accoglie,
e più vaga del Sol prossima stella
t'irraggia, e più benigno etere spiri;
di qua dove son gli anni infausti e brevi,
questo d'ignoto amante inno ricevi.

Citando le parole del famoso studioso, potremmo dire che questo "documento ha del paradisiaco. Egli sente che di tante miserie basterebbe a consolarlo, solo che potesse serbarne l'immagine, il suo fantasma divino; divino non solo per la sua spirituale bellezza, ma perché non è dato d'incontrarlo incarnato quaggiù: non c'è bisogno di rilevare la tendenza manifestamente mistica di quest'ultimo pensiero" (Giulio Augusto Levi).

- Un altro poeta che ha sondato l'incommensurabile, sulle orme di Dante, puntando aldilà dei nessi logici (analogia) e delle leggi fisiche meccanicistiche (metafisica) per scoprire il "senso riposto dell'io e del mondo" è Giovanni Pascoli. Si discende al di sotto della linea della realtà scientificamente analizzabile, dell'autocoscienza che, presuntuosamente, si crede di possedere, per evocare e scoprire la sostanza: ciò che sta sotto, appunto. Questa dinamica è splendidamente cantata nel capolavoro pascoliano de *La Vertigine*.
- La fede è in grado di dare un senso anche al dolore. Questo è il pensiero di Fogazzaro e del suo personaggio Franco Maironi

di *Piccolo mondo antico.* Al contrario la moglie Luisa Rigey non riesce a darsi una ragione della morte della figlia Ombretta, e per questo abbandonerà la fede.

INGLESE

- T. S. Eliot giunge all'adesione alla fede cristiana dopo un lungo percorso di disperazione e aridità umana: vedi *La terra desolata* (*The waste land*). Per lui la chiesa è la rocca su cui l'umanità può fondare la propria civiltà: vedi *I cori de La Rocca* (*The Rock*).

FRANCESE

- Lamartine: la fede e la speranza nell'aldilà sono un conforto alla perdita della donna amata. La fede ha basi emotive e non razionali.
- Vigny avverte la lontananza e l'incomprensibilità del Dio spietato e ostile, che sacrifica l'uomo o lo lascia solo.

TEDESCO

- Novalis: la scelta religiosa nasce dall'angoscia della morte, dalla cui contemplazione l'uomo cerca l'infinito (simboleggiato dalla notte) passando dal limite all'immortalità, in cui il vissuto si rinnova senza la precarietà e la temporaneità umana. L'esperienza religiosa del poeta nasce dalla non accettazione della morte della donna amata, ritrovata in chiave di immortalità.

FILOSOFIA

- Kierkegaard: la soluzione della fede è l'esito della disperazione esistenziale. Lo stadio religioso è al vertice della dottrina dei tre stadi.
- Per Marx la religione è l'oppio dei popoli, in quanto inibisce le giuste spinte di rivolta sociale. La religione è un *instrumentum regni* che i potenti hanno sempre usato per tenere a bada le masse di proletari.

- Per Freud la religione è una costruzione del Super-Io, quella parte dell'Io che pretende di dettare leggi morali che dovrebbero inibire le pulsioni nascoste dell'inconscio.

TESINE CORRELATE – Conversioni, Attesa, Desiderio

RESISTENZA

1943-45: l'ultima e più sanguinosa guerra civile italiana
L'ultima lotta per la libertà e contro l'oppressione straniera

La Resistenza italiana è alla base della nostra repubblica e della nostra costituzione. Lo stato italiano così come è oggi, si fonda su quella lotta.

Il regime fascista, già caduto nel luglio del '43, risorge dopo l'armistizio, ma dietro di esso c'è questa volta l'armata nazista. L'Italia diventa quindi il teatro di uno scontro in cui sono implicati non solo italiani, che lottano contro altri italiani, ma tedeschi, americani e inglesi. Qui si gioca una partita che diventerà piuttosto decisiva per le sorti di tutto il conflitto. I partigiani hanno dato il loro contributo, quindi, alla caduta del regime totalitario nazista, pagando però un prezzo molto alto. Quanti giovani, anche minorenni, hanno versato il loro sangue in quegli anni concitati?

ITALIANO

- Ne *La casa in collina* Cesare Pavese racconta la Resistenza dalla parte di chi condivide le ragioni della lotta, ma non ha più il coraggio di combattere in prima linea (il professore del romanzo è alter-ego dello stesso Pavese). Un certo senso di delusione e amarezza per le strumentalizzazioni e le conseguenze politiche della Resistenza si può evincere dalla lettura de *La luna e i falò*.
- *Una questione privata*, di Fenoglio, presenta per la prima volta il problema, centrale negli anni dopo il Sessantotto, del rappor-

to tra il bene di tutti e i sentimenti privati. Beppe Fenoglio ha riversato la sua esperienza personale anche nel romanzo *Il partigiano Johnny*, originalissimo per le scelte linguistiche a metà tra un italiano fortemente influenzato dal gergo e dal dialetto e l'inglese, come una seconda lingua per Fenoglio, Pavese, Fernanda Pivano e gli altri intellettuali che all'epoca traducono le opere degli artisti stranieri e soprattutto dei romanzieri americani, per contrastare il provincialismo e l'astrattezza della nostra prosa.

- Ne *La ragazza di Bube* di Carlo Cassola vengono descritti senza veli i crimini di cui si resero responsabili gli ex-partigiani dopo la fine della guerra.
- *Il sentiero dei nidi di ragno* di Italo Calvino visita la Resistenza attraverso gli occhi adolescenti di Pin, che gioca ancora a guardie e ladri insieme ad altri della Brigata Garibaldi, compagni non sempre ineccepibili nei loro comportamenti ma che combattono dalla parte giusta, dalla parte della libertà. Importantissima la lettura della "Postfazione" (cioè prefazione a una seconda edizione del 1964) allo stesso romanzo, per capire l'urgenza di raccontare la lotta partigiana, da parte degli scrittori cosiddetti neorealisti.
- *L'Agnese va a morire*, di Renata Viganò, è uno dei testi più famosi della Resistenza, ma anche uno di quelli più intrisi di retorica ed epica.

STORIA

- La storia della Resistenza italiana si inserisce in un arco cronologico più ampio della Resistenza europea, essendo le sue origini già presenti nell'antifascismo degli anni Trenta.
  Con il procedere della guerra e con le prime debolezze del regime fascista causate dalle sconfitte dell'esercito italiano, prese corpo in Italia l'opposizione al fascismo. Gli scioperi che paralizzarono le fabbriche del Nord tra l'aprile e il marzo del 1943 ebbero tra i principali organizzatori gruppi di comunisti che diffondevano le ragioni dell'antifascismo. Già nel 1942 l'opposi-

zione al fascismo si era riorganizzata operando per la prima volta sul territorio nazionale: nel giugno si era costituito il Partito d'Azione, nato dalla convergenza tra gli uomini di Giustizia e Libertà, quelli del movimento liberalsocialista e quelli di tendenza repubblicana. Nell'ottobre era stata fondata la Democrazia cristiana, che raccoglieva l'eredità del precedente Partito popolare di don Sturzo. In concomitanza con gli scioperi del marzo 1943 i comunisti avevano avviato un'intensa attività clandestina e stabilito contatti con socialisti, azionisti, cattolici e liberali, sfociati nella costituzione del Comitato delle opposizioni, che si riunì immediatamente dopo la caduta del fascismo (25 luglio 1943). Comunisti, socialisti, cattolici, uomini del Partito d'Azione e liberali uscirono allora dalla clandestinità riprendendo la trama della democrazia politica interrotta dal ventennio di dittatura.

- La Resistenza armata al nazifascismo si organizzò dopo l'armistizio dell'8 settembre, quando dalle fila dell'esercito lasciato allo sbando uscirono i primi gruppi di volontari combattenti, reclutati dalle nascenti formazioni partigiane. Queste furono costituite dai rappresentanti dell'antifascismo, che crearono il Comitato di liberazione nazionale (CLN), al quale si collegarono successivamente i CLN regionali, strumento politico della guerra partigiana che cominciò a manifestarsi nell'inverno 1943-44 nel territorio posto dietro le linee tedesche.
  Guerra al tempo stesso patriottica e civile, la Resistenza coinvolse complessivamente circa 300.000 uomini armati e si espresse con azioni di guerriglia e di controllo, dove possibile, del territorio liberato dai nazifascisti; fu espressione di una volontà di riscatto dal fascismo e di difesa dell'Italia dall'aggressione tedesca. I raggruppamenti più folti furono quelli organizzati dai comunisti nelle Brigate Garibaldi e nei GAP (Gruppi di azione patriottica, che operavano nelle città). Gli uomini del Partito d'Azione formarono le brigate di Giustizia e Libertà, i socialisti le Matteotti. Operarono inoltre altre formazioni autonome di differente impronta: cattolica, liberale, nazionalista e monarchica. Tra i partigiani, molti di quelli che militavano nelle for-

mazioni di sinistra erano spinti da una forte carica ideologica e pensavano che la guerra di liberazione dovesse sfociare in un radicale cambiamento della società. I partigiani del Nord trovarono appoggio tra gli operai, i quali nel marzo del 1944 diedero vita a imponenti scioperi che paralizzarono le maggiori città industriali (Torino, Milano, Genova).

- Via via che cresceva il ruolo militare della Resistenza, si poneva il problema del rapporto con gli interlocutori politici e militari: frequenti attriti si manifestarono anche dopo che i partigiani furono ufficialmente militarizzati nel Corpo volontari della libertà (giugno 1944, comandato dal generale Raffaele Cadorna, vicecomandanti il comunista Luigi Longo e l'azionista Ferruccio Parri), riconosciuto dai comandi militari alleati e dal governo nazionale.
  Causa dei contrasti con il governo italiano che operava nei territori liberati erano le strategie politiche da assumere per il futuro, mentre tra le forze militari anglo-americane correva il timore che a guerra conclusa i partigiani divenissero protagonisti di azioni insurrezionali. La Resistenza culminò con l'insurrezione generale, lanciata dal Comitato di liberazione nazionale Alta Italia il 25 aprile 1945 in concomitanza con le offensive alleate, e conclusa con la liberazione delle principali città e la resa incondizionata dei tedeschi (29 aprile).

ARTE

- Renato Guttuso, pittore, iscritto al P.C.I., partecipò direttamente alla Resistenza, che poi descrisse nei suoi quadri, tra cui *Fucilazione in campagna* e *La crocifissione.*

CINEMA

- Si possono vedere i film del neorealismo, per i quali si rimanda alla tesina sul neorealismo, accanto a un film come *Porzus* di Renzo Martinelli, che fa luce su episodi poco gloriosi della Resistenza: accadde infatti che alcuni partigiani "rossi" garibaldini condannassero a morte senza processo altri partigiani "blu" badogliani e li seppellissero in fosse comuni (foibe).

- Molti romanzi citati in precedenza hanno ispirato opere cinematografiche più o meno recenti, come *Il partigiano Johnny* o *La ragazza di Bube*.

TESINE CORRELATE – Guerre civili, Neorealismo

RETORICA

Retorica antica e retorica moderna
Storia della retorica

La retorica (dal greco *rhetorikḗ téchne*) è la teoria e pratica dell'eloquenza parlata e scritta. La retorica definisce le regole che devono governare la composizione del discorso in base a convenzioni elaborate dalla cultura greca, che fissò anche i canoni di bellezza ed eleganza dello stile.

GRECO

- Le origini della retorica vanno ricercate in ambito giuridico nell'Atene del VI-V secolo a.C., dove le istituzioni democratiche favorirono la codificazione delle regole del discorso pubblico. Secondo la tradizione il fondatore della retorica, intesa come disciplina autonoma, sarebbe stato Corace di Siracusa.
- La prima trattazione sistematica dei precetti retorici per il discorso scritto si deve ai sofisti, in particolare a Gorgia, che nell'*Encomio di Elena* (414 a.C.) utilizzò specifiche tecniche espressive ed espedienti stilistici nell'esposizione degli argomenti, sottolineando l'importanza dell'arte della persuasione.
- Un altro sofista, Protagora, elaborò la teoria delle antinomie.

- Isocrate, che nel IV secolo a.C. fondò ad Atene un'importante scuola di retorica e, pur in disaccordo con Demostene su molte questioni, conveniva nell'assegnare all'oratoria una precisa funzione politica.
- Platone discusse i principi dell'eloquenza nel *Gorgia* e nel *Fedro*, ma negò alla retorica dignità di scienza e la definì *empiria* nell'*Eutidemo*.
- Aristotele ne rivalutò l'aspetto speculativo, affiancandola alla logica in quanto strumento per la corretta argomentazione.
- Apollodoro di Pergamo e Teodoro di Gadara furono tra i primi rappresentanti delle scuole degli atticisti (più essenziali e scarni) e degli asiani (più pomposi e artificiosi).
- Ermagora introdusse la "tesi" nell'ambito degli argomenti retorici e la suddivisione della retorica in "genus razionale" e "genus legale".
- Ne *L'anonimo del sublime* si afferma che il *pathos* è la forza e l'essenza della retorica.
- Dione di Prusa ed Elio Aristide sono due esempi di oratori itineranti.
- Anche Luciano di Samosata interviene nei dibattiti sulla retorica ne *Il sogno*, fornendo un esempio di *encomia paradoxon* ne *L'elogio della mosca* e criticando i caratteri della seconda sofistica ne *Il maestro di retorica*:

LATINO

- Le origini della retorica nel mondo latino risalgono al II sec.a.C., in un'opera di cui non si conosce l'autore, denominata *Rhetorica ad Herennium*.
- Nel *De invenzione*, *Orator* e *Brutus* di Cicerone e nelle *Institutiones oratoriae* di Quintiliano la retorica era considerata uno dei principali strumenti di partecipazione alla vita civile e politica.

I trattatisti latini distinsero cinque fasi dell'elaborazione del discorso: *inventio* (ricerca degli argomenti); *dispositio* (disposizione degli argomenti), a sua volta suddivisa in *exordium* (inizio), *captatio benevolentiae* (finalizzata ad accattivarsi i favori del pubblico o dell'interlocutore), *narratio* (esposizione degli argomenti), *confirmatio* (spiegazione dei fatti), *peroratio* (epilogo); *elocutio* (elaborazione stilistico-formale); *memoria* (apprendimento mnemonico del discorso) e *actio* (cura dell'intonazione e della gestualità). Queste ultime due fasi erano ovviamente riservate ai discorsi da tenere in pubblico.

- *Controversiae et suasoriae*: Seneca il Vecchio vi raccoglie le orazioni scritte dai più importanti retori dell'età di Augusto.
- Molto più pessimista rispetto al suo contemporaneo Quintiliano era Tacito, che nel *Dialogus de oratoribus* denuncia la decadenza della retorica latina nel periodo imperiale.
- In seguito, gli elementi della retorica classica furono introdotti nella cultura cristiana da sant'Agostino, che ne fece strumenti di supporto alla predicazione e all'evangelizzazione.
- Con Boezio, la retorica divenne una delle discipline del curriculum degli studi e venne posta, dopo la grammatica e la dialettica, all'apice del trivium.

ITALIANO

- A partire dal XVIII secolo le tecniche oratorie furono particolarmente sfruttate in ambito politico, ma in campo letterario il Romanticismo segnò il declino della retorica, considerata un freno alla libera espressione dell'ispirazione individuale.
- Nel XX secolo si è assistito a un rinascita di questa disciplina, con l'individuazione di ampie applicazioni in vari ambiti della comunicazione scritta e parlata; in questo senso la retorica è stata collegata a discipline di ambito linguistico come la semantica.

TESINE CORRELATE – Incomunicabilità

RIVOLTE

Il popolo si ribella senza riuscire a cambiare l'ordine precostituito
Tumulti, Manifestazioni, Cortei, Proteste violente e non violente nella storia

La rivolta è un avvenimento storico che consiste nel tentativo di cambiare un ordinamento sociale o politico non condiviso dal popolo. Non arriva a raggiungere il suo obiettivo, altrimenti si trasformerebbe in rivoluzione, ma il più delle volte porta a galla contraddizioni, ingiustizie e sopraffazioni che devono essere comunque affrontate e risolte, magari in un periodo successivo. In altri termini il regime non può più ripristinare l'equilibrio iniziale se non cambia qualcosa. In questa tesina oltre alla rivolta propriamente detta, abbiamo incluso anche i cortei, le manifestazioni, persino quelle non violente, che esprimono, in un modo diverso, il dissenso rispetto al governo. Questo, in un regime democratico, risulta, a differenza del regime totalitario, logico, in quanto naturale dimostrazione del pluralismo delle idee e della libertà di pensiero.

ITALIANO

- Il tumulto di San Martino, nei capitoli XI-XV de *I promessi sposi* di Alessandro Manzoni, mostra come la folla, pur animata da giusti sentimenti di rivalsa sociale, si lasci trasportare a volte dalla cieca furia, che non giova alla risoluzione dei problemi per cui il tumulto è scoppiato.
- Due romanzi descrivono abilmente la confusione della situazione politica nel primo dopoguerra, quando la violenza degli estremismi di destra e sinistra prevaleva sulle idee più pacate, e uno rischiava o di lasciarsi trasportare da queste vaghe idee di rinnovamento del mondo, confondendo comunismo e fascismo, cosa che accade al giovane Alessio, protagonista di *Il garofano rosso* di Vittorini, oppure di cadere vittima, preso letteralmente tra due fuochi, come Filippo *Rubè*, protagonista dell'omonimo romanzo di G. A. Borgese.

- *Metello* di Vasco Pratolini descrive in modo un po' retorico le prime manifestazioni sindacali nell'Italia dell'Ottocento.

INGLESE

- Nei due romanzi di Steinbeck *La battaglia* (*In dubuous battle*) e *Furore* (*The grapes of wrath*) sono presenti le manifestazioni di protesta dei contadini e degli emigranti.

FRANCESE

- Nel romanzo di Zola *Germinale* (*Germinal*) sono narrate alcune manifestazioni di protesta dei minatori per le loro condizioni disumane di lavoro.
- Rimbaud esprime l'idea del ribelle nelle poesie di *Una stagione all'inferno* (*Une saison en enfer*).

TEDESCO

- Nel *Guglielmo Tell* (1804) di F. Schiller, cui si ispirò l'omonima opera (1829) di Rossini, il leggendario eroe svizzero incarna il simbolo della rivolta contro il tiranno e la dominazione straniera.

STORIA

Innumerevoli furono nell'Ottocento e nel Novecento le manifestazioni popolari, le proteste, i tumulti di piazza e non basterebbe un libro intero per raccontarli. Limitiamoci ad alcune rivolte "celebri" verificatesi nel corso della storia contemporanea.

- La rivolta della Vandea fu un'insurrezione cattolica e filomonarchica dei contadini della Vandea, regione costiera della Francia occidentale, contro il governo rivoluzionario francese (1793-1796). Alimentata dal credo religioso della popolazione contadina e dal malcontento popolare per le vessatorie misure economiche e fiscali introdotte dal regime rivoluzionario, la rivolta fu stroncata dal regime stesso con la morte di centinaia di migliaia di vittime, anche fra la popolazione inerme.

- La rivolta decabrista fu un moto di protesta condotto nel dicembre del 1825 dai membri di una società rivoluzionaria russa, comprendente perlopiù ufficiali dell'esercito zarista influenzati dalle idee liberali francesi. L'epicentro della rivolta fu San Pietroburgo. Nella speranza di instaurare un regime repubblicano o monarchico costituzionale, i decabristi tentarono di impedire che Nicola I succedesse sul trono al fratello Alessandro I rifiutando di prestargli giuramento di fedeltà. La rivolta venne circoscritta e soffocata. Dopo il tentativo di sedizione cinque ribelli furono impiccati, centinaia condannati ai lavori forzati o all'esilio.
- In Cina la Rivolta dei Taiping contro i sovrani della dinastia Manciù, iniziata nel 1850 e proseguita fino al 1864, quando fu sedata con un bagno di sangue di 20 milioni di persone, fu guidata da Hong Xiuquan (Hung Hsiu-ch'üan), capo di un movimento che, unendo principi cristiani e collettivisti, prospettava la necessità di un radicale mutamento della scena politica cinese.
- La rivolta dei Boxer (chiamata così perché ufficialmente gli aderenti alla società fulcro della rivolta erano dediti alle arti marziali) fu una rivolta nazionalista scoppiata nel 1900 in Cina, intesa a espellere dal paese ogni presenza straniera e cristiana.
- La rivolta di Kronštadt (1-17 marzo 1921) vide insorgere i marinai dell'omonima base navale, per protestare contro la dittatura del partito bolscevico, per il ripristino delle libertà politiche e la libera elezione dei Soviet. La rivolta, che trovò consensi nei gruppi socialisti, fu stroncata dalla truppe bolsceviche comandate da Trotzkij, il quale ordinò una giustizia sommaria contro i ribelli, molti dei quali furono uccisi o deportati.
- La rivolta di Varsavia si verificò tra l'agosto e l'ottobre del 1944 contro le forze tedesche che avevano occupato la Polonia all'inizio della seconda guerra mondiale. Fu organizzata dalle forze della resistenza polacca e dell'esercito nazionale, guidato dal generale Tadeusz Komorowski e sostenuto dal governo polacco in esilio a Londra, il cui scopo era di cacciare l'esercito tedesco prima che le forze sovietiche giungessero a Varsavia. L'e-

sercito nazionale assunse il controllo della città, ma dovette arrendersi il 2 ottobre del 1944, sotto la pressione delle incursioni aeree tedesche, che durarono 63 giorni. Il fallimento della rivolta, in cui morirono tra i 150.000 e i 180.000 abitanti di Varsavia, segnò la fine del movimento nazionale polacco e facilitò l'instaurazione di un governo comunista (1 gennaio 1945) dopo che l'Armata Rossa occupò Varsavia.

ARTE

- In *Fiumana* e *La marcia del quarto stato* il pittore Pellizza da Volpedo ha mostrato l'avanzata del proletariato e degli sfruttati verso "il sol dell'avvenire" rivoluzionario.
- Nel quadro *Due uomini al tavolino* di Heckel vi è invece la sopraffazione fisica del più forte, con un coltello, sul più debole, paragonato a Cristo.

CINEMA

- Nel famoso film *La Corazzata Potëmkin* di Ejzenštejn si descrive la rivolta dei marinai di una corazzata russa repressa nel sangue dalle truppe zariste. Si tratta di uno dei tanti episodi che preannunciano la rivoluzione d'ottobre del 1917.
- In *Metropolis* di Fritz Lang si vede il padrone che, conscio della ingiustizia dello sfruttamento, entra nella lotta a fianco al proletario.

MUSICA

- *La locomotiva* di Francesco Guccini racconta il gesto di rivolta di un macchinista ferroviere che lancia la locomotiva contro un treno pieno di "signori".

TESINE CORRELATE – Folla, Rivoluzioni, Socialismo

RIVOLUZIONI

Rivoluzioni politiche e sociali
Rivoluzione industriale
Dalla rivoluzione francese a quella russa

La parola rivoluzione è per lo più applicata all'ambito politico, e indica un mutamento dell'ordine precostituito. La rivoluzione si distingue dal colpo di stato, nonché dalla semplice ribellione, perché conduce a cambiamenti profondi e duraturi nel sistema sociale. Il termine "rivoluzione" può essere applicato, però, in senso più ampio, a ogni trasformazione storicamente significativa nel lungo periodo (ad esempio: rivoluzione neolitica e rivoluzione industriale).

INGLESE

- *La fattoria degli animali* (*Animal farm*) di George Orwell è una riuscitissima parodia della rivoluzione russa, che tradì le aspettative ingenerate, sostituendo a un regime autocratico un altro regime autocratico.

STORIA

- La rivoluzione francese dal 1789 al 1799 portò alla caduta della monarchia, al crollo dell'Ancien Régime e all'istituzione della repubblica in Francia. Le cause fondamentali furono l'incapacità delle classi dominanti di affrontare i problemi di stato, l'indecisione del re, l'esagerata tassazione della popolazione rurale, l'impoverimento del proletariato, il fermento intellettuale dovuto all'Illuminismo e l'eco della guerra d'Indipendenza americana.
- La rivoluzione industriale indica il passaggio da un'economia tradizionale basata principalmente sull'agricoltura a un'economia basata sulla produzione automatizzata dei beni all'interno di strutture di grandi dimensioni. Essa avvenne in ogni stato in periodi diversi: in Inghilterra nella seconda metà del XVIII secolo; in Francia, Belgio, Olanda, Germania e Stati Uniti verso la metà del XIX

secolo; in Svezia, Giappone e Italia verso la fine del secolo; in Russia e Canada subito dopo l'inizio del XX secolo; e in alcune zone dell'America latina, Medio Oriente, Asia centrale e meridionale e Africa, attorno o subito dopo la metà del XX secolo.

- Nel 1848 insurrezioni, rivolte e rivoluzioni di straordinaria intensità coinvolsero pressoché simultaneamente l'intera Europa, con l'esclusione della Gran Bretagna e della Russia. All'origine vi fu la crisi economica che aveva colpito l'Europa a partire dal 1845, ma le ragioni di fondo vanno individuate nell'intreccio tra problemi sociali, sollevati dalle organizzazioni operaie, e problemi politici, scaturiti dalle aspirazioni alla libertà e all'indipendenza.
- La Rivoluzione di luglio scoppiò a Parigi nel luglio del 1830 e provocò l'abdicazione di re Carlo X e l'abolizione della monarchia assoluta, cui subentrò un regime liberal-costituzionale.
- In Russia una manifestazione di migliaia di persone, organizzata da studenti e lavoratori il 22 gennaio 1905, fu soffocata nel sangue dalle truppe imperiali: il massacro scatenò immediatamente una rivolta popolare in tutte le zone industriali del paese. La guerra con il Giappone e la partecipazione alla prima guerra mondiale non fecero che aggravare la situazione interna. Pertanto nel febbraio 1917 fu rovesciato il regime autocratico dello zar instaurandone uno liberale, ma in ottobre il partito bolscevico diede vita a uno stato comunista e successivamente alla fondazione dell'Unione delle repubbliche socialiste sovietiche (URSS).
- La Rivoluzione messicana (1910-1920) fu costituita da una lunga serie di conflitti civili e sociali che produssero e accompagnarono la trasformazione del Messico da regime oligarchico e dittatoriale a democrazia moderna.
- La Rivoluzione cinese fu un processo storico di durata trentennale culminato nell'ottobre 1949 con l'instaurazione in Cina di un regime comunista.
- La Rivoluzione culturale cinese fu un movimento politico verificatosi nella seconda metà degli anni Sessanta del Novecento nel-

la Repubblica Popolare Cinese (il regime comunista di cui sopra). Prese le mosse dall'appello lanciato da Mao Tse-tung nell'aprile 1966 affinché le nuove generazioni cinesi si mobilitassero in nome di "una grande rivoluzione culturale e proletaria" per contrastare i "quattro vecchi" che a suo parere stavano minando la trasformazione della Cina in senso socialista: vecchie tradizioni, vecchie abitudini, vecchia cultura e vecchie correnti di pensiero.

- La Rivoluzione ungherese fu in realtà una rivolta scoppiata a Budapest contro il regime comunista, iniziata il 23 ottobre del 1956 e repressa dall'intervento delle forze militari sovietiche il 4 novembre.
- La Rivoluzione cubana (1953-1959) fu un movimento insurrezionale che portò a Cuba il rovesciamento della dittatura di Fulgencio Batista e all'ascesa al potere di Fidel Castro.
- La Rivoluzione EDSA è il nome popolarmente dato nelle Filippine all'insurrezione pacifica che nel 1986 determinò la fine della dittatura di Ferdinand Marcos e l'ascesa al potere di Corazón Aquino. La Epifanio de los Santos Avenue (EDSA) è il tratto di autostrada nei pressi di Manila dove migliaia di persone si riunirono impedendo l'arresto di Aquino ordinato da Marcos, mentre in città le manifestazioni contro il suo regime crebbero al punto da costringerlo alla fuga negli Stati Uniti.
- La Rivoluzione islamica è l'espressione che ha accompagnato in Iran il processo iniziato con l'ascesa al potere dei mullah, sotto la guida dell'ayatollah Ruhollah Khomeini, risoltosi in molti paesi islamici con l'imposizione dei valori del Corano in tutti gli ambiti dello stato e della società (politica, diritto, economia, cultura e istruzione), per una stretta unione di stato e religione, politica e comunità religiosa, come all'epoca del profeta Maometto e dei califfi. A questi obiettivi è strettamente legato il rafforzamento del fondamentalismo islamico che combatte l'occidentalizzazione e l'abbandono delle tradizioni e trova consenso di massa prevalentemente tra i giovani appartenenti alla prima generazione di famiglie trasferitesi nelle città.

FILOSOFIA

- Marx analizza ne *Il capitale* la condizione del proletariato nel contesto storico e creare le premesse per un cambiamento sociale e politico: la rivoluzione comunista.

TESINE CORRELATE – Folla, Rivolte, Socialismo

ROMANTICISMO

Romanticismo nordico e Romanticismo latino
Genesi e caratteristiche del Romanticismo

Prima in Germania, poi in Inghilterra, infine in Francia, in Italia solo nel 1816, si sviluppa un movimento culturale che intende superare il razionalismo e il cosmopolitismo del periodo illuminista, in nome di una rivincita del sentimento e dell'individuo. In Germania e in Italia al Romanticismo si associa anche un forte sentimento nazionale e risorgimentale, che intende portare all'unificazione del paese.

ITALIANO

- In Italia, i primi segni di sensibilità romantica emersero già in Vittorio Alfieri (in particolar modo nell'opera autobiografica *La vita*) e in Ugo Foscolo, soprattutto con le *Ultime lettere di Jacopo Ortis.*
- Si assume però come anno di nascita del Romanticismo il 1816, anno di pubblicazione sulla rivista milanese "Biblioteca italiana" dell'articolo intitolato *Sulla maniera e l'utilità delle traduzioni* scritto da Madame de Staël. Criticando "gli eruditi che vanno continuamente razzolando le antiche ceneri", la scrittrice francese sollecitò gli italiani a cogliere i fermenti innovativi presenti nelle letterature delle altre nazioni europee. L'articolo innescò un acceso dibattito culturale che vide schierati su posizioni conser-

vatrici autori come Vincenzo Monti e Pietro Giordani, mentre i giovani romantici, tra i quali Silvio Pellico, Ludovico Di Breme, Pietro Borsieri e Giovanni Berchet, si riunirono intorno alla rivista "Il Conciliatore", mostrandosi aperti ai nuovi stimoli culturali, soprattutto ai temi patriottici. Fu Berchet, con *La lettera semiseria di Grisostomo* (1816), a indicare come nuovo percorso compositivo la poesia popolare in contrapposizione a quella classica e mitologica, definendo quest'ultima come "poesia dei morti".

- Il rifiuto della mitologia è uno dei temi centrali della *Lettera sul romanticismo* (1823) di Alessandro Manzoni, per il quale la letteratura deve avere come soggetto il "vero", frutto di una sintesi tra valori morali, veridicità storica e accuratezza espressiva. A questi stessi principi, che sono alla base della concezione manzoniana del romanzo storico, si ispirò la composizione de *I promessi sposi* (1827, 1840-1842), una delle opere fondamentali del Romanticismo italiano.
- Leopardi, pur mostrando in più testi lontananza dallo spiritualismo e dall'esterofilia romantica (*La ginestra* e *Discorso di un Italiano intorno alla poesia romantica*), risulta, di fatto, il più grande poeta romantico italiano, per la sua poetica del vago e dell'indefinito, elaborata nello *Zibaldone* e attuata in alcuni dei suoi canti. Oltre tutto le sue poesie centrarono in pieno l'obiettivo di una poesia realmente popolare, meglio di quanto riuscirono a fare non solo Berchet e i poeti dialettali, ma persino Manzoni, ancora troppo legato, come poeta, agli schemi lessicali e stilistici del classicismo montiano.
- Altre significative opere del nostro Romanticismo furono le poesie dialettali di Porta, Belli e Giusti, i romanzi di Pellico e Nievo, le poesie patriottiche di Berchet e quelle melense e tardo-romantiche di Prati e Aleardi.

INGLESE

- Il Romanticismo inglese può essere interpretato come un ritorno al Rinascimento (un ritorno alla poesia di Spencer, Shakespeare, Milton). Questo ritorno è anticipato da Cowper, Gray, Collins e Thomson. Le caratteristiche del Romanticismo sono:

1. Risveglio della vita istintuale (la ragione non è più tanto importante).
2. Risveglio dell'indagine sull'amore e la bellezza.
3. Importanza delle rivoluzioni (Americana, Francese, la figura di Napoleone).
4. Nuovo ruolo dell'immaginazione.
5. La percezione del Sublime, a metà strada fra il mondo reale e quello soprannaturale.
6. Il ciclo vitale, la natura come fonte di ispirazione.
7. In questo periodo i miti vengono rivalutati.
8. Filosofi: J. J. Rousseau è il primo a usare la parola "romantique" in una delle sue opere, *Le fantasticherie del passeggiatore solitario* (*Les rêveries du promeneur solitaire*).
9. Schlegel usa il termine "romantisch" in un'opera critica per esprimere la creatività e i temi sentimentali trattati dallo *Sturm und Drang* (*Tempesta e Impeto*), movimento letterario e culturale fiorito in Germania e caratterizzato dall'esaltazione della natura, dell'unicità e libertà dell'individuo, dell'ideale di genio.
10. Idealismo tedesco (Fichte, Hegel, Schelling).

- Il manifesto del Romanticismo inglese è La *Prefazione* alla seconda edizione delle *Ballate Liriche* (*Lyrical ballads*) di William Wordsworth e Samuel Taylor Coleridge, in cui gli autori affermano che la vera poesia nasce da sentimento e immaginazione.
- Due altri importanti poeti romantici sono George Byron e Percy Bysshe Shelley, incarnazioni dell'eroe romantico.

FRANCESE

- Il più importante scrittore romantico francese fu Victor Hugo. Significativa è anche l'opera di Vigny e Lamartine, sinceramente legati alle tematiche più tipicamente romantiche. Più labili e quasi esclusivamente temporali i legami con il Romanticismo per scrittori come Stendhal e Balzac.

TEDESCO

- L'inizio del Romanticismo si fa generalmente coincidere con la pubblicazione della rivista "Athenäum" (1797), fondata a Jena dai fratelli August Wilhelm e Friedrich Schlegel, che enunciò le linee programmatiche del nuovo movimento. Particolarmente influenzato dal pensiero del filosofo Johann Gottfried Herder, il Romanticismo tedesco individuava nel Medioevo il momento di formazione della coscienza nazionale germanica, le cui origini dovevano essere quindi valorizzate da una letteratura non più assoggettata alla tradizione classica.
- Molto particolare e non assimilabile al solo Romanticismo l'opera di Goethe, che pure dettò con *I dolori del giovane Werther* (*Die Leiden des jungen Werther*) e *Prometeo* alcuni caratteri delle prima fase del Romanticismo (quella dello *Sturm und Drang*).

ARTE

- Alcuni pittori inglesi, come Turner e Constable, imperniano la loro pittura su una visione indefinita e misteriosa del paesaggio
- Pittori come Füssli e Blake cercarono di descrivere il mistero e l'infinito nella loro pittura visionaria e idealista.

MUSICA

- I *Lieder* di Schubert riprendevano una tradizione tipicamente popolare, adattandola alla sensibilità romantica. Essi descrivono immagini attraverso il pianoforte, come lo scorrere dell'acqua che accompagna tutto il ciclo *La bella mugnaia* (1823): non si tratta però di pura imitazione, poiché la musica riflette i mutevoli stati d'animo del protagonista.
- Le sinfonie e le sonate di Beethoven sono opere artistiche tutte basate sui concetti romantici di immaginazione e sentimento.
- Robert Schumann nelle sue opere esplorò i recessi dell'immaginazione romantica: la luce e l'ombra, la pena del distacco dal-

l'amore e dalla patria, i misteri della foresta, sogni misteriosi. Qui il regno del mistero diventa autentico territorio romantico.

- I *Notturni* di Chopin sono un esempio di musica crepuscolare, le sue *Ballate* e i *Preludi* sono ricchi invece di pathos romantico.
- Wagner attinse, per le sue idee, all'intera storia della musica romantica, cogliendo ciò che gli occorreva per formulare un linguaggio di incomparabile sottigliezza, vastità intellettuale e intensità emotiva.

BIBLIOGRAFIA

Mario Puppo, *Il romanticismo*, ediz. Studium

TESINE CORRELATE – Nazione, Natura

ROMANZO

Romanzo antico e romanzo moderno

È difficile stabilire con certezza la data di origine del romanzo. Alcuni parlano di romanzo a partire dall'antichità greca e romana, altri a partire dal romanzo medievale. In realtà il romanzo moderno così come lo conosciamo noi (opera in prosa dalla trama estesa e ricca di storie, verosimili o di fantasia, e di personaggi) nasce nel Seicento, ma diventa opera popolare nell'Ottocento. Potremmo dire, con Lukács, che il romanzo è l'opera tipica della classe della borghesia, così come altre opere (ad esempio il poema cavalleresco) erano organiche ad altre classi sociali.

GRECO

- Studia le diverse ipotesi sulle origini del romanzo (Rodhe, Cataudella, Kerényi e Lavagnini). Il romanzo, comunque, nasce subito con caratteristiche che lo contraddistinguono dagli altri generi: è un genere senza nome (il nome verrà dato secoli e secoli dopo) e senza regole (non rientra nei generi classici).

- *Avventure pastorali di Dafni e Cloe* di Longo Sofista è un'opera narrativa di ispirazione agreste.
- *Storia vera* di Luciano di Samosata è un romanzo originale, una garbata parodia dei romanzi d'avventura, allora molto in voga, ironico e polemico già nel titolo (egli si propone in realtà di mentire). Le avventure più fantastiche e strane si susseguono con ritmo serrato e avvincente, conducendo il lettore su un'isola in cui scorrono fiumi di vino, nel ventre di una balena, e poi nelle contrade dei Beati, dei Sogni, delle Zampe-d'Asino e infine nel continente degli Antipodi, anticipando opere come il *Pantagruel* di François Rabelais e *I viaggi di Gulliver* di Jonathan Swift.
- È dubbia l'attribuzione a Luciano anche del romanzo *Lucio o l'asino*, racconto di un uomo che vuole diventare uccello con una pozione magica, ma che per la sbadataggine di un'ancella si trasforma in asino e, dopo molte peripezie, ritorna uomo mangiando petali di rose; lo stesso tema fu ripreso dalle *Metamorfosi* di Apuleio.

LATINO

- Come per altri generi letterari, anche per il romanzo i latini sono debitori della cultura greca.
- Il *Satyricon* di Petronio (da cui Fellini ha tratto spunto per il suo film *Fellini Satyricon*) è una parodia del romanzo greco.
- Ne *Le metamorfosi* di Apuleio i temi realistici convivono con quelli allegorici.

ITALIANO

- *I promessi sposi* di Manzoni hanno parecchi aspetti di novità rispetto al romanzo in voga all'epoca:
  1) i protagonisti sono appartenenti alle classi più basse, mentre i potenti sono i loro aiutanti;
  2) il lieto fine del romanzo non è consolatorio, basta leggere il XXXVIII capitolo per capire che le difficoltà non sono finite per

Renzo e Lucia, anche se di natura diversa rispetto a quelle subite per opera di Don Rodrigo;
3) l'autore non rimescola nel torbido delle passioni umane, non si lascia andare al puro gusto dell'avventura come accadeva nei romanzi del suo tempo ma descrive spesso situazioni quotidiane e persone in cui non distingue in modo netto il male dal bene.

- Svevo e Pirandello rompono gli schemi del romanzo ottocentesco e, soprattutto, l'integrità del personaggio. L'uomo perde la sua identità e unicità (leggi *La coscienza di Zeno*, *Il fu Mattia Pascal*, e *Uno, nessuno e centomila*), tanto che un critico come Debendetti ha parlato al proposito di "antiromanzo".

INGLESE

- Daniel Defoe: *Robinson Crusoe*. Robinson è un uomo concreto, realista, colonialista, che evidenza la sua superiorità con Venerdì.

TEDESCO

- Novalis: *Heinrich von Ofterdingen*. Questo romanzo è l'opposto del romanzo di formazione. Mentre nel Bildungsroman il protagonista matura tramite peripezie e fatiche, qui è educato tramite il sogno. Attraverso il sogno comprende il suo compito.

BIBLIOGRAFIA

G. Debenedetti, *Il romanzo del Novecento*, ediz. Garzanti

TESINE CORRELATE – Immaginazione, Realismo

SATURNO

Saturno nella mitologia e in astronomia
Aspetti letterari e scientifici di Saturno

Saturno sia come pianeta sia come dio pagano ha caratteristiche originali, che lo distinguono da tutti gli altri pianeti o dei. Saturno rappresenta la lontananza, a differenza della luna che rappresenta la vicinanza. Egli infatti, come dio, è lontano nel tempo, perché la sua epoca, la famosa età dell'oro, si perde nella notte dei tempi. Come pianeta, è il più lontano fra quelli conosciuti in età medievale e conserva, con la sua struttura anomala, il fascino di una realtà misteriosa, benché le ultime scoperte abbiano svelato alcuni dubbi sulla natura dei suoi anelli.

GRECO

- Il dio Saturno romano fu identificato con il dio greco Crono, padre di Zeus.

LATINO

- Saturno, spodestato dal figlio Giove, fuggì in Italia, dove regnò nell'Età dell'Oro, epoca di perfetta pace e felicità. Durante i Saturnali, una festa che iniziava il 17 dicembre di ogni anno e durava sette giorni, veniva ripristinata una sorta di Età dell'Oro, in cui tutte le attività erano sospese e le esecuzioni e le operazioni militari rinviate; inoltre, era accordata la libertà agli schiavi, che sedevano a tavola al posto d'onore ed erano serviti dai loro padroni. Alcuni testi latini che parlano dell'età dell'oro sono: Virgilio, *Bucoliche* IV e *Eneide*, VIII, 306-368; Orazio, *Epodi* XVI, 39-66; Tibullo, *Elegie* I, 3,35-50; Ovidio, *Metamorfosi* I, 89-150.
- Saturno era lo sposo di Opi, dea dell'abbondanza. Tra i figli di Saturno c'erano, oltre a Giove, re degli dei, Giunone, dea del matrimonio; Nettuno, dio del mare; Plutone, dio dei morti; Cerere, dea del grano. Nelle raffigurazioni artistiche, Saturno di solito compare con la barba, reggendo una falce o una spiga di grano.

ITALIANO

- Dante incontra nel cielo di Saturno, il settimo cielo, le anime di San Pier Damiano, di San Benedetto, di Macario, di Romualdo, spiriti contemplanti (canto XXI e XXII del *Paradiso*). Anche qui dimostra, come aveva fatto anche nei canti XI e XII, il suo rispetto per i fondatori degli ordini religiosi, e per coloro che ne colgono lo spirito ortodosso di aiuto alla chiesa, alla sua purezza e alla sua predicazione. Se là gli ordini in questione erano quelli mendicanti (francescani e domenicani) qui sono i monastici (camaldolesi e benedettini).

GEOGRAFIA ASTRONOMICA

- Saturno è il sesto pianeta in ordine di distanza dal Sole e secondo come dimensioni tra quelli del sistema solare. La caratteristica principale di Saturno è il sistema di anelli, osservato per la prima volta da Galileo nel 1610 e descritto correttamente dall'astronomo olandese Christiaan Huygens. Nel 1655, avendo necessità di ulteriore tempo per verificare la propria osservazione senza perderne la paternità, questi scrisse un anagramma le cui lettere, opportunamente riarrangiate, formavano una frase latina che, tradotta, dice: "Saturno è circondato da un disco piatto e sottile, che non tocca il pianeta in alcun punto, inclinato rispetto all'eclittica". Gli anelli sono stati nominati nell'ordine in cui sono stati scoperti e, dall'interno verso l'esterno, sono noti come D, C, B, A, F, G, ed E. Oggi si sa che essi, in realtà, sono composti da oltre 100.000 anelli sottilissimi.

TESINE CORRELATE – Giove, Marte, Sole, Venere

SCIENZA

Dubbi e limiti della ricerca scientifica
Letteratura e scienza

"Il supremo passo della ragione sta nel riconoscere che c'è un'infinità di cose che la sorpassano. È ben debole se non giunge a riconoscerlo". Questa è l'intuizione di Blaise Pascal, grande matematico, oltre che grande filosofo, confermata e approfondita dal seguente brano di Albert Einstein. "La più bella e profonda emozione che possiamo provare è il senso del mistero. Sta qui il seme di ogni arte, di ogni vera scienza [...]. L'uomo per il quale non è più familiare il sentimento del mistero, che ha perso la facoltà di meravigliarsi e di umiliarsi davanti alla creazione è come un uomo morto [...]. Nessuno si può sottrarre a un sentimento di riverente commozione contemplando i misteri dell'eternità e della stupenda struttura della realtà. È sufficiente che l'uomo tenti di comprendere soltanto un po' di questi misteri, giorno dopo giorno, senza mai demordere, senza mai perdere questa sacra curiosità". Solo così si intende la scienza nel modo corretto: uno strumento attraverso il quale investigare la realtà senza presunzione e senza preconcetti.

LATINO

- Ovviamente il concetto che i latini avevano di scienza è ben diverso da quello moderno. Un caso emblematico è quello di Seneca. Nell'opera *Naturales quaestiones* Seneca dà una dimostrazione di conoscenza delle teorie scientifiche di ascendenza stoica. Infatti gli stoici non consideravano la scienza come autonoma, libera e disinteressata ricerca: per essi, quindi anche per Seneca, la scienza era subordinata alla filosofia, in particolare alla metafisica stoica. Nondimeno, in quest'opera Seneca si sforza di demolire molte credenze superstiziose e fantasiose in voga all'epoca.
- La *Naturalis historia* di Plinio il Vecchio è un'opera in 37 libri che si occupa di cosmografia, geografia, antropologia, zoologia, botanica, agricoltura, medicina e mineralogia. Plinio il Vecchio dimostra qui una grande curiosità intellettuale (quella stessa che gli costerà la vita nel corso della famosa eruzione del Vesuvio, come testimoniato nella lettera del nipote Plinio il Giovane). Egli imposta la sua opera in modo enciclopedico: accoglie tutte le teorie e le ipotesi scientifiche dell'epoca, senza operare un taglio o un vaglio critico, tuttavia, rispetto a Seneca, professa una maggiore autonomia della scienza da ogni tipo di metafisica.
- Nel *De rerum natura* di Lucrezio "scienza" corrisponde a "ragione", pertanto anche per Lucrezio non vi è distinzione fra scien-

za e filosofia, nel senso che la scienza corrisponde alla filosofia epicurea, in grado di illuminare, secondo lui, le menti obnubilate degli uomini, spiegando in modo razionale non solo le questioni etiche, ma anche la struttura della materia. Tutti gli elementi sono composti da atomi che, scontrandosi fra di loro in modo del tutto casuale, generano gli organismi e i fenomeni.

ITALIANO

- Il rapporto tra letteratura e scienza è sempre stato conflittuale, per cui o la letteratura prevaleva sulla scienza, in epoche come quella medievale (basti pensare alla *Divina commedia*, opera di un uomo di cultura esperto anche nella scienza del suo tempo, ma che la subordina ai soprasensi di cui la sua scrittura è piena), o la scienza prevaleva sulla letteratura, in epoche come quella del verismo. Una sorta di equilibrio è possibile trovarlo solo in alcune opere del Novecento (es. *Il sistema periodico* di Primo Levi o *Le cosmicomiche* di Italo Calvino).
- Primo Levi è un chimico. In alcuni suoi romanzi e, soprattutto, racconti, comunica l'amore per la scienza che, tuttavia, non supera mai il suo amore per l'uomo. La scienza dà a Primo Levi lavoro e soddisfazioni personali, ma forse non risolve le sue angosce esistenziali, amplificate dalla terribile esperienza nel campo di concentramento.
- Italo Calvino è un grande conoscitore di materie scientifiche, in particolare la botanica, vista l'occupazione dei suoi genitori (ingegneri agronomi). Leggendo il romanzo *Palomar* (vedi per esempio quando parla della "spada di luce") si ha l'impressione che conosca molto bene anche le geometrie non euclidee, e in generale gli sviluppi della fisica e della scienza in particolare dopo la teoria della relatività.

FILOSOFIA

- Dopo le esperienze del positivismo ottocentesco, agli inizi del Novecento nasce la "filosofia della scienza", una disciplina autonoma tendente all'esplicitazione consapevole e sistematica del metodo dei fondamenti e delle condizioni di validità delle asserzioni scientifiche.

- Il neopositivismo fu creato nel centro culturale denominato "Circolo di Vienna" dove gruppi di scienziati e filosofi (tra i quali Schlick, Neurath e Carnap) si incontravano periodicamente per discutere sulle questioni più importanti della filosofia della scienza. Linee programmatiche del neopositivismo sono:
  1. formulazione di una scienza unificata, comprendente tutte le conoscenze provenienti dalla fisica, dalle scienze naturali, ecc.;
  2. il mezzo per tale fine doveva consistere nell'uso della logica matematica;
  3. contribuire alla chiarificazione dei concetti e delle teorie della scienza empirica e alla chiarificazione dei fondamenti della matematica.

  Il principio basilare del neopositivismo è il principio di verificazione, in base al quale hanno senso solo quelle proposizioni che si possono verificare empiricamente; hanno senso cioè soltanto le proposizioni della scienza empirica.
  Da ciò deriva l'antimetafisica poiché metafisica e religione, non essendo verificabili, non hanno senso.

- Vale la pena anche di ricordare che il neopositivismo ebbe oppositori di rilievo, tra cui si si distinse Karl Popper.
  Egli, affermando che "l'induzione non esiste", vuole minare le basi del verificazionismo per affermare il suo principio di falsificazione. Con il principio di verificazione i neopositivisti vollero stabilire una linea di demarcazione tra linguaggio sensato e insensato, mentre Popper propone il suo criterio di falsificazione come criterio di distinzione fra scienza empirica e non scienza. Una teoria è scientifica se è falsificabile. Dire però che un'asserzione non è scientifica non equivale a dire che sia insensata. Popper infatti attribuisce un certo valore alle idee metafisiche poiché esse non possono essere verificate, ma sono criticabili.

MATERIE SCIENTIFICHE

- In generale, il Novecento ha visto crollare la presunzione, tipica del periodo precedente, di una scienza in grado di formulare leggi valide universalmente e in grado di risolvere i grandi misteri del mondo e dell'uomo. Paradossalmente, le questioni "aperte" sono addirittura aumentate di numero, poiché approfondendo l'indagine se ne sono sollevate di nuove, come si può capire dai paragrafi seguenti.

BIOLOGIA

- Gli scienziati si scontrano con la difficoltà di effettuare previsioni certe sull'evoluzione dei sistemi viventi. Viene meno quindi la presunzione del periodo darwiniano e si scopre che i sistemi viventi presentano un grado di complessità estremamente elevato, poiché i fattori che influiscono sono molteplici.

ASTRONOMIA

- Nel 1915 Wegener formula la sua teoria della deriva dei continenti. A questo punto anche il nostro pianeta fornisce un esempio di sistema complesso. Non si può infatti conoscere con esattezza il suo passato, soprattutto quello più remoto, né si può essere certi su come si evolverà in futuro.

MATEMATICA

- Nella seconda metà del XIX secolo alcuni matematici, tra cui Lobačevskij, Gauss e Bolyai, riuscirono a comprendere che la geometria euclidea non era l'unica, ma solo una tra le diverse possibilità.

FISICA

- Il modo tradizionale di indagare la realtà rivela i suoi limiti soprattutto nel campo della fisica. Osservare una particella vuol dire determinare, in un dato istante, la sua posizione e la sua velocità (oppure la sua quantità di moto). A causa della sua natura ondulatoria, una particella non può essere localizzata in un determinato punto dello spazio. Si può al massimo definire la posizione della particella in un segmento Δx, rappresentandola con un pacchetto di onde. La particella è diffusa ora soltanto nel segmento Δx e quindi la sua posizione è localizzabile con un indeterminazione pari a Δx. Questa indeterminazione è di fondo, cioè è connessa con la natura stessa delle cose; in questo caso con il carattere ondulatorio della particella, e non è eliminabile migliorando gli strumenti di misura. Allo stesso modo della posizione, anche la quantità di moto è individuabile con una indeterminazione Δq. Werner Heinsenberg pose in evidenza che le due indeterminazioni sono connesse tra loro e soddisfano la relazione $\Delta x \Delta q \geq h/2\pi$, dove h è la costante di Planck. Questa legge, formulata nel 1927, è nota come principio di indeterminazione di Heisenberg. L'indeterminazione dipende dalla natura ondulatoria della particella, che è rilevabile durante l'interazione tra la particella stessa e l'apparecchiatura usata per misurare. Questa interazione crea un'indeterminazione tra le misure, che soddisfa il principio di Heisenberg.

- Questo principio mette in crisi la fisica classica che, con le sue leggi, si proponeva di spiegare ogni fenomeno in maniera precisa. L'errore che si presentava di volta in volta era ritenuto un fatto puramente sperimentale e quindi riducibile all'infinito. Il principio di Heisenberg dimostra invece che l'imprecisione è dovuta alla natura stessa delle cose. La fisica classica può essere ancora ritenuta valida su scala umana, ad esempio in molte applicazioni pratiche, mentre se ne riscontrano i limiti in ordini di grandezza molto piccoli o molto grandi. Le leggi classiche non sono più universali: ogni ambito richiede un'interpretazione particolare. Cade quindi il cosiddetto postulato di continuità della realtà, secondo il quale le leggi valide in un ambito erano universali.

- Questo sconvolgimento della fisica mette in crisi il metodo scientifico stesso. La conoscenza umana era sempre stata basata sulla percezione sensoriale. Quando le nuove tecniche permisero di ampliare la possibilità di indagine, si scoprì la limitatezza delle nostre conoscenze. Le leggi classiche, troppo semplici, descrivono situazioni eccezionali rispetto alla realtà, che è invece molto complessa. Sul comportamento futuro di molti sistemi non può essere fatta alcuna dettagliata previsione quantitativa.

ARTE

- Il puntinismo di Seurat e Signac (*pointillisme*) sembra avere degli elementi in comune con le contemporanee scoperte scientifiche (struttura dell'atomo e individuazione di particelle sempre più piccole alla base della materia), ma è ancora legato a una visione oggettiva dell'arte. Solo con le avanguardie di inizio secolo si scardina la presunzione che l'opera d'arte sia una imitazione oggettiva della realtà e si fa largo l'idea che invece sia un'interpretazione soggettiva della realtà (cubismo, fauvismo, astrattismo, ecc.).

TESINE CORRELATE – Meccanicismo, Positivismo

SESSANTOTTO

Gli anni della contestazione

Nel 1968 ci furono manifestazioni con slogan come "fantasia al potere", mobilitazioni di massa sindacali e soprattutto studentesche, occupazioni di atenei e di scuole, con un'iniziale spinta positiva al cambiamento e al miglioramento della società, poi deviata con il terrorismo degli anni Settanta (i cosiddetti "anni di piombo"). L'eco di questa contestazione è ancora vivo e ben presente in tutti i campi del pensiero e della cultura.

ITALIANO

- In Italia la stagione del '68 si è accompagnata o con il "rifiuto della letteratura" tout court o con una serie di sperimentazioni di scrittori pure singolarmente significativi, ma che nel complesso non hanno lasciato un'opera rilevante di testimonianza di quel periodo così convulso.

INGLESE

- *Sulla strada* (*On the road*) di Kerouac divenne una sorta di testo programmatico per i giovani figli dei fiori che intendevano andare contro le convenzioni borghesi e affidare la loro vita alla casualità di luoghi, incontri e situazioni.
- *Il giovane Holden* (*The catcher in the rye*) di David Salinger è il simbolo del giovane che si ribella alle regole un po' ipocrite del buon vivere civile.

PEDAGOGIA

- *Lettera a una professoressa* di Don Milani si può considerare un testo cardine per la lotta al nozionismo e all'elitarismo nella scuola, che rappresenta indubbiamente uno dei risultati più interessanti e fecondi di quella stagione di manifestazioni di piazza.

STORIA

- Il Sessantotto fu un movimento spontaneo di rivolta iniziato nei campus americani ed estesosi poi in Francia, Italia e Germania (non in Gran Bretagna). Vide lo sbocciare, e poi l'affievolirsi e lo strumentalizzarsi, degli ideali della contestazione della società borghese. Prima l'ideologia marxista, con i suoi miti esteri di Che Guevara e Mao Tse-tung, e poi la degenerazione violenta e terrorista hanno svilito il motto affascinante della "fantasia al potere" che fu tipico dell'inizio del movimento. Solo nella scuola, con il cambiamento di metodologie e contenuti, il Sessantotto ha lasciato un'impronta duratura.

FILOSOFIA

- Alla base del Sessantotto vi sono le teorie della Scuola di Francoforte. Marcuse insegnò nella università di Berkeley la ribellione alla società alienante, dando lo spunto per la protesta studentesca che poi si estese anche in Europa.

- Fromm completerà il retroterra filosofico del Sessantotto con la disobbedienza civile e la filosofia dell'avere al posto dell'essere.
- A questo si aggiunga poi la riscoperta del marxismo e del socialismo anarchico di marca ottocentesca.

ARTE

- Nella Pop-art la polemica contro il consumismo si esplica negli strani accostamenti, per esempio, tra le figure di Mao e Marilyn Monroe e la pubblicità delle minestre Campbell's, come a dimostrazione che tutto nella società consumistica è ridotto a merce.
- Gli studenti e i rivoluzionari del Sessantotto hanno valorizzato molto l'arte dei murales, e hanno tappezzato le mura delle scuole e delle città, per rendere visibile il loro desiderio di protesta anticonformista.

MUSICA

- Le canzoni di Bob Dylan, Joan Baez, Simon & Garfunkel, Joni Mitchell e Crosby, Stills, Nash & Young hanno accompagnato quegli anni di proteste e illusioni di cambiamento, diffondendone le tematiche e le speranze.
- Particolare la parabola umana di Jim Morrison, cantante dei *Doors*, detto il re-lucertola per le contorsioni corporali che effettuava nel corso dei concerti dal vivo, che ha espresso la punta di diamante di quel movimento trasgressivo e scandaloso, che minava alla base la morale comune, per l'ostentato esibizionismo, che lo portava sino alla nudità integrale nel corso dei concerti.
- In Italia la musica sembra seguire, e non precedere, i movimenti di protesta, con la fioritura di cantautori impegnati negli anni Settanta, in particolar modo Guccini. Piuttosto legato al Sessantotto era un compositore come Claudio Lolli, che con canzoni come *Piccola borghesia* ha mostrato l'odio di una generazione

di ragazzi per le convenzioni borghesi, mentre Finardi con la sua canzone *Musica ribelle* ha condensato la voglia di cambiamento. Certe suggestioni sessantottine sono presenti anche nella generazione successiva. Si pensi, per esempio, a canzoni come *Vita spericolata*, *C'è chi dice no* e *Siamo solo noi* di Vasco Rossi, o *Certe notti* e *Non è tempo per noi* di Ligabue.

SIMBOLISMO

Simbolismo in letteratura e arte

Il termine venne usato anzitutto per alcuni poeti francesi, ma si può estendere a un gran numero di autori che vissero a cavallo tra l'Ottocento e il Novecento, e influenzarono gli sviluppi della letteratura e dell'arte del Novecento. Tutti i simbolisti considerano l'immaginazione l'unico mezzo per interpretare la realtà. Pertanto non useremo questo termine come sinonimo di "decadentismo", ma come poetica del "segno", di una realtà che rimanda a un'altra realtà.

ITALIANO

- Per Pascoli in *Myricae* ogni immagine della natura rimanda a una realtà interiore: il lampo, la casa, la rondine che rappresenta suo padre ucciso in *X Agosto*, l'assiuolo, la nebbia, il campo mezzo grigio e mezzo nero, il nido. Anche i suoni acquistano la capacità di esprimere un significato (fonosimbolismo). Nei *Poemi conviviali* la funzione di rimando a un significato interiore è svolto dalle immagini e dai personaggi del mondo classico, da Ulisse ad Alessandro, come emblemi della sete insoddisfatta del poeta.

- Anche D'Annunzio, da alcuni critici, è stato definito un simbolista, non foss'altro per l'uso notevole di figure retoriche, che mostrano la sua capacità immaginativa.

- Dino Campana nei *Canti orfici* rappresenta immagini primitive e ossessive. Il riferimento all'antica religione greca dei misteri che compare nel titolo della sua opera più famosa, richiama la volontà di cantare e rivelare gli aspetti più profondi e segreti del reale, sulla scia dei grandi poeti d'oltralpe (Baudelaire anzitutto) piuttosto che di quelli nostrani.

- Nella poesia di Rebora ci sono molti simboli, come *Il pioppo* nella omonima poesia. A dimostrare come il simbolismo fosse alla base del suo "frammentismo lirico" Rebora scrisse in *Sacchi a terra per gli occhi*: "Qualunque cosa tu dica o faccia / c'è un grido dentro: / non è per questo, non è per questo!".
- Anche Montale, all'inizio della poesia *L'agave sullo scoglio* mostra di vedere la realtà come simbolo di qualcosa d'altro: "Sotto l'azzurro fitto del cielo/ qualche uccello di mare se ne va. / Né sosta mai /perché tutte le immagini/ portano scritto: "più in là".
- Molti i simboli presenti nell'opera di Buzzati: *La goccia*; *Il cane che ha visto Dio*; la fortezza Bastiani ne *Il deserto dei tartari*; l'interminabile viaggio de *I sette messaggeri*.

INGLESE

- Ezra Pound in *Vortex* esprime la sua poetica tutta incentrata sulla forza del simbolo e in questo influenzerà moltissimo T. S. Eliot (vedi il simbolo della Rocca che rappresenta la Chiesa).

TEDESCO

- Rilke nel suo *Libro per immagini* parte dalla natura per giungere alla realtà umana.
- Nel racconto breve *Il Cruccio di un padre di famiglia* di Franz Kafka rimane irrisolta la questione su cos'è l'Odradek, un misterioso essere dai forti connotati simbolici.

FRANCESE

- Nella lirica *Corrispondenze* (*Correspondances*) Baudelaire afferma che la realtà sensibile rimanda a un'altra realtà che non si può spiegare con la ragione, tra l'altro proprio negli anni in cui si afferma il Positivismo, con i suoi movimenti letterari correlati del Naturalismo e del Verismo. Il simbolo diventa così il mezzo per superare la realtà esteriore e raggiungere quella interiore.

- Mallarmé ha scritto *Il meriggio di un fauno* (*L'après midi d'un faune*) da cui Debussy ha tratto spunto per il suo preludio. Il fauno rappresenta la forza vitalistica e istintiva della natura, il tutto in un quadro estremamente rarefatto e antirazionalistico.

ARTE

- Il simbolismo di Redon, illustratore di Poe, sfocia nel visionario e quasi precorre la psicanalisi (simboli onirici dell'occhio).
- I simboli di Rousseau le Douanier, la giungla, il negro, l'animale nero, il serpente, la coda del leone, gli strumenti musicali, ecc., sono anch'essi interpretabili in chiave psicanalitica.
- Gauguin usa i simboli in chiave religiosa, accostando le religioni animiste del popolo di Tahiti a quelle rivelate: è il caso della Madonna, diventata una tipica donna tahitiana.

TESINE CORRELATE – Immaginazione, Desiderio

SOCIALISMO

Socialismo e marxismo
Socialismo riformista e massimalista
Le internazionali socialiste

Il termine assume nell''800 e nel '900 due significati ben diversi: nell''800 è un movimento ostile al capitalismo radicato nella classe operaia. Nel '900 gli sforzi dei socialisti si sono concentrati in misura maggiore per la realizzazione di riforme sociali interne al sistema capitalista, senza metter in discussione il regime liberale (socialdemocrazia), distinguendosi dai comunisti, ala massimalista, propensi a utilizzare metodi di lotta sociale più radicale.

ITALIANO

- Nel 1919 le elezioni politiche, le prime a suffragio universale maschile in Italia, furono vinte dal Partito Socialista che tuttavia non ottenne il numero di deputati sufficiente per governare da solo. Si intensificarono allora le manifestazioni contro il governo liberale e si allargò la frattura interna tra riformisti e massimalisti. I secondi fondarono nel 1921, con Antonio Gramsci, il Partito Comunista. Per capire bene questo periodo convulso, denominato biennio rosso, potrebbe essere utile leggere il romanzo *Rubè* di Borghese.
- Pratolini ha scritto il romanzo *Metello* sulle lotte operaie nell'Ottocento, esaltando le prime lotte sindacali, spesso condotte a prezzo del posto di lavoro o della vita.

INGLESE

- *Oliver Twist* di Dickens è un romanzo che mostra lo sfruttamento degli operai nel corso della Prima Rivoluzione Industriale e le prime organizzazione di protesta (Trade Unions).

STORIA

- Il Partito Socialista Italiano, fondato da uomini come Costa e Turati, prima extraparlamentari, intreccia i primi rapporti con i liberali al potere (Giolitti) nei primi anni del Novecento.
- Verso la fine del XIX secolo il socialismo marxista divenne l'ideologia dei partiti operai europei, con l'eccezione dei movimenti dei lavoratori nei paesi anglosassoni, e i partiti socialisti e socialdemocratici (i termini allora erano intercambiabili) aderirono alla Seconda internazionale socialista, che aveva fatto propria la versione del marxismo elaborata da Engels, August Bebel e Karl Kautsky.
- Nell'attesa che una crisi economica di grandi proporzioni aprisse la via al socialismo, i partiti socialisti, in collegamento con i sindacati, decisero tuttavia di battersi per un programma mini-

mo. Nel programma di Erfurt (1890), redatto da Karl Kautsky ed Eduard Bernstein per il Partito socialdemocratico tedesco, il programma minimo includeva il suffragio universale, la parità giuridica tra donne e uomini, un sistema di sicurezza sociale, le pensioni, la giornata lavorativa di otto ore, la legalizzazione dei sindacati. I socialisti ritenevano che le loro richieste potessero essere ottenute pacificamente nei paesi democratici, mentre un'altra linea d'azione sarebbe stata necessaria nei regimi dispotici (come la Russia).

FILOSOFIA

- I primi pensatori che si definirono "socialisti", nella prima metà del XIX secolo, che si consideravano i veri eredi dell'Illuminismo furono il francese Claude de Saint-Simon e l'inglese Robert Owen, i quali criticavano il capitalismo sia sul piano etico sia su quello pratico. Da un lato, infatti, esso era ingiusto, perché sfruttava e degradava gli operai trasformandoli in bestie da soma o in macchine, mentre rendeva i ricchi sempre più ricchi; dall'altro, era inefficiente, perché era soggetto a crisi cicliche causate da sovrapproduzione o sottoconsumo, non garantiva il lavoro a tutti, permettendo che risorse umane fossero sprecate, e produceva beni di lusso invece che beni necessari. Il socialismo era dunque una reazione contro il liberalismo e la sua insistenza sulla soddisfazione individuale a scapito del benessere collettivo; del liberalismo condivideva l'idea di progresso e l'abolizione dei privilegi.
- Con Karl Marx e Friedrich Engels il socialismo acquistò una nuova dimensione teorica sposando la teoria dello sfruttamento e una teoria della storia. Il marxismo considerava il capitalismo il risultato di un processo storico caratterizzato da un'incessante lotta di classe. Creando un'ampia classe di operai espropriati, il capitalismo creava le premesse del proprio superamento, cui avrebbe fatto seguito una società comunista.

TESINE CORRELATE – Rivolte, Rivoluzioni

SOCIETÀ

Rapporto tra uomo e società
Il letterato e la società
La riflessione sulla società nelle opere d'arte

L'uomo si è costituito in società per produrre e distribuire meglio i beni. In genere si può dire che se non ci fosse stata la società, gli uomini oggi vivrebbero senz'altro in modo più rozzo. Eppure a questi vantaggi si sono accompagnati svantaggi, tra i quali le disuguaglianze, l'alienazione, la perdita del rapporto con la natura. Già Rousseau aveva mostrato questa visione negativa della società nel "secolo dei lumi". Nei secoli successivi si moltiplicarono i testi letterari e di altri ambiti che riflettevano sui difetti della società. In particolar modo tra l'Ottocento e il Novecento sono emerse palesemente le contraddizioni e le convenzioni della società borghese, che si era imposta su quella aristocratica e reazionaria precedente.

ITALIANO

- *Resurrezione* di Tolstoj: il principe Nechljudov cerca di escludersi dalla società, attraverso il disimpegno, e Katjuša attraverso la trasgressione. Entrambi si reintegreranno attraverso un processo di espiazione e responsabilizzazione.
- Ibsen in *Le colonne della società* mostra la corruzione stagnante sotto l'ipocrisia di chi appare per bene.
- Pirandello in: *Uno, nessuno e centomila* sottolinea l'assurdità delle convenzioni sociali; nell'*Enrico IV* la società condanna l'individuo a restare prigioniero della sua finzione, emarginandolo definitivamente; ne *I giganti della montagna* la società è imbestialita al punto che gli attori che dovrebbero recitare per i signori della montagna, vengono sbranati dai servi.
- Betti in *Corruzione al Palazzo di Giustizia* delinea lo scontro tra gli ideali del magistrato illuso sulla positività del proprio ruo-

lo e la realtà che lo circonda, senza speranza di uscita se non nell'autodistruzione.

- Zardi ne *I tromboni* mostra come la verità di un delitto insensato è nascosta perché l'assassina appartiene a un ceto privilegiato.

INGLESE

- Orwell in *1984* mostra la manipolazione del pensiero operata dalle dittature di qualsiasi colore.
- Pinter in *Il compleanno* (*The birthday party*) esaspera i difetti della società, come corruzione, amoralità e incomunicabilità, ridicolizzandoli.
- Gli Angry Young Men (i giovani arrabbiati) dell'ultimo dopoguerra, guidati da John Osborne, diedero vita a una corrente teatrale basata sulla rabbiosa protesta contro la società borghese, responsabile della guerra e incapace di rimediarne i danni, anche se talvolta, come in *Epitaffio per George Dillon* (*Epitaph for George Dillon*) di Osborne, la protesta fallisce miseramente. Spesso Osborne utilizza il metodo della cosiddetta alienazione (accostamento di discorsi banali a situazioni esistenziali tragiche) per scuotere lo spettatore proprio come lo straniamento brechtiano.

FRANCESE

- Camus in *Caligola* (*Caligula*) e ne *Il malinteso* (*Le malentendu*) fa capire che la società porta l'uomo a desiderare più di quanto sia possibile, a ogni costo. L'unica via d'uscita rimane alla fine solo la morte.
- Ionesco in *Rinoceronte* (*Le rhinocéros*) imputa la condizione di assurdità della vita alla società, che aliena l'uomo da se stesso e dall'altro uomo.

TEDESCO

- Dürrenmatt in *Greco contro Greca* (*Grieche sucht Griechin*) offre al protagonista due finali di fronte all'ipocrisia e alla corruzione della società: o ribellarsi o fuggire. Nel *Matrimonio del signor Mississippi* (*Die Ehe des Herrn Mississippi*) di Dürrenmatt solo la morte ristabilisce la giustizia in un modo paradossale: cioè con un assassinio.

- Ne *L'opera da tre soldi* (*Die Dreigroschenoper*) di Brecht l'alienazione è di tipo economico e sociale. La società condanna alla miseria gli emarginati che essa stessa ha creato con i suoi meccanismi.

ARTE

- Max Ernst nei suoi dipinti *La città totale* e *L'occhio del silenzio* mostra una società in decadimento, che annulla o schiaccia l'uomo.
- Il pittore Kirchner nel 1911 si trasferì a Berlino, dove realizzò alcune delle opere più significative dell'espressionismo tedesco, soprattutto scene a soggetto femminile, come *Cinque cocottes* (1913, Wallraf-Richartz-Museum, Colonia), nelle quali la deformazione grottesca ridicolizza la manierata artificiosità della società berlinese. I nazisti lo considerarono un artista degenerato e gli confiscarono seicento dipinti. Morì suicida poco dopo.

TESINE CORRELATE – Alienazione, Integrazione

SOGNO

Il sogno per gli antichi e per i moderni
Il sogno prima e dopo Freud
Surrealismo
Mondo onirico e mondo reale

L'interpretazione dei sogni di Freud rappresenta un importante spartiacque, non perché Freud sia stato il primo a considerare il sogno come una proiezione dello stato d'animo del dormiente, ma perché ha soppiantato la visione precedente, che considerava il sogno come un segno oggettivo o simbolico di quanto sarebbe accaduto in futuro. E quanto sia dura a morire questa concezione lo testimoniano le cronache odierne sulla diffusione delle pratiche magiche e astrologiche.

GRECO

- Per gli antichi, e anzitutto per i Greci, il sogno nasceva non dalla psiche del sognatore, ma da un'ispirazione divina. Si distinguevano sogni veraci, preziosi, mandati al dormiente per metterlo in guardia o predirgli il futuro, e sogni vani, ingannevoli, destinati a confonderlo o a portarlo alla perdizione. Molto importanti erano poi i sogni che avvenivano nei pressi del tempio di Esculapio (Asclepio) che dovevano condurre alla guarigione (la medicina, prima di Ippocrate era molto legata alla religione).
- Callimaco, nel proemio del poema *Aitia*, inserisce la narrazione di un sogno durante il quale le Muse lo investono poeta.
- Medea nelle *Argonautiche* di Apollonio Rodio sogna di sposare lo straniero Giasone, ma i suoi genitori la destano dal sonno di soprassalto, facendo presagire quanto sarebbero state orribili le conseguenze di questo rapporto.

LATINO

- Omero appare in sogno all'inizio degli *Annales* di Ennio e lo investe come erede della sua tradizione epica, così come si deduce anche dal *De rerum natura* di Lucrezio (I, 112-126).
- Cicerone *De re publica*, libro VI – *Somnium Scipionis*. A Scipione Emiliano appare in sogno l'avo Scipione l'Africano. Qui il sogno è un ammonimento morale: a tutti coloro che hanno esercitato l'attività politica con onestà e saggezza è riservato un posto splendente e beato nell'aldilà.
- Inoltre il sogno serve a dimostrare la veridicità delle convinzioni filosofiche di Cicerone: le cose dette sulla immortalità del-

l'anima e sui corpi celesti sono verità e non invenzioni dei filosofi. Anche questo sogno, tuttavia, come gran parte dei sogni degli antichi è profetico: Scipione l'Africano predice al nipote adottivo Scipione Emiliano i successi militari e politici, seguiti però da una morte prematura. Il *Somnium Scipionis*, che era anche l'unica parte del *De re pubblica* conosciuta fino all'Ottocento, ispirò soprattutto Dante, che riprende nella parte conclusiva del canto XXII del *Paradiso* la visione cosmologica descritta da Scipione l'Africano.

- Virgilio *Eneide* II libro. Ettore appare in sogno a Enea e predice la fine di Troia e il suo esilio.

ITALIANO

- Ne *I promessi sposi* nel sogno di Don Rodrigo si confonde l'immagine del cappuccino Fra Cristoforo che pronuncia il tremendo "Verrà un giorno..." e la profezia della malattia, che è già in atto (e al risveglio il bubbone si fa evidente).
- Per capire l'importanza della dimensione onirica in Pirandello leggi le novelle *La realtà del sogno* ed *Effetti di un sogno interrotto* tratte da *Novelle per un anno*.

INGLESE

- *La veglia di Finnegan* (*Finnegans Wake*, 1939), l'ultima e più complessa opera di Joyce, rappresenta il tentativo dello scrittore di esporre in forma narrativa una teoria della ciclicità della storia. Il romanzo descrive una serie ininterrotta di sogni compiuti da Humphrey Chimpden Earwicker nell'arco di una notte. Nell'evanescenza onirica, Earwicker e i suoi familiari e conoscenti si fondono gli uni negli altri e in figure storiche e mitologiche, diventando simboli dell'umanità intera. In quest'opera Joyce portò alle estreme conseguenze la sperimentazione linguistica, ricorrendo a un inglese personalissimo, frutto della commistione di frammenti di parole in varie lingue.

- *Kubla Khan* di S. T. Coleridge è la descrizione di immagini esotiche e utopiche in un mondo incantato. In questa opera compaiono simbolismo e fantasia. L'autore narra di essere caduto addormentato per effetto dell'oppio mentre leggeva alcune pagine su Kubla Khan. Al risveglio scrisse i due o trecento versi.

TEDESCO

- Arthur Schnitzler *Doppio sogno* (*Traumnovelle*).
  Rapporti tra Freud e Schnitzler.: il concetto di medioconscio (Mittelbewußtsein) e l'incomunicabilità nella vita di coppia: la crisi dei protagonisti è strutturata secondo un diagramma di turbamenti paralleli. Dopo la fase acuta della parabola di alienazione e distacco dei due coniugi, vi è alla fine il ricongiungimento. Il sogno è la regione dell'anima in cui è possibile la realizzazione di desideri repressi. Il sogno della protagonista, la moglie, ha la funzione di purificazione (catarsi in greco).

FILOSOFIA

- Freud: *L'interpretazione dei sogni* (*Die Traumdeutung*). Con Freud si afferma la consapevolezza moderna che il sogno è un prodotto dell'attività psichica del dormiente. Esso rivela suggestioni provenienti dall'inconscio, definito come realtà abissale primaria. Il sogno non è più interpretabile nella sua totalità (interpretazione simbolica), ma deve essere decifrato nelle sue parti. Freud tratta il sogno come un sintomo psichico e applica al sogno il metodo d'interpretazione già elaborato per il sintomo. Non bisogna fissare l'attenzione sul sogno nella sua totalità, ma solo su singoli elementi parziali. È notevole la frequenza nei sogni dei ricordi dell'infanzia e della gioventù. Essi ci ricordano cose cui non pensiamo più, che da tempo hanno perduto per noi ogni importanza. Nel sogno la psiche, non più condizionata dall'attività motoria e sensoriale, genera immagini. I sogni spesso si riferiscono a quanto accaduto nel giorno precedente (sappiamo infatti che tramite il sonno la psiche attua la selezione, necessaria per le cellule cerebrali). Le composizioni oniriche vengono spesso dimenticate perché generalmente non hanno le necessarie relazioni e associazioni. Siamo noi che, quando richiamiamo alla memoria un sogno, integriamo senza farci caso, le lacune, introduciamo un ordine negli elementi disarticolati ed eliminiamo le immagini deboli, per lasciare quelle forti. Se analizziamo queste immagini forti scopriamo che nel sogno spesso si realizza un desiderio inconscio, anche se spesso la parte conscia della psiche, che non cessa mai una certa vigilanza, lo maschera, e spesso fa in modo che quel desiderio non si realizzi in pieno, neanche nel sogno. Alcuni elementi esterni (luci, rumori, odori) o interni (eccitamento, malattia, ansia) possono favorire l'insorgenza di certi sogni.

ARTE

- Nel surrealismo vi è l'automatismo psichico: l'arte diventa il mezzo per concretizzare sulla tela immagini oniriche e fenomeni deliranti dell'inconscio (angosce e presagi attraverso immagini simboliche).
- Salvador Dalì: *Sogno causato dal volo di un'ape, Giraffe infuocate, Costruzione molle con fave bollite: presagio di guerra civile.*

BIBLIOGRAFIA

AAVV, *Il sogno in Grecia* a cura di G.Guidorizzi, ed. Laterza

TESINE CORRELATE – Inconscio, Psicanalisi

SOLE

Il sole in letteratura e in geografia astronomica

Fin dall'antichità (si pensi per esempio agli antichi egizi o aztechi) il Sole è stato considerato dall'uomo come un'entità dal significato speciale. Molte culture antiche lo adoravano e ne riconoscevano l'importanza nel ciclo della vita. Altri lo consideravano il simbolo del senso unico, dell'orientamento (oriente) della vita. Ovviamente il sole ricoprì subito un ruolo centrale nei calendari, in cui erano riportati i solstizi, gli equinozi e le eclissi.

ITALIANO

- Nel cielo del sole (Spiriti sapienti – canti X-XIV del *Paradiso*) Dante incontra San Tommaso, domenicano, che tesse le lodi di San Francesco, fondatore dell'ordine francescano e pronuncia un'invettiva contro i domenicani corrotti (canto XI). Poi Dante incontra San Bonaventura, francescano, che tesse le lodi di San Domenico, fondatore dell'ordine dei domenicani, e condanna i francescani del suo tempo.
- Gli *illuministi* fanno del sole e della luce una metafora del potere illuminante della ragione.
- Per Montale il sole non è sinonimo di maggiore conoscenza. Il sole abbaglia, inaridisce, mette a nudo la condizione umana in *Meriggiare pallido e assorto.*

GEOGRAFIA ASTRONOMICA

- Il Sole è la stella che domina il sistema planetario al quale appartiene la Terra. Il Sole emette radiazione elettromagnetica e in questo modo fornisce energia, direttamente o indirettamente, a ogni forma di vita sulla Terra: tutto il cibo e i combustibili derivano, in ultima analisi, dalle piante che sfruttano la sua luce. Il Sole è una stella tipica. Essendo relativamente vicino alla Terra, rappresenta un soggetto unico per lo studio dei fenomeni stellari: nessun'altra stella può infatti essere studiata con uguale dettaglio.
- L'energia emessa dal Sole viene irradiata in modo approssimativamente costante in ogni direzione dello spazio; la fonte di questa energia è nell'interno del Sole che, come la maggior parte delle stelle, è composto prevalentemente da idrogeno (il 71%) ed elio (27%) allo stato di plasma, con tracce di elementi

più pesanti. All'interno del Sole si è individuato un nucleo centrale, con un raggio di circa 150.000 km, in cui la temperatura raggiunge i 16.000.000 K e la densità è 150 volte quella dell'acqua. In queste condizioni, le collisioni tra i nuclei degli atomi di idrogeno innescano violente reazioni di fusione nucleare. Il risultato di questo processo è che quattro nuclei di idrogeno si combinano per formare un nucleo di elio (catena protone-protone), mentre viene liberata energia sotto forma di raggi gamma. Ogni secondo avvengono moltissime reazioni, che generano un'energia equivalente a quella rilasciata nell'esplosione di una bomba atomica di 100 miliardi di megaton.

- La superficie della fotosfera appare costellata di aree scure variabili per forma e per numero, nelle quali si distingue una zona centrale (ombra), circondata da una regione di bordo leggermente più luminosa (penombra). Queste strutture prendono il nome di macchie solari e rappresentano dei "punti freddi" della fotosfera.

- Il passato e il futuro del Sole si possono dedurre dai modelli teorici dell'evoluzione stellare. Durante i suoi primi 50 milioni di anni, il Sole si contrasse fino a raggiungere pressappoco le dimensioni attuali. L'energia gravitazionale prodotta dal collasso del gas ne riscaldò l'interno e, quando il nucleo fu sufficientemente caldo, la contrazione si arrestò, mentre nel centro iniziarono le reazioni nucleari di fusione di idrogeno in elio. Il Sole si trova in questa fase della sua vita da circa 4,5 miliardi di anni e queste reazioni continueranno per altrettanto tempo.

- Quando il combustibile si esaurirà, il Sole subirà alcune modificazioni: gli strati esterni si espanderanno dalle dimensioni attuali fino a sfiorare l'orbita della Terra, mentre il Sole diventerà una stella gigante rossa, un po' più fredda di adesso ma 10.000 volte più brillante. La nostra stella rimarrà una gigante rossa, con un nucleo nel quale avviene la fusione dell'elio, per circa mezzo miliardo di anni; esso non è abbastanza massiccio per innescare reazioni nucleari successive o, addirittura, un'esplosione distruttiva come accade ad altre stelle. Dopo la fase di gigante rossa, il Sole si contrarrà fino a diventare una nana bianca, di dimensioni simili a quelle della Terra, e si raffredderà lentamente per molti miliardi di anni.

TESINE CORRELATE – Alba, Marte, Luna, Venere, Saturno

SOLITUDINE

La solitudine dell'uomo moderno

In questa tesina sono raccolti molti testi sulla solitudine, caratteristica dell'artista contemporaneo, cui sembra impossibile aprirsi a una dimensione sociale (soprattutto in epoche come il decadentismo).

ITALIANO

- L'Innominato prova sulla sua pelle che cosa significhi essere solo, quando, per la prima volta, prova disgusto per il male che è abituato a compiere. "Ora gli rinasceva ogni tanto nell'animo l'idea confusa, ma terribile, d'un giudizio individuale, d'una ragione indipendente dall'esempio; ora, l'essere uscito dalla turba volgare de' malvagi, l'essere innanzi a tutti, gli dava talvolta il sentimento d'una solitudine tremenda" (dalla notte dell'Innominato ne *I promessi sposi* di Alessandro Manzoni).
- Ungaretti intitola una delle sue più belle poesie proprio *Solitudine*: "Ma le mie urla / feriscono / come fulmini / la campana fioca / del cielo. // Sprofondano / impaurite".
- I versi che seguono sono invece di Montale, che testimoniano di una simile solitudine: "Avrei voluto sentirmi scabro ed essenziale / siccome i ciotoli che tu [mare] volvi / mangiati dalla salsedine; / scheggia fuori del tempo, testimone / di una volontà fredda che non passa. / Altro fui: uomo intento che riguarda / in sé, in altri il bollore / della vita fugace".

- La poesia di Quasimodo *Al tuo lume naufrago*: "Nasco al tuo lume naufrago, / sera d'acque limpide. // Di serene foglie / arde l'aria consolata. // Sradicato dai vivi, / cuore provvisorio, / sono limite vano. // Il tuo dono tremendo / di parole, Signore, / sconto assiduamente. // Destami dai morti: / ognuno ha preso la sua terra / e la sua donna. // Tu m'hai guardato dentro / nell'oscurità delle viscere: / nessuno ha la mia disperazione / nel suo cuore: // Sono un uomo solo, / un solo inferno.".

- Drogo ne *Il deserto dei Tartari* di Dino Buzzati è solo nell'attesa, perché il significato dato da lui e dagli altri ai Tartari tanto attesi è diverso per ognuno, quindi non condivisibile. Anche i deserti, le montagne desolate e le gole quasi irraggiungibili sono immagini che rendono quasi palpabile la solitudine. "A poco a poco la fiducia si affievoliva. Difficile è credere in una cosa quando si è soli, e non se ne può parlare con alcuno. Proprio in quel tempo Drogo si accorse come gli uomini, per quanto possano volersi bene, rimangono sempre lontani; che se uno soffre, il dolore è completamente suo, nessun altro può prenderne su di sé una minima parte; che se uno soffre, gli altri per questo non sentono male, anche se l'amore è grande, e questo provoca la solitudine della vita".

- Ibsen in *Spettri* e *Casa di bambola* stigmatizza la società ipocrita e oppressiva, che condanna alla solitudine chi si ribella in nome della verità e dignità.

- La vita di Pavese è stata segnata dalla solitudine, come testimonia questo brano tratto dal suo diario *Il mestiere di vivere*: "La sola regola eroica: essere soli, soli, soli. Quando passerai una giornata senza presupporre né implicare in nessun tuo gesto o pensiero la presenza di altri, potrai chiamarti eroico." "Mistero perché non ci basti scrutare e bere in noi e ci occorra riavere noi dagli altri".

- Questo brano è tratto da *Teorema* di Pier Paolo Pasolini: "E cosa dire di me? Di me che sono dove ero, e ero dove sono, automa di una persona reale mandato nel deserto a camminare per essa? Io sono pieno di una domanda a cui non so rispondere. Triste risultato, se questo deserto io l'ho scelto come il luogo vero e reale della mia vita".

FRANCESE

- Rimbaud mostra con orgoglio la sua solitudine dicendo: "Fiero di non avere né paese né amici".
- Per Sartre l'uomo resta solo nel suo "essere per il nulla" e nella impossibilità di comunicare con gli altri.
- Ne *Lo straniero* (*L'étranger*) di Camus l'uomo è solo nella ricerca di felicità e nel tentativo di dare un senso all'assurdità della vita, ma soprattutto di fronte alla società in cui vive, che gli è indifferente o addirittura ostile.

TEDESCO

- Per Kafka alla base della solitudine c'è l'incomunicabilità tra uomo e società, rappresentata dall'incomprensibilità della burocrazia ne *Il Castello* (*Das Schloss*).

ARTE

- Paesaggi solitari popolati da creature (viventi o no?) indecifrabili e indescrivibili si trovano nei quadri del pittore surrealista Tanguy, che comunica così un senso di disperata desolazione.

MUSICA

- *The sound of silence* e, soprattutto, *I am a rock* di Simon & Garfunkel esprimono con radicalità il senso di solitudine della generazione della contestazione. "Io non ho bisogno di amicizia. L'amicizia è causa di dolore e il sorriso e l'amore che io disprezzo. Io sono una roccia, io sono un'isola. E una roccia non sente dolore, e un'isola non piange".
- Altra canzone che esprime la solitudine dell'uomo moderno, anche in mezzo al caos delle folle metropolitane è *Eleanor Rigby* dei Beatles.

- *Message in a bottle* dei Police colpì particolarmente perché la generazione degli anni '80 sembrava più spensierata, e invece questo "messaggio" porta a galla una insoddisfazione e una disperazione profonde.

TESINE CORRELATE – Disperazione, Noia

STELLE

Stelle e energia nucleare

Le stelle rappresentano, sin da quando gli uomini hanno elaborato miti come quello di Icaro, qualcosa di irraggiungibile e infinito.

LATINO

- Nel *Somnium Scipionis* tratto dal VI libro del *De re publica* di Cicerone le anime degli uomini che hanno contribuito al bene dello stato dopo la morte risiedono nella Via Lattea. I romani, in base alle loro limitate conoscenze astronomiche, non capivano che la Via Lattea è la galassia in cui si trova anche la terra. Questo pertanto era il luogo dei *beati*, cioè, etimologicamente, delle anime "felici" di poter ritornare, secondo la dottrina platonica, nella loro sede originaria.

ITALIANO

- I pianeti, nel linguaggio del tempo di Dante, erano chiamati stelle non fisse, in quanto "stella" era sinonimo di "astro". Le stelle fisse corrispondono quindi a quelle che noi chiamiamo stelle, e occupano l'ottavo cielo del Paradiso, dal XXIII al XXVII del *Paradiso*. Il cielo è occupato dagli spiriti trionfanti. Famosa l'invettiva di San Pietro contro la chiesa corrotta nel XXVII canto.
- Nella poesia *Vertigine* di Giovanni Pascoli, un fanciullo guarda la terra dall'alto delle stelle, alla ricerca di Dio. Nella poesia

La pecorella smarrita, anch'essa dei *Nuovi Poemetti*, è invece Dio che cerca la Terra, unica fra gli astri a non godere della serenità dell'universo.

GEOGRAFIA ASTRONOMICA

- La materia interstellare per contrazione gravitazionale genera una protostella e in funzione di alcune variabili (temperatura, massa, densità) si arriva alla nascita di una stella.
- All'interno di una stella hanno luogo le reazioni termonucleari: fusione e fissione.
- Processo di fusione: quattro atomi di idrogeno si trasformano in un atomo di elio con produzione di energia.
- L'evoluzione della stella, a seconda della massa, porterà alla sua trasformazione in nana bianca, gigante rossa o supernova, e al termine del suo ciclo vitale, alla formazione di un buco nero o di una stella a neutroni.
- Sulla terra fino a ora si è riusciti a realizzare processi di fusione nucleare utilizzabili soltanto a scopo distruttivi.

FISICA

- La fissione nucleare e la reazione a catena furono scoperte da Enrico Fermi mentre effettuava studi sulla radioattività artificiale.

STORIA

- Gli studi scientifici di Fermi trovarono applicazione nella bomba atomica che, sganciata dagli Stati Uniti sulle città giapponesi di Hiroshima e Nagasaki, pose fine alla seconda guerra mondiale.
- La ricerca nel campo nucleare non si ferma, anzi si intensifica nel periodo della guerra fredda (bomba a idrogeno o Bomba H).
- Energia nucleare a scopo pacifico (produzione di energia): dibattito e referendum che ne proibì l'utilizzo sul territorio italiano.
- Il disastro della centrale russa di Chernobyl.

ARTE

- Van Gogh ha realizzato tre dipinti: *La terrazza del Caffè*, *Notte stellata sul Rodano* e *Notte stellata* che poi la critica ha raggruppato sotto il nome di "cieli stellati". *Notte stellata* è probabilmente il dipinto più famoso di Vincent van Gogh. Riconoscibile all'istante per il suo stile unico, questo quadro è diventato il soggetto di poesie, romanzi, CD-ROM, così come della ben nota canzone *Vincent* o *Starry, Starry Night* di Don McLean. Se nessuno può negare la popolarità di *Notte stellata*, è interessante notare che ben poco si conosce dei sentimenti che Vincent stesso nutriva verso questa sua opera. Ciò è principalmente dovuto al fatto che egli la menziona solo due volte nelle sue lettere a Theo (nr. 595 e 607), e solo di sfuggita. Nella sua corrispondenza col fratello, Vincent avrebbe spesso discusso lavori specifici nei minimi dettagli, ma non così nel caso di *Notte stellata*. Perché? È difficile dirlo.
- Nell'opera *Icaro* di Matisse l'uomo è teso verso le stelle, che simboleggiano un mistero totalizzante, ma inafferrabile.

TESINE CORRELATE – Desiderio, Sole

STRADA

La strada è una metafora dell'uomo che non sa o non vuole fermarsi, che è in continua ricerca. La strada è anche, però, un luogo di perdizione di confusione.

ITALIANO

- Ne *I promessi sposi* Renzo cammina, e si perde. Da quando lascia Lucia, Renzo continua a camminare e il suo andare è senza un punto di riferimento. Solo dopo la notte prima della traversata dell'Adda, il suo cammino acquista una meta.

- In una fase particolare della sua vita, dopo la guerra, prima di trovare la sua strada, Ungaretti scrive ad alcuni amici intellettuali: "Non ho che strade, strade e strade: il grigio perfido di questo cammino senza conclusione" (da Giuseppe Ungaretti, *Lettera a Prezzolini e Soffici* 23/04/1920).
- I *Ragazzi di vita* di Pasolini vivono sulla strada, dalla mattina alla sera, non per scelta, come i "figli dei fiori", ma perché le loro case non sono vere case, e bastano appena per dormirci, e perché i loro stessi genitori li mandano fuori.

INGLESE

- La vita della *beat generation* si consuma *Sulla strada* (*On the road*). Così si intitola anche il romanzo programmatico di Kerouac. Non ci sono punti di riferimento fissi: tutto deve essere consumato e vissuto con un'intensità, simile a quella del *carpe diem* oraziano, ma senza la compostezza e la moderazione che caratterizzavano il poeta latino. Sono invece da ricercare gli eccessi, bisogna chiedere al proprio corpo di oltrepassare i limiti, i sentimenti nascono e muoiono in un breve lasso di tempo, gli incontri sono causali e temporanei, la strada è il mito di questa generazione che non si vuole fermare mai.

CINEMA

- Nel film *La strada* di Fellini si coglie questo insegnamento: sulla strada ci si può perdere, ma si può anche fare un'esperienza fondamentale per la propria vita. Il film è interpretato dalla moglie del regista, Giulietta Masina, nei panni di una clownesca girovaga (Gelsomina) maltrattata dal brutale Anthony Quinn (Zampanò), e di un'ingenua ma coraggiosa prostituta.
- In *Cammina Cammina* di Ermanno Olmi il cammino ha un senso perché i Re Magi hanno uno scopo ben preciso, una persona da incontrare.

TESINE CORRELATE – Viaggio

SUICIDIO

Suicidio-fuga e suicidio-protesta
Suicidi raccontati e suicidi vissuti
Suicidi tentati e suicidi riusciti

Il suicidio, per alcuni degli autori che seguono, è stato semplicemente uno fra i temi affrontati nelle opere. Essi hanno oggettivato un disagio profondo, una insoddisfazione esistenziale in un personaggio, più o meno autobiografico. Il suicidio può essere stato desiderato, difeso dai giudizi morali ostili e perfino attuato in prima persona dall'artista, che ha maturato una sensibilità e una consapevolezza tale del proprio limite, che non gli ha consentito di continuare a vivere, convivendo con la sua disperazione.

LATINO

- Se le dottrine stoiche giustificano il suicidio come atto di estrema libertà del sapiente, che può dimostrare così il suo distacco rispetto alla materialità, tale non è per Platone, che condanna senza appello il suicidio. Cicerone, che accoglie nelle sue opere parti di molte dottrine filosofiche, ed è quindi un eclettico, mostra nel *Somnium Scipionis* (VI libro del *De republica*) di propendere per la visione platonica relativa al suicidio. Se un sapiente si togliesse la vita contro il volere di Dio, non sarebbe più degno di dimorare in cielo.
- All'interno del poema *Bellum civile* di Lucano, dedicato alla guerra civile tra Cesare e Pompeo, Catone si erge per statura morale e il suo suicidio rappresenta la fine di ogni speranza. Per Lucano, repubblicano convinto, il principato è l'irrompere dell'immoralità e dell'ambizione all'interno di un mondo (eccessivamente idealizzato) in cui prevalevano i valori del *mos maiorum*.
- Come tutti gli stoici, Seneca ritiene, infatti, che ci siano dei casi in cui è necessario anticipare la morte partendo dal presupposto che il tempo debba essere analizzato qualitativamente e

non quantitativamente: il suicidio è lecito, anzi addirittura doveroso ogni volta che le condizioni esteriori impediscano all'uomo di vivere secondo natura, ossia secondo ragione. Sono i casi in cui l'uomo non è più padrone delle proprie capacità razionali, ha perso lo scopo e il senso della vita, e si è allontanato dalla ricerca dell'*otium*. In alcuni saggi, in particolare nelle *Lettere a Lucilio*, Seneca avvisa il destinatario che è necessario prevenire queste condizioni anticipando la morte, per non correre il rischio che il progressivo deterioramento fisico e psichico provocato dall'estrema vecchiaia gli impedisca di attuare il suo proposito. Può certamente sembrare una teoria paradossale, che presuppone quella profonda svalutazione della vita che sta alla base di tutta la dottrina stoica sul suicidio. In riferimento agli stoici, infatti, bisogna sottolineare il valore negativo che essi attribuiscono alla vita, che appare misera, ricca di tentazioni che possono solo nuocere all'individuo. Il miglioramento può essere raggiunto solo attraverso la ricerca della vera saggezza, l'allontanamento delle passioni e l'acquisizione della virtù. Anche la morte di Seneca è un grande esempio di come egli abbracci la sua dottrina fino alla fine. Tacito nella sua opera riporta gli ultimi istanti di vita dello stoico che, condannato da Nerone perché accusato di essere complice della congiura contro l'imperatore, affronta la punizione in maniera esemplare, consolando la moglie, rincuorando gli amici e incoraggiando se stesso, affermando che finalmente sarà libero da ogni schiavitù (ricordiamo che Nerone lo trattò sempre come una sorta di burattino obbligandolo ad affiancarlo anche quando lo scrittore si era ritirato dalla vita pubblica per la ricerca della sapienza), smetterà di lottare per allontanare le tentazioni e finalmente allevierà le sue sofferenze morali.

- Originale e del tutto diverso dai suicidi "stoici" dei congiurati pisoniani è il suicidio del Petronius *arbiter elegantiae* di Tacito, che la maggior parte dei critici tende a identificare con il Petronio autore del *Satyricon*. Condannato a morte per opera di Tigellino, egli si fa bendare e sbendare ripetutamente il polso tagliato, perché vuole comunque godersi alcuni dei suoi ultimi attimi di vita. Poi ascolta poesie leggere e licenziose, invece di massime filosofiche e austere, prima di lasciarsi andare a un sonno, che si confonde con la morte.

ITALIANO

- In molte opere di Foscolo si presenta il suicidio come risoluzione ai tormenti esistenziali del poeta, intellettuale post-giacobino, deluso dai francesi non meno che dai loro avversari. Nelle *Ultime lettere di Jacopo Ortis* vi è un suicidio per motivi sia amorosi sia politici. Volutamente l'autore presenta il suicidio di Jacopo talvolta come una fuga dalla triste realtà, talvolta come un estremo atto di protesta. Anche nel sonetto *In morte del fratello Giovanni* la morte è invocata come un porto di pace.
- Se nelle canzoni classiciste del primo periodo artistico di Leopardi (*Bruto minore* e *L'ultimo canto di Saffo*) il suicidio è già presente, come disperata sfida alla natura e alle sue leggi crudeli, la riflessione sul suicidio diventa più matura e consapevole nelle *Operette morali*. Nel *Cantico del Gallo silvestre* il gallo è talmente grande da essere un tramite tra la terra e il cielo. In esso si contrappone la vita alla morte, e quest'ultima è preferita, perché tutte le cose si affrettano verso di essa. L'infelicità questa volta è una condizione universale di tutto ciò che vive, e non solo dell'uomo. Nel *Dialogo di Plotino e di Porfirio* (composto nel 1827 e pubblicato postumo nell'edizione Le Monnier del 1845) il tema del suicidio viene affrontato da Leopardi secondo un procedimento dialettico. Il punto iniziale del dialogo tra i due filosofi è la medesima considerazione della vita; poi si procede a una analisi sulla liceità del suicidio. Porfirio ritiene che l'inclinazione al suicidio proceda da un fastidio della vita e che il dolore sia vano, a differenza della noia. L'uomo è continuamente flagellato dalla natura, dal fato e dalla fortuna. Sostiene che il solo pensiero di potersi sottrarre a questa condizione infelice sia di conforto. Procede a un paragone tra l'uomo primitivo, che non si procacciava volontariamente la morte e non la desiderava, e l'uomo del suo

tempo, il quale, nella ricerca continua di progresso, aspira al maggior bene dell'uomo, la morte. Plotino sostiene che il suicidio non sia lecito, poiché l'uomo tende a sopravvivere; esso è un atto contro natura, in quanto "tutto l'ordine delle cose sarebbe sovvertito, se quelle si distruggessero da se stesse". Il suicidio arreca dolore alle persone che ci circondano: l'unica soluzione nella vita è la reciproca compagnia, il rapporto fraterno e solidale che si instaura tra gli uomini. Il pensiero di Plotino si conclude con l'idea che, al sopraggiungere della morte, coloro i quali abbiano vissuto in modo fraterno non si dorranno e saranno ricordati positivamente dai familiari e dagli amici. Per capire quale sia la posizione di Leopardi sul suicidio, leggi anche questo brano, tratto dal *Dialogo di Tristano e di un amico*: "E di più vi dico francamente ch'io non mi sottometto alla mia infelicità, né piego il capo al destino, o vengo seco a patti, come fanno altri uomini; e ardisco desiderar la morte, e desiderarla sopra ogni cosa, con tanto ardore e con tanta sincerità, con quanto credo fermamente che non sia desiderata al mondo se non da pochissimi [...] Se mi fosse proposta da un lato la fortuna di Cesare o di Alessandro netta da ogni macchia, dall'altro di morir oggi, e che dovessi scegliere, io direi, morir oggi, e non vorrei tempo a risolvermi".

- Nella famosa notte dell'Innominato ne *I promessi sposi* appare anche il suicidio come risoluzione del tormento interiore. Ma neanche questa via è percorribile, perché, pensa l'Innominato, se c'è un aldilà sarebbe la perdizione eterna, e se non c'è, perché uccidersi?
- Si suicida Alfonso Nitti, protagonista di *Una vita* di Italo Svevo, come unica riabilitazione di fronte a tutti quelli, dai suoi colleghi di banca, ad Annetta Maller, la ragazza che Alfonso ha amato senza convinzione, al fratello Federico, alla famiglia Lanucci, che lo aveva ospitato, con i quali non aveva mai avuto una facile relazione. È un suicidio, di fatto, anche quello di Amalia Brentani, che si abbandona alla droga e all'alcol dopo che l'intraprendente scultore Stefano Balli l'ha respinta nel romanzo *Senilità* dello stesso autore.

- Giulio, in *Tre croci* di Federigo Tozzi, si suicida, dopo le disgrazie capitate ai suoi fratelli.
- Dopo aver ricevuto per il romanzo *La luna e i falò* il premio Strega, Pavese si tolse la vita sotto il peso di una depressione a lungo combattuta negli anni, come testimoniato nel suo diario intitolato *Il mestiere di vivere*, cedendo a quello che aveva chiamato il "vizio assurdo".
- I profondi strascichi psicologici dell'internamento nel campo di sterminio furono probabilmente la causa del suicidio di Primo Levi, avvenuto nel 1987.

INGLESE

- L'alcolismo portò al suicidio lo scrittore Jack London nel 1916.
- Virginia Woolf si suicidò nel 1941.
- *Morte di un commesso viaggiatore* (*Death of a salesman*), dramma di di A. Miller: il protagonista si suicida perché incapace di reggere al proprio fallimento nel lavoro e nei rapporti familiari.
- Nel 1961 a Ketchum, dove si era trasferito da pochi anni, si suicida E. Hemingway, che in tanti romanzi e racconti aveva descritto la morte con crudezza e realismo.

FRANCESE

- *Madame Bovary* di Gustave Flaubert, il cui sottotitolo è *Costumi di provincia*, è la storia di Emma, figlia di un piccolo proprietario terriero e moglie di un medico condotto. Donna insoddisfatta, irrequieta, insofferente della monotonia della vita domestica, sprezzante nei confronti del marito privo di ambizioni, aspira al grande amore, alla vita eccitante della città, al lusso dell'aristocrazia, alle travolgenti passioni descritte nei romanzi. Spinta da questi desideri impossibili, ha una relazione amorosa con un uomo, che però ben presto si stanca e l'abbandona. Travolta dalle circostanze, stretta nella morsa dei debiti contratti per acquistare regali all'amante e abiti per sé, Emma finisce per togliersi la vita.

TEDESCO

- *Il piccolo signor Friedemann* (*Der kleine Herr Friedmann*) è il protagonista di un racconto di Thomas Mann. Si tratta di un individuo brutto e deforme, che ha passato tutta la sua vita a costruirsi una torre d'avorio, che lo difendesse da qualsiasi desiderio troppo esoso, visto il suo aspetto fisico. Ma un giorno si innamora di una donna bellissima e solare, per altro già sposata, e si toglie la vita dopo che lei lo ha cacciato in malo modo, senza permettergli neanche di dichiarare il suo amore.

STORIA

- Durante la seconda guerra mondiale alcuni piloti giapponesi, i kamikaze, andavano volontariamente incontro alla morte gettandosi con i propri aerei sugli obiettivi militari nemici.
- La storia recente è costellata di terroristi islamici, disposti a sacrificare la propria vita pur di veder distrutti i simboli del capitalismo americano e dell'ebraismo israeliano.

FILOSOFIA

- Il suicidio non è contemplato nella filosofia di Schopenhauer, che lo critica, perché esso non può liberare l'uomo dalla volontà di vivere; l'uomo con esso non rinuncia alla vita, ma afferma di voler vivere in modo diverso. Il suicidio è un morire apparente, perché la volontà (il cieco irresistibile impeto a fondamento della vita universale) continua a sopravvivere con la specie.

SOCIOLOGIA

- Nel 1897 Emile Durkheim propose di analizzare il suicidio come fenomeno sociologico oltre che come atto individuale, e lo classificò in tre tipologie (suicidio egoistico, altruistico e anomico), ciascuna delle quali determinata da precisi fattori sociali. Il primo tipo sarebbe motivato da un eccesso di individualismo: la persona si sente estranea al proprio gruppo, e il dislivello fra i propri desideri e la loro possibilità di realizzazione nell'ambito della società diventa a poco a poco incolmabile. Il suicidio altruistico è invece motivato da un eccesso di integrazione: l'individuo si annulla completamente all'interno del gruppo. Gli esempi di questo tipo sono la vedova indiana, il *kamikaze* giapponese o l'attentatore suicida arabo, oppure ancora, nella società occidentale, un capitano di vascello a cui il codice di comportamento impedisce di sopravvivere al naufragio della nave. Il suicidio anomico è caratteristico della società moderna. La sua frequenza tende ad aumentare in periodi di crisi economica o, inaspettatamente, in fasi di estrema prosperità, a causa della mancanza di riferimenti, norme e valori socialmente condivisi. Dal punto di vista psicologico questo tipo di suicidio è motivato generalmente dalle delusioni e dalle frustrazioni causate all'individuo dai propri rapporti sociali.

ARTE

- L'atmosfera angosciosa del *Campo di grano con corvi* (1890, Rijksmuseum Van Gogh, Amsterdam) viene spesso indicata come la più grande testimonianza di quella solitudine che portò Vincent van Gogh allo squilibrio mentale, e sembra avere un carattere premonitore: poco tempo dopo, infatti, sempre nel 1890, Van Gogh si suicidò con un colpo di pistola.

CINEMA

- Nel film *La stanza del figlio* di Nanni Moretti, un paziente di uno psicanalista continua a pensare al suicidio, ma poi scopre che, per quanto uno sia privo di scopi per continuare la sua vita, riesce poi a trovare motivo per vivere anche in modo molto banale. Tanto più, poi, se a uno capita di dover lottare contro una malattia come il cancro. Se prima di una diagnosi di tumore quell'uomo aveva crisi depressive, ora invece deve lottare con tutto se stesso contro la malattia e la terapia psicanalitica si rivela solo una perdita di tempo.

- Marilyn Monroe, dopo essere stata considerata per anni un mito sexy, messa ai margini del mondo del cinema, delusa e depressa, nel 1962 fu trovata morta in una stanza d'albergo in circostanze che restano tuttora misteriose. Elton John le ha dedicato la famosa canzone *Candle in the wind* (ripresa poi in occasione dei funerali di Lady Diana), in cui riflette sull'immagine tutta esteriore che è stata attribuita a Marilyn, cui corrispondeva una interiore fragilità e umanità che forse nessuno aveva saputo cogliere.

MUSICA

- *Vecchio frac* di Domenico Modugno è la delicata storia di un uomo che si suicida in modo nobile e distaccato.
- Luigi Tenco, raffinato cantautore che si sentiva artista incompreso in un mondo di commercianti, si tolse la vita durante il festival di Sanremo del 1967, dopo che la sua *Ciao amore ciao* venne eliminata dalla competizione.
- Anche Fabrizio De Andrè affronta il tema in alcune canzoni, affermando che anche i suicidi hanno diritto a una salvezza dopo la morte, cosa invece negata dalla dottrina cattolica.

TESINE CORRELATE – **Angoscia, Morte, Solitudine**

SUPERUOMO

Il superuomo dannunziano e quello nietzschiano
Diffusione delle teorie superoministe alla fine del XIX secolo

I testi di Nietzsche sul superuomo non solo anticipano, ma raccolgono una serie di idee, sia illuministe che romantiche. In un certo senso, infatti, il superuomo di Nietzsche non è altro se non la riedizione dell'eroe romantico, solo che al titanismo si aggiunge il nichilismo. Questa volta il superuomo lotta contro tutti i fondamenti morali e religiosi della civiltà occidentale.

ITALIANO

- In traduzione si può leggere tutta la prima parte di *Delitto e castigo* di Dostoevskij come un embrione delle teorie superomistiche. Raskolnikov uccide per dimostrare la sua superiorità rispetto alle leggi umane e alla gente comune. Dopo aver compiuto l'atto, i rimorsi insanabili della coscienza, di cui lui aveva negato l'esistenza, lo spingeranno a confessare prima a Sonja e poi alla polizia il suo delitto.
- Il primo incontro di D'Annunzio con la filosofia di Nietzsche avviene durante il suo apprendistato napoletano, negli anni tra il 1891 e il 1893. Nella sua fase superomistica è profondamente influenzato dal pensiero del filosofo tedesco, tuttavia spesso banalizza e forza entro un proprio sistema di concezioni le idee di Nietzsche. In un primo tempo perciò finisce per privilegiare quegli aspetti del sistema nietzschiano che gli permettono di giustificare l'alto concetto che ha di se stesso, in quanto artista, e dell'artista in genere. Fa suo anche il principio della completa libertà di azione dell'uomo superiore, il quale è sempre, in ogni suo atto, al di là di ogni possibile giudizio e professa con entusiasmo la fede nel culto della bellezza, nonché il mito della potenza creatrice dell'arte. È il periodo della composizione de *Il piacere*. Andrea Sperelli è l'alter-ego di D'Annunzio, l'artista che vuole rendere la sua vita un'opera d'arte. Successivamente questa concezione personale ed estetica viene soppiantata da un'interpretazione del pensiero nietzschiano più propriamente legata a motivi politici e sociali: D'Annunzio scopre ed esalta la virtù della razza, la forza, la potenza, la nazione. Con questa scelta superomistica abbandona la primitiva veste di cronista mondano e di cantore delle debolezze, delle perversioni e delle crisi dell'uomo borghese e passa a esaltare quello stesso borghese nei panni dell'eroe dominatore. Secondo D'Annunzio devono esistere alcune élite che hanno il diritto di affermare se stesse, in sprezzo alle comuni leggi del bene e del male. Queste élite al di sopra della massa devono spingere per una

nuova politica dello stato italiano, una politica di dominio sul mondo, verso nuovi destini imperiali, come quelli dell'antica Roma. La figura dannunziana del superuomo è comunque lo sviluppo di quella precedente dell'esteta: il culto della bellezza è indispensabile per l'elevazione della stirpe. D'Annunzio non si limita più a vagheggiare la bellezza in una dimensione ideale ma si impegna per imporre, attraverso il culto della bellezza, il dominio di una élite violenta e raffinata sulla realtà meschina della borghesia. Ne *Il trionfo della morte* Giorgio Aurispa, il protagonista, cerca di trovare l'equilibrio tra misticismo e superomismo per realizzare una vita nuova. Ne *Le vergini delle rocce* Claudio Cantelmo vuole generare, insieme a una donna degna di lui, una nuova stirpe di re, che possa mettere finalmente fine alla corruzione che serpeggia nella città di Roma. D'Annunzio volle realizzare in prima persona le teorie superoministiche durante la prima guerra mondiale.

- Nel saggio *Il superuomo di massa* (1977) Umberto Eco ha analizzato la diffusione della cultura nell'epoca contemporanea.

INGLESE

- Nel *Ritratto di Dorian Gray* (*The picture of Dorian Gray*) Wilde mostra l'eccezionalità di una vita vissuta al di là di ogni regola e costrizione morale, sogno che però è destinato a distruggersi.
- George Bernard Shaw si rifà al pensiero evoluzionistico di Lamarck nella sua opera *Uomo e superuomo* (*Man and Superman*), che pure rimane isolata nella sua produzione, superando la concezione superomistica estetizzante di Wilde e avvicinandosi a una filosofico-razziale.

FRANCESE

- Des Esseintes, il protagonista di *Controcorrente* (*A rebours*) di J. K. Huysmans non è fermato da remore moralistiche nella sua realizzazione di un superuomo-esteta distinto dalla massa.

FILOSOFIA

- Critico spietato del passato, dissacratore dei valori tradizionali e propugnatore dell'uomo che deve ancora venire, Friedrich Nietzsche diceva di sé: "Io non sono un uomo, sono dinamite. Dopo di me si contraddirà come non si è contraddetto. Io ho la coscienza della crisi europea." Nietzsche rappresenta uno spartiacque tra la filosofia antica e la successiva: dopo di lui la filosofia sarà interessata alla ricerca di nuovi valori. Il suo pensiero è influenzato dalla filosofia di Schopenhauer: la vita è irrazionale, non esistono leggi che la governano. A essa si può sfuggire, come dice Schopenhauer, oppure sorriderle, come ritiene Nietzsche. Lo schema oggi accettato dalla maggior parte degli studiosi divide le sue opere in tre periodi:
  1) Periodo giovanile (periodo di Basilea).
  Opera più significativa: *Nascita della tragedia*.
  Nietzsche critica la visione classica della cultura greca dominata dalla spirito apollineo (armonia, misura, equilibrio). Nella cultura greca convivono, così come succede nella tragedia, spirito apollineo e spirito dionisiaco.
  La filosofia è vista con l'ottica dell'artista: per esprimere la propria convinzione estetica Nietzsche usa le figure del mito greco: Apollo (dio della luce e della chiarezza, della misura e della forma) e Dioniso (dio della notte e dell'ebbrezza, del caotico, dello smisurato e dell'eccesso). Il gioco tra apollineo e dionisiaco esprime il sistema di forze e impulsi che agisce in ogni singolo uomo: l'apollineo è l'illusione che rende la vita armoniosa, mentre nel dionisiaco l'uomo scopre il gioco crudele di nascita e morte. Dionisiaco è dunque dolore, ma anche gioia, perché esprime la vita che si afferma dopo la morte (lo spettatore si abbandona al flusso di dolore e gioia che la tragedia fa vivere nello spettacolo).
  2) Fase illuminista.
  Opera più significativa: *La gaia scienza*.
  In uno degli aforismi de *La gaia scienza* l'uomo annuncia per la prima volta la morte di Dio, ucciso dagli uomini. Il valore della

morte di Dio non è psicologico: gli uomini possono anche crederci ugualmente. Il suo valore è più che altro simbolico: morte di Dio sta a significare la caduta di tutti i valori e delle credenze che hanno portato avanti, fino a quel momento, la filosofia occidentale e la religione. È il momento dell'irruzione del nichilismo nel mondo moderno: i suoi ideali e i suoi valori, basati sulla regola cristiana, hanno rivelato la loro base inesistente.
3) Filosofia dell'eterno ritorno e fase superomistica.
Solo un uomo superiore può resistere alla notizia della morte di Dio e al conseguente crollo di tutte le certezze. Il Superuomo è colui che riesce a reggere la morte di Dio, che sa vivere la vita con spirito dionisiaco, che sa far propria la teoria dell'eterno ritorno, che si pone al di là del bene e del male.
A conferma del fatto che il passaggio da uomo a Superuomo non deve essere interpretato in senso evoluzionistico, si osserva che Nietzsche criticò molto l'evoluzionismo dei suoi tempi: l'umanità non dà segni di progresso, anzi di regressione, se confrontata con la civiltà greca. Chi è dunque il Superuomo? È un essere a metà tra spirito forte e libero e uno avventuroso, più distruttivo che costruttivo. Egli "dona virtù"; è gioioso ma conosce anche le verità più orribili, di fronte alle quali non si nasconde. È senza morale in quanto precristiano: è Dioniso che rappresenta l'energia che trasforma tutto in affermazione.
La teoria del Superuomo è contenuta nell'opera *Così parlò Zarathustra* scritta tra il 1883 e il 1885.
Zarathustra è un saggio eremita che vive lontano dagli uomini. Un mattino si sveglia e decide di comunicare agli uomini le sue conoscenze e la sua saggezza. Egli, dice, ama l'uomo e vuole recare a lui un dono: la dottrina del Superuomo. "L'uomo è una corda tesa tra la bestia e il superuomo"; l'uomo deve essere superato. Zarathustra espone le tre metamorfosi dello spirito: lo spirito nel corso del tempo, si sarebbe trasformato da cammello (uomo schiacciato dalle regole imposte dalla morale) a leone (uomo che combatte il "tu devi" per imparare a dire "io voglio", uomo che combatte per la libertà) e infine a fanciullo (uo-

mo che si crea nuovi valori, che si dà un nuovo inizio). Il fanciullo è l'essenza del Superuomo.

Il Superuomo deve essere fedele alla terra: poiché Dio è morto, l'unica realtà possibile è la vita terrena. In *Così parlò Zarathustra* Nietzsche illustra anche la teoria dell'eterno ritorno (legata a una concezione ciclica della storia) e la teoria della volontà di potenza (quella cioè che permette al Superuomo di creare da sé nuovi valori).

La filosofia di Nietzsche si pone come inversione delle idee filosofiche e dei valori morali tradizionali. La natura dei temi, lo stile aforistico e alcune vicissitudini legate alla pubblicazione de *La volontà di potenza* e dell'*Epistolario* hanno fatto sì che le interpretazioni del pensiero di Nietzsche fossero le più disparate e controverse. Così, di volta in volta, Nietzsche è stato visto come "l'antipositivista", "l'antidemocratico", "l'artista aristocratico e decadente" e soprattutto come "profeta del nazismo, della violenza militaristica e della superiorità della razza ariana".

ARTE

- La *Salomè* di Beardsley, disegnata per l'omonima opera teatrale di Wilde rappresenta la superdonna dannunziana, la Elena Muti, bellissima, lussuriosa e ideale.

TETSINE CORRELATE – Eroe e antieroe, Guerra

TEMPO

Le implicazioni del tempo

Molte sono le domande sul tempo, cui gli uomini hanno cercato di dare una risposta. Anzitutto, come riempire il tempo e fare in modo che non passi inutilmente? Poi, come continuare a esistere anche dopo la morte? E infine, come far rivivere il passato?

LATINO

- Per Seneca (e per gli stoici in genere) non conta quanto si vive, ma come si vive (leggi soprattutto il *De brevitate vitae*, ma anche alcune *Lettere a Lucilio*).
- Il tempo per Sant'Agostino non esiste se non nell'anima, è una *distensio animae*.

ITALIANO

- La poesia (eternatrice) può far superare la finitezza del tempo secondo Ugo Foscolo (leggi l'ultima parte del carme *Dei sepolcri*).
- Italo Svevo: ne *La coscienza di Zeno* scompare l'ordine cronologico in favore della libera associazione di idee (è la cosiddetta *Acronia sveviana*), anche se Svevo utilizza una scrittura sintatticamente logica e razionalizzata e divide le memorie in temi, il che è comunque una forma di razionalizzazione.
- In *Se questo è un uomo* di Primo Levi: il tempo è controllato e addirittura annullato nel lager.
- Nel romanzo surrealista *Orfeo in Paradiso* di Luigi Santucci la resurrezione del passato proposta dalla figura demoniaca di M. des Oiseaux comporta la rinuncia ad agire, mentre la proiezione verso la vita futura proposta da Don Pasqua è riferita alla concezione cristiana di eternità come eterna presenza, pertanto non immobilizza la vita, ma la fa vivere nella sua pienezza.

INGLESE

- Nei romanzi *Gita al faro* (*To the lighthouse*) di Virginia Woolf e *Ulisse* di James Joyce passato, presente e futuro sono compresenti tramite la tecnica narrativa dello stream of consciousness.

FRANCESE

- Apollinaire nella sua opera *Zona* (*Zone*) ignora la razionalizzazione cronologica e gioca col tempo.

- Proust nella sua opera *Alla ricerca del tempo perduto* (*A la recherche du temps perdu*) recupera il passato per associazioni, riferendosi esplicitamente al concetto di durata e di dimensione della coscienza di Bergson.

FILOSOFIA

- Bergson distingue tra tempo esteriore e tempo interiore (tempo della scienza e tempo della vita) in *Analisi dei dati immediati della coscienza*. Per Bergson il tempo è una dimensione della coscienza.
- Nietzsche rifiuta la concezione lineare del tempo in cui la volontà dell'uomo viene limitata e parla dell'eterno ritorno dell'istante su se stesso.

BIOLOGIA

- Il tempo agisce sull'uomo con una serie di modificazioni, che costituiscono il suo invecchiamento. Questi cambiamenti variano ampiamente nel tempo e nella modalità di insorgenza sia tra specie che tra individui differenti. Nell'uomo comprendono la diminuzione dell'elasticità dei tessuti, la perdita di un gran numero di cellule nervose, l'indurimento dei vasi sanguigni e una diminuzione generale del tono corporeo. I ricercatori che si occupano dell'invecchiamento studiano questi cambiamenti, nonché i deficit e le malattie correlate all'aumentare dell'età. Anche tutti gli altri animali e le piante sono sottoposti a un analogo processo di invecchiamento.

GEOGRAFIA ASTRONOMICA

- Il tempo agisce anche sui pianeti e sulle stelle, modificandone la composizione. Ad esempio a un certo punto della evoluzione di una stella si esauriscono il litio e gli altri elementi leggeri. La stella entra così nella fase finale della propria evoluzione, durante la quale l'idrogeno viene trasformato in elio attraverso l'azione catalizzante del carbonio e dell'azoto.

MATEMATICA

- La variabile-tempo compare anche in alcuni procedimenti matematici, come le derivate.

FISICA

- La derivata può essere applicata alla definizione di intensità di corrente.
- Il concetto di tempo in fisica cambiò notevolmente con l'introduzione della teoria della relatività.

EDUCAZIONE FISICA

- Il tempo è giudice implacabile di ogni gara. L'uomo si misura con se stesso (sport individuali) o con gli altri (sport di squadra) sempre ponendosi come limite un tempo.

ARTE

- Il passato, il presente e il futuro sono compresenti alla coscienza e non distinguibili razionalmente per molti pittori contemporanei.
- Magritte ricerca le radici del passato e accosta il giorno e la notte nella stesa scena (osserva per esempio *L'impero della luce* e *La voce del sangue*).
- In Chagall vi è l'accostamento del passato biblico, del presente, con le persecuzioni antisemitiche nella sua Russia natale, e di un futuro escatologico, in chiave religiosa.
- Delvaux situa l'uomo moderno nell'ambito di paesaggi classici, accostando il dinamismo del divenire all'immobilità atemporale.
- Dalì, che nella serie *Persistenza della memoria*, accosta immagini del passato remoto della terra e delle origini della vita a oggetti del presente e denunciando nei suoi celebri orologi molli l'impossibilità di cogliere e fissare l'essenza del tempo.

- De Chirico accosta il passato greco con le ciminiere industriali ne *Le muse inquietanti* o che addirittura simboleggia la sfasatura tra tempo oggettivo e tempo della coscienza nel dipinto *L'enigma dell'ora* in cui l'orologio segna un'ora diversa da quella presumibile in base alla luce della scena.

TESINE CORRELATE – Memoria

TERREMOTI

Terremoti nell'età antica e nell'età moderna
Le onde in scienze e in fisica

I terremoti rappresentano uno dei fenomeni naturali più violenti e devastanti della terra. Essi hanno impressionato gli antichi come i moderni, e ancora oggi è difficile prevederne l'insorgere.

LATINO

- Oltre ai senili sette libri delle *Naturales quaestiones* Seneca ha scritto un trattato sui terremoti in gioventù, che però andò perduto. Seneca riprende l'argomento nel sesto libro delle *Naturales quaestiones* (VI, 21, 2). In questo capitolo, ricordando il terremoto in Campania del 62 d.C., Seneca distingue due tipi di terremoto (basandosi sulle teorie di Posidonio di Apamea): quello sussultorio, caratterizzato da onde sismiche verticali, e quello ondulatorio, dove la terra ondeggia come una barca. A queste due classificazioni Seneca aggiunge il *tremor*, un movimento del terreno molto debole che non provoca danni né alle cose, né alle persone.
  Secondo Seneca la causa dei terremoti, però, è da ricercare nell'aria, quindi sopra la superficie terrestre, e non sotto, come ben sappiamo noi moderni. Infine questo argomento fa riflettere Seneca sulla morte e sulla paura della morte.

STORIA

- Ovviamente, fra le zone più colpite da terremoti vi sono, anche in tempi recenti, il Giappone e l'America del nord. La serie di terremoti che colpì il Missouri sudorientale nel 1811-12 fu probabilmente la più potente verificatasi negli Stati Uniti in tempi storici. Il più famoso, però, è il terremoto che colpì l'area di San Francisco nel 1906, causando gravissimi danni. Il più recente è quello avvenuto a Los Angeles nel 1994.
- In Italia, i terremoti che hanno provocato più danni nel XX secolo furono quello che distrusse Messina nel 1908 facendo 83.000 vittime, quello di Avezzano in Abruzzo nel 1915 con circa 30.000 morti, quello nella valle del Belice (Sicilia occidentale) nel 1968, quello del Friuli nel 1976 e quello dell'Irpinia nel 1980.
- Devastanti e con decine di migliaia di vittime furono inoltre i terremoti avvenuti ad Agadir in Marocco (1960), in Iran nel 1968 e di nuovo nel 1990, in Perù nel 1970, in Armenia nel 1988.

SCIENZE

- Il terremoto consiste in una serie di vibrazioni che si produce nella crosta terrestre in seguito alla rapida liberazione di energia meccanica gradualmente accumulata nelle rocce. Le vibrazioni possono avere diversi gradi d'intensità: a volte sono appena percettibili, in qualche caso, invece, estremamente distruttive.
- Nel processo sismico vengono generati sei tipi di onde. Due di essi sono classificati come onde di volume (vale a dire, si propagano all'interno della Terra); gli altri quattro sono onde di superficie. Le onde di volume si suddividono in primarie o di compressione (onde P) e secondarie o trasversali (onde S). Le primarie provocano un'oscillazione delle particelle di roccia in direzione coincidente con quella della loro stessa propagazione, mentre le secondarie provocano oscillazione perpendicolare alla loro direzione di propagazione. Le onde P viaggiano sempre a velocità maggiore rispetto alle S e pertanto arrivano prima ai sismografi delle stazioni di osservazione distribuiti in tutto il mondo.

- Attualmente sono riconosciute tre classi di terremoti: di origine tettonica, vulcanica e artificiale. I terremoti tettonici sono di gran lunga i più devastanti.
- I sismologi dispongono di due scale di intensità per descrivere i terremoti in termini quantitativi. Una è la scala Richter, dal nome del sismologo statunitense Charles Francis Richter, che misura l'energia rilasciata all'ipocentro di un terremoto.
- La scala Mercalli, introdotta all'inizio del XX secolo dal sismologo italiano Giuseppe Mercalli, è divisa in dodici gradi rispetto ai quali è valutata l'entità delle scosse facendo riferimento ai danni provocati dal sisma.

FISICA

- Le onde che si propagano nella crosta terrestre durante un terremoto sono onde di tipo meccanico, cioè si propagano attraverso un mezzo. Esse vengono definite con tre caratteristiche: lunghezza d'onda, frequenza e velocità.

TESINE CORRELATE – Natura, Vulcani

ULISSE

Ulisse nella letteratura antica e moderna
Le diverse fasi e interpretazioni del mito-Ulisse

Ulisse è un personaggio complesso: da una parte archetipo del viaggiatore, simbolo dell'uomo insoddisfatto, curioso, sempre alla ricerca di nuove frontiere da abbattere; dall'altra parte è l'emblema dell'uomo falso, astuto, disposto a ingannare pur di raggiungere i suoi scopi ambiziosi. Da un certo punto di vista egli può essere quindi il primo esempio di anti-eroe. Infatti, contrapposto all'eroe Achille per eccellenza, o ad Aiace, egli usa le armi del sotterfugio per compensare la sua minore abilità in guerra.

GRECO

- Nell'*Odissea* nasce il mito variegato di Ulisse come eroe della versatilità (VI, 148-185; IX, 345-370); eroe del ritorno (V, 140-224); eroe della *curiositas* (XII, 184-233; IX, 170-274); eroe dell'acutezza d'ingegno (IX, 275-423) ed eroe paziente (XII, 403-450).
- Continuano le contraddizioni nell'opera di Sofocle, dove Ulisse può essere pietoso (*Aiace*) o, al contrario, spietato (*Filottete*).

LATINO

- Nel secondo libro dell'*Eneide* di Virgilio, Ulisse è solo il *scelerum inventor*.

ITALIANO

- In Dante il viaggio di Ulisse che confida in se stesso nel suo "folle volo" (*Inferno* XXVI) è diverso dal viaggio di Dante che è condotto nell'aldilà per volontà divina.
- Nel sonetto *A Zacinto* di Foscolo Ulisse, dopo un lungo peregrinare, torna a rivedere la sua petrosa Itaca, diversamente dal poeta che non è destinato a rivedere mai più la sua materna Zacinto. Infatti qui l' "esiglio" di Ulisse è "diverso", sia nel significato etimologico (cioè, volto in direzioni divergenti) sia in quello più comune (cioè, differente). Nei *Sepolcri*, adottata nuovamente la prospettiva "troiana" come nell'*Eneide*, Ulisse torna ad essere l'eroe dell'inganno (vv. 213-225), che giustamente si vedrà sottratte le armi, destinate al più eroico Aiace.
- In D'Annunzio, Ulisse diventa simbolo di superuomo nella poesia *L'incontro di Ulisse* appartenente alla raccolta Maia.
- Le poesie di Pascoli *Il sonno di Odisseo* e *L'ultimo viaggio* simboleggiano l'impossibilità di soddisfare la conoscenza nei *Poemi Conviviali*, poesie che traggono dalla mitologia solo spunti contenutistici, e non repertori lessicali.

- Umberto Saba dedica una sua poesia a *Ulisse*, poiché il poeta, come Ulisse, vuole conoscere quella libera terra di nessuno che è il mare.
- Un capitolo di *Se questo è un uomo* di Primo Levi racconta come il protagonista si ricordasse il canto di Ulisse, che naviga oltre i confini vietati, proprio nel campo di concentramento, un luogo da cui non è permesso liberarsi, varcandone fisicamente i confini.

INGLESE

- Già Tennyson aveva scritto una poesia su Ulisse, ma l'opera in lingua inglese più significativa ispirata al personaggio omerico è senz'altro L'*Ulisse* di Joyce, che descrive una giornata della vita dell'ebreo irlandese Leopold Bloom e, parallelamente, la stessa giornata vissuta da Stephen Dedalus, culminando nell'incontro tra le due figure. I temi principali dell'opera, dove Joyce affinò la tecnica dello *stream of consciousness*, sono la ricerca simbolica di un figlio da parte di Bloom e la presa di coscienza della vocazione letteraria da parte di Dedalus. Parte del romanzo comparve a puntate sulla rivista americana "Little Review" dal 1918 al 1920, anno in cui la pubblicazione fu interrotta perché i contenuti furono giudicati pornografici. L'edizione completa apparve per la prima volta a Parigi nel 1922.

CINEMA - TV

- Ne *Lo sguardo di Ulisse* di T. Angelopulos compare la figura dell'intellettuale alla ricerca delle proprie radici.
- Diverse sono le versioni dell'*Odissea* per la TV, come quella recente di Konchalowsky.

BIBLIOGRAFIA

Paola Dagna Campagnoli, *Un mito letterario: Ulisse*, ediz. Il capitello

TESINE CORRELATE – Viaggio, Desiderio, Eroe e antieroe

UTOPIA

Utopie antiche e moderne
Utopie in politica e in letteratura

L'U-topia è un non-luogo, l'isola che non c'è, un sogno irrealizzabile che affascina per la sua novità ma delude per la sua astrattezza.

GRECO

- L'utopia per Platone è il tentativo etico per salvare la città di Atene: potere ai filosofi, cioè gli unici che sono in grado, in base ai loro studi, di reggere saggiamente le sorti di una città. Formulazione dello stato perfetto.
- Polibio formula la teoria ciclica delle costituzioni e l'inevitabile decadenza di ogni stato (la monarchia in tirannia, l'aristocrazia in oligarchia, la democrazia in anarchia). Per lui la costruzione romana costituisce l'*optimum* e rende imbattibile la potenza romana, anche se la sorte interviene spesso in modo decisivo nelle sorti umane.

LATINO

- La repubblica così come la vede Cicerone, e la esemplifica nel dialogo *De re publica*, è un'utopia irrealizzabile. Cicerone è infatti un nostalgico, un'idealista che non si rende conto dell'impossibilità di realizzare i valori del *mos maiorum* e le istituzioni repubblicane così come erano concepite secoli prima.

ITALIANO

- Dante esprime la sua utopia dell'impero universale, oltre che nell'opera *Monarchia*, anche nel VI canto del *Paradiso*. Come in Cicerone, così anche in Dante l'utopia è un sogno anacronistico, rivolto al passato piuttosto che al futuro.

- Nell'*Inno ai Patriarchi* Giacomo Leopardi esprime in forma utopica il mito del buon selvaggio di ascendenza rousseauiana.
- Manzoni invece, che è un realista, scrive contro l'utopia nel dialogo *Dell'invenzione.*
- Nel romanzo *La giornata di uno scrutatore* di Calvino si contrappone l'utopia ideologica progressista con la realtà della carità nell'istituto torinese del Cottolengo.

INGLESE

- Shelley nella sua opera anticapitalista *England in 1819* idealizza la costituzione platoniana.
- L'utopia è all'origine del totalitarismo, sia nel romanzo *1984* di George Orwell sia nel romanzo *Il mondo nuovo* (*Brave new world*) di Aldous Huxley.
- L'isola che non c'è nel romanzo *Peter Pan* di James Matthew Barrie è una riformulazione in chiave fantastica e puerile di un'utopia.

FILOSOFIA

- Antonio Rosmini, filosofo ostile a ogni tipo di utopia, elabora a questo proposito la teoria dell'antiperfettismo.

MUSICA

- Molte sono le canzoni popolari contemporanee che riprendono la suggestione dell'utopia. Ad esempio *L'isola non trovata* di Francesco Guccini, *L'isola che non c'è* di Edoardo Bennato, *Terra promessa* di Eros Ramazzotti e, soprattutto, *Imagine* di John Lennon.

BIBLIOGRAFIA

M. Enrica D'Agostini, *Viaggi in Utopia e in altri luoghi,* Guerini & Associati

TESINE CORRELATE – Socialismo, Desiderio, Attesa

VENERE

**Venere dea dell'amore e secondo pianeta del sistema solare
Venere in letteratura e astronomia**

Venere, come la chiamavano i Romani, o Afrodite, come la chiamavano i Greci, era la dea dell'amore nel pantheon pagano, sposa di Marte, Adone e Anchise, madre di Cupido e di Enea. Essa quindi occupava un posto di rilievo, così come occupa un posto di rilievo nel sistema solare il pianeta che da lei ha preso il nome.

LATINO

- Nell'inno a Venere che apre il *De rerum natura* di Lucrezio essa corrisponde alla forza della natura, che impone le sue leggi a tutti gli esseri viventi, leggi che è impossibile contrastare o ignorare.

ITALIANO

- Nel terzo cielo, il cielo di Venere, Dante colloca gli spiriti amanti. Qui, nel canto VIII, dialoga con Carlo Martello, sovrano gentile e raffinato e, e nel canto IX del *Paradiso*, incontra Cunizza da Romano, sorella di Ezzelino III da Romano, e Folchetto da Marsiglia, vescovo propugnatore della crociata contro gli albigesi.
- Foscolo nell'*Ode all'amica risanata* e nel sonetto *A Zacinto* idealizza Venere, poiché la bellezza porta agli uomini la gioia (*Ode all'amica risanata*) e rende perfino feconde le isole Ionie (*A Zacinto*).

GEOGRAFIA ASTRONOMICA

- Venere è il secondo pianeta del sistema solare, in ordine di distanza dal Sole. Dopo la Luna, Venere è l'oggetto più brillante del cielo notturno. Nell'antichità era detto Vespero, o stella della sera, quando appariva al tramonto, e stella del mattino oppure *Phosphoros* o Lucifero, quando era visibile poco prima dell'alba. A causa delle rispettive posizioni di Venere, Terra e Sole, il pianeta infatti non è mai visibile più di tre ore prima dell'alba e per oltre tre ore dopo il tramonto.

- Osservato al telescopio, Venere mostra un ciclo di fasi simili a quelle della Luna, che si ripetono con un periodo sinodico di 1,6 anni. Raggiunge la sua massima brillantezza (con magnitudine -4,4) durante la fase crescente. I transiti sul disco solare sono rari, e avvengono a coppie, a intervalli di poco più di un secolo. I prossimi due sono previsti per il 2004 e il 2012.
- In superficie, la temperatura della densa atmosfera di Venere supera i 460 °C e la pressione è circa 90 volte maggiore di quella terrestre. L'atmosfera è composta per il 97% da anidride carbonica (CO_2) e contiene piccole quantità di vapori di acido solforico e di azoto, e tracce di vapor d'acqua. A circa 50 km di altitudine si trova la base delle nubi, composte quasi interamente da acido solforico concentrato. Il pianeta non ha un campo magnetico rilevabile.
- Le sonde americane (Mariner) e sovietiche (Venera) hanno contribuito a conoscere meglio la superficie piatta, non priva di vulcani, crateri e canyon.

TESINE CORRELATE – Amore, Marte

VIAGGIO

Viaggio verso l'ignoto o viaggio a ritroso
Viaggio per conoscere il mondo o per conoscere se stessi

Esistono due tipi di viaggi: uno a parabola discendente, cioè una ricerca, una tensione che sfocia nel nulla, l'altro a parabola ascendente dal dramma, dal porto sepolto, fino all'emersione dalla disperazione.

ITALIANO

- La *Divina commedia* di Dante è un tipico viaggio a parabola ascendente, dalla selva oscura alla contemplazione di Dio.
- Il viaggio di Foscolo conduce alla morte. Egli dice infatti, nel sonetto *In morte del fratello Giovanni*, che cercherà "nel tuo porto quiete".
- Mentre il viaggio ne *L'infinito* di Leopardi è nell'immaginazione, di cui si conosce il carattere illusorio ("naufragar m'é dolce") si apre una prospettiva diversa in una delle operette morali. Il *Dialogo di Cristoforo Colombo e Gutierrez*, malgrado il racconto della noia del viaggio, è forse una delle opere più ottimiste di Leopardi. Infatti qui la terra, cioè la meta del nostro viaggio c'è, magari non come ce la immaginavamo noi, ma c'è. Invece nel "Vecchierel bianco e infermo" del *Canto notturno di un pastore errante* ricompare la parabola discendente del romeo, cioè siamo all'opposto del pellegrinaggio che conduce a una meta significativa. Qui alla fine del viaggio si apre un "abisso orrido, immenso".
- *In oriente* di Giovanni Pascoli ripropone il tema dei Re Magi e del loro viaggio verso la verità rivelata.
- In D'Annunzio il volo di Paolo Tarsis in *Forse che sì, forse che no* è la consacrazione dell'autonomia umana. A lui, che vola sopra "il Tirreno d'Ulisse e d'Enea" una voce sussurra "Figlio, non v'è dio se non sei tu quello".
- *Viaggio a Montevideo* di Dino Campana testimonia di un nomadismo spirituale e di un vagabondare senza meta.
- Ungaretti ne *Il porto sepolto*, titolo di una poesia che iniziava una raccolta confluita poi ne l'*Allegria di naufragi*, tocca il fondo del dolore e della disperazione, con l'esperienza della guerra, ma da questo fondo è implicito che si possa risalire.
- In *Vento a Tindari* di Salvatore Quasimodo al viaggio reale (una passeggiata con gli amici) si sovrappone il viaggio immaginario, alla riscoperta delle radici della cultura mediterranea.

- *Il colombre* e *I sette messaggeri* di Dino Buzzati sono viaggi verso i territori della morte, simboli del viaggio della vita.

INGLESE

- Edgar Allan Poe in *Una discesa nel Maelström* (*A descent into the Maelström*) racconta un naufragio che si compie nel terrificante mulinello nordico.
- In *Moby Dick* di Melville e ne *Il vecchio e il mare* (*The old man and the sea*) di Ernest Hemingway il viaggio è in realtà una lotta contro la natura e i propri limiti.
- *Cuore di tenebra* (*Heart of darkness*) di Conrad descrive un viaggio alla scoperta del primitivo.
- *Sulla strada* (*On the road*) di Jack Kerouac rappresenta l'ansia di libertà e la voglia di vivere della *beat generation*, che, inquieta e insoddisfatta della vita borghese, decide di consumare la propria esistenza in viaggi ed esperienze senza una meta fissa.

FRANCESE

- Rimbaud nel poemetto *Il battello ebbro* (*Le bateau ivre*) mette in scena il viaggio totalmente aperto, il labirintico errare dell'uomo.

TEDESCO

- Nel racconto *Messaggio dell'imperatore* (*Eine kaiserliche Botschaft*) di Franz Kafka il viaggio è impossibile, poiché è verso una verità irraggiungibile.
- Aschenbach, protagonista del racconto lungo *La morte a Venezia* (*Der Tod in Venedig*) di Thomas Mann, avverte in sé la smania di viaggiare, come un'inquietudine struggente.

BIBLIOGRAFIA

M. Enrica D'Agostini, *La letteratura di viaggio. Storia e prospettive di un genere letterario*, ediz. Guerini & Associati

TESINE CORRELATE – Strada, Ulisse, Utopia

VISIONI

L'irrazionale in letteratura
Visioni e apparizioni

In letteratura, accanto alla tendenza realistica, che privilegia l'imitazione della realtà dell'esperienza, si trova una corrente antirealista, che preferisce creare una realtà diversa rispetto a quella dell'esperienza. All'interno della letteratura fantastica, poi, assumono una particolare importanza le visioni, che possono essere di morti che compaiono ai vivi, o semplicemente "illuminazioni", che svelano una realtà nuova e spesso inquietante.

LATINO

- Nel *Somnium Scipionis* (par. 9-29, VI libro del *De re publica* di Cicerone) l'avo Publio Cornelio Scipione Africano compare al nipote, detto Africano minore o Emiliano, per mostrargli la condizione delle anime dei giusti dopo la morte nel cielo (Via Lattea).

ITALIANO

- Carlo Imbonati, l'amante morto della madre Giulia Beccarla, appare in una visione ad Alessandro Manzoni nel *Carme in morte di Carlo Imbonati*. In questa poesia Manzoni mostra la saldezza morale della sua concezione di vita, che rimarrà immutati, anzi si potenzierà, dopo la conversione al cristianesimo.
- La fantasia è di scena nelle *Operette morali* che talvolta ospitano personaggi macabri come ne *Il dialogo di Federico Ruysch e delle sue mummie*.
- Pirandello ironizza sulle visioni ultraterrene, con la seduta spiritica a Roma, a casa di Anselmo Paleari, ne *Il fu Mattia Pascal*.
- Palazzeschi con *Il codice di Perelà*, Bontempelli con i suoi *Racconti e romanzi*, Landolfi e Savinio, con i loro racconti, alimentano la letteratura del fantastico nel Novecento italiano.

- Buzzati rifiuta l'inserimento nella corrente surrealista, cioè la lettura delle proprie opere secondo i codici del simbolismo psicanalitico, in quanto non sono interpretabili razionalmente.

INGLESE

- Edgar Allan Poe nel racconto *Il crollo della casa degli Usher* (*The fall of the house of Usher*) presenta macabre visioni di disfacimento, che poi ispireranno molti autori dopo di lui.

FRANCESE

- Rimbaud approda a un contatto con l'Assoluto, rivelato sotto forma di visione al poeta-veggente, precorrendo il surrealismo con le sue visioni oniriche.

TEDESCO

- Hoffmann è legato alla tradizione della magia, in cui la normalità è rovesciata, l'incredibile appare ovvio, la follia sembra più reale della realtà.
- *La metamorfosi* (*Die Verwandlung*) di Kafka, con l'orribile situazione da incubo vissuta dal protagonista trasformato in insetto mostruoso, appartiene più al filone visionario che a quello psicanalitico.

ARTE

- Nei disegni *A Edgar Poe* di Redon la realtà è stravolta e persecutoria.
- Klimt nel *Fregio di Beethoven* compone una grandiosa sintesi dell'esistenza umana al modo di una visione quasi biblica.
- Munch è visionario nelle figure femminili dalle Madonne dall'aureola di fuoco ai Vampiri che divorano l'uomo con la loro affamata sensualità.

TESINE CORRELATE – Immaginazione, Simbolismo

VULCANI

Vulcani in letteratura e in scienze

Il vulcano sembra quasi un essere vivente, un dormiente sornione, che si desta improvvisamente portando rovina e distruzione. Ha alimentato nelle menti degli uomini un fascino indiscusso, ma anche un timore reverenziale, generando leggende e ipotesi, superate solo con le ultime scoperte scientifiche della tettonica a zolle.

LATINO

- Plinio il Giovane racconta l'eruzione di Pompei e la morte dello zio Plinio il Vecchio in una lettera. Egli sottolinea la curiosità intellettuale, nonché l'estrema umanità dello zio, disposto a sacrificare la sua vita pur di porgere aiuto agli abitanti colpiti dall'eruzione vulcanica, assecondando il proprio spirito scientifico.

ITALIANO

- *La ginestra* di Leopardi è uno degli ultimi canti del poeta, forse quello in cui è più evidente il distacco dal "secol superbo e sciocco", che ancor si illude, con il suo romanticismo spiritualista, che l'uomo sia al centro dell'universo, oggetto di predilezione provvidenziale. In realtà l'uomo è soggetto ai capricci di una natura matrigna, che abbatte e cancella in un colpo tutto quello che l'uomo costruisce, come testimonia l'eruzione vulcanica. Pure, sulla colata lavica raffreddata, cresce un'erba che si erge, pur riconoscendo la propria inferiorità, con fierezza a contrastare l'onnipotenza del vulcano, proprio come l'uomo da solo o, ancor meglio, in una prospettiva solidaristica, quanto mai inusitata per quel "passero solitario" che era sempre stato il poeta recanatese, può lottare contro la natura, pur sapendo di non poterla mai sconfiggere definitivamente, ma solo contrastarla con eroismo e senza illusioni.

SCIENZE

- Le eruzioni vulcaniche sono dovute ai movimenti della crosta terrestre. Esse si dividono in: eruzioni *effusive*, con magmi fluidi, condotti liberi, senza accumulo di gas; *esplosive*, con magmi viscosi, condotti ostruiti e accumulo di gas; *lineari*, in cui il magma fuoriesce da fratture; *centrali*, in cui il magma fuoriesce dal camino.
- I materiali emessi sono: lave basaltiche, riolitiche, andesitiche, a corda, a blocchi coriacei, a cuscini; materiali piroclastici, come polveri, ceneri, lapilli, bombe; gas e vapori, come vapore acqueo, anidride carbonica, ossido di carbonio, solfuro di idrogeno, anidride solforica, acido cloridrico, ammoniaca e metano.
- I vulcani si suddividono in: *stratovulcani*, con fianchi ripidi, strati di lava alternati, colate laviche, crateri avventizi, caldere; *vulcani concentrati in zone lunghe e strette*, come le dorsali oceaniche (Islanda, Azzorre), gli archi di isole, i margini dei continenti, le fratture continentali (fosse africane), i punti caldi (Hawaii).
- Oltre al cosiddetto *vulcanismo primario*, in cui il magma arriva in superficie, esiste anche un *vulcanismo secondario*, in cui alla superficie non giunge il magma, ma fumarole, sorgenti termali, soffioni boraciferi, solfatare, geyser.

TESINE CORRELATE – Terremoti, Natura

CONCLUSIONE

Alla fine del vostro studio per l'esame di maturità non chiudete questo libro, ma riutilizzatelo. Se siete insegnanti, potrete usarlo, come faccio io, per la vostra programmazione didattica. Che cos'è infatti la didattica modulare e interdisciplinare se non lo sviluppo di alcuni argomenti presenti in questo libro? Se siete studenti, invece, potrete usarlo come glossario culturale, sempre pronto all'occasione, per operare collegamenti in altri ambiti, diversi rispetto a quello vostro specifico, ma che saranno sempre bene accetti e arricchiranno i vostri lavori e il vostro bagaglio culturale.

INDICE